좋은 시를 찾아서

이 도서의 국립중앙도서관 출판예정도서목록(CIP)은 서지정보유통지원시스템 홈페이지
(http://seoji.nl.go.kr)와 국가자료공동목록시스템(http://www.nl.go.kr/kolisnet)에서
이용하실 수 있습니다.(CIP제어번호: CIP2020054173)

좋은 시를 찾아서

2020년 12월 24일 1판 1쇄 인쇄
2020년 12월 30일 1판 1쇄 발행

지 은 이 | 유희
펴 낸 이 | 孫貞順
펴 낸 곳 | 도서출판 작가
　　　　　03756 서울시 서대문구 북아현로6길 50
　　　　　전화 | 02)365-8111~2 팩스 | 02)365-8110
　　　　　이메일 | morebook@naver.com
　　　　　홈페이지 | www.morebook.co.kr
　　　　　등록번호 | 제13-630호(2000. 2. 9.)
편　　 집 | 손희, 설재원
디 자 인 | 박근영, 오경은
영　　 업 | 손원대, 박영민
관　　 리 | 이용승

ISBN 978-89-94815-18-6 03810

* 이 책은 2020년도 천안문화재단의 지원을 받아 출판되었습니다.

* 잘못된 책은 구입하신 서점에서 바꾸어 드립니다.

값 15,000원

좋은 시를 찾아서

유희 지음

작가

머리말

　현대 문학의 여정에 몸과 마음을 담게 된 일은 내게 위대한 선물이다. 이 선물을 잃지 않으려 많은 작가와 학자들이 오래 전부터 창작하고 연구해 온 길을 뒤따라왔다. 그리고 좋은 시를 찾는 일을 포기하지 않았기에 이 긴 글을 엮어 내는 기회까지 맞게 되었다. 내 나름의 좋은 시에 대한 객관적 기준에 고민하며 시문학 연구에 긴 시간을 보내기도 했다. 페이지마다 여백과 사유의 공간이 있는 시 읽기에 비해 실증적이고 해석적인 사유들이 충돌하는 산문을 대하는 시간은 지루하기도 했다. 작품을 탐독하고 변별점을 찾기 위해 많은 서적을 찾아 읽었지만 결정적인 도움은 선행 연구자들의 논의와 저서로부터 얻었다. 더 탐구하고 싶은 작품, 인물, 주제의 선행 작업까지 포함하여 선행 연구자들에 대한 겸허한 태도와 존경의 마음을 잃지 않을 것이다.

　1부는 한국문학사에서 해방 전·후 문단에서 현대시 발전의 토대가 되는 『청록집』을 중심으로 청록파 시인즉 박목월, 박두진의 시세계를 단일 주제로 정리하였다. 초기시에서 환상적 자연표상과 신앙심이 깊은 유토피아의 시세계를 펼친 두 시인과 상반되는 오장환의 시의식을 연구하게 된 것은 의도한 바는 아니었다. 현실 비판과 반항의식이 짙은 시를 발표하고 월북한 오장환 또한 해방 전후 현대시의 기틀을 다진 시인이다. 동시대의 시인 연구가 관련성을 갖지 않고 독립된 주제로 다루어진 채로 손을 놓은 점이 아쉽다. 청록파와 오장환의 시세계의 비교 연구는 이후 일로 미룬다.

2부는 충청지역 원로 시인의 시세계 연구와 천안에서 시 창작활동을 하고 있는 시인들의 작품을 인상비평에 기울어진 해설로 구성 하였다. 천안의 문인단체 창립에 공헌하였고 평생을 시 창작에 몰두했던 김명배 시 연구는 모더니티와 현실 비판의 시의식이 배어있는 초기 시로 한정하였다. 이후 시세계는 향토성, 유·불·선 사상의 특징으로 연구를 이어 갈 것이다. 유동삼 시인의 작품세계는 전기 비평과 문학의 효용성에 집중하였다. 아동문학과 시조를 창작하고, 우리말 바르게 쓰기에 전념한 점을 동심의 시의식과 선비정신으로 접근하였다. Local poetry에서 주목한 것은 천안지방에서 시창작에 몰두하는 시 동인의 작품에서 시정신을 발견하고, 좋은 시로의 특성을 지닌 지역 시인의 작품을 찾아 문학성, 예술성, 시정신을 탐구하였다.

그 동안 모아 두었던 단편의 연구 글과, 친분 있는 문인 몇 분의 권유를 거절하지 못하여 작성하였던 글들을 추슬러 정리를 하였다. 글을 쓰고 정리하는 일은 혼자서 해야 하는 작업이지만 한 권의 저서로 엮어 낸 결과는 고마운 분들의 관심과 지지 덕분이다. 긴 글을 쓸 기회를 주고 독려를 하셨던 손종호 교수님, 그리고 시 쓰기를 잊지 않게 응원하시는 천안의 시인 두 분, 출판 상황이 어려운데도 이 책을 발간을 이끌어 준 손정순 대표님, 모두에게 경자년의 선물을 안게 된 감사의 마음을 전한다.

2020년 12월 저자 유희

목차

머리말 - 04

I부 〈현대시 연구〉

1. 『靑鹿集』의 시의식과 자연표상 - 11
2. 박목월 동시의 음악성 - 63
3. 박두진 시의 영적 각성과 낙원의지 - 85
4. 오장환 시의 위악성偽惡性 - 해방 이전 작품을 중심으로 - 115

II부 〈Local poetry-충남, 천안의 시인들〉

1. 김명배의 초기시에 나타난 실존주의 양상 - 139
2. 童心과 선비정신의 이중주 - 유동삼의 시세계 - 159
3. 좋은 사람들이 좋은 시를 쓰면 좋겠다 - 184
4. 여전히 시를 사랑하고 다듬는 시인들 곁에서 -208

I부 〈현대시 연구〉

1. 『靑鹿集』의 시의식과 자연표상

1. 서론

　한국의 현대시는 갑오개혁 이후 새로운 문화 운동의 발흥과 함께 유입된 서구 시와 서구 문예사조의 수용을 통해 그 출발 초기에서부터 서구적인 영향이 크게 작용하는 가운데 변혁의 과정을 겪었다. 음악과 결부되어 가창되어 온 고전 시가와 달리 근 현대시는 음악과 분리된 독자적인 문학양식으로 발전해 왔다. 한국의 개항기 이후 개화가사, 창가, 신체시가 국문으로 표기되고 대중적으로 확산되었고 일제강점기 검열이라는 제도가 있었지만 대중매체인 신문과 잡지 등을 통해 독자층과 만나면서 현대시로 발전해 온 것이다.

　동양적인 토양과 배경 위에서 싹트고 성장해 온 전통시가는 서구 문물과의 본격적인 접촉 그리고 기독교 사상뿐만 아니라 다양한 서구 문예사조를 수용하면서 근 현대시로 그 가치와 미의식의 변모를 가져왔다. 이런 현상은 한국시가(詩歌)의 전통과 단절된 것은 아니다. 한국시의 의식 중 종교성을 예로 들면 한국문학시의 원류를 이루는 상고시대 시가문학에 나타나있는 무격(巫覡)사상, 신라의 향가와 고려가요에 깃든 불교정신, 조선시가에 깃든 도가정신, 유가(儒家)정신, 근대시가 이후 나타나는 기독교 정신 등은 한

국시문학사에 있어서 하나의 전통 맥락을 이루고 있다.[1]

현대시가 아무리 근대적 계몽의식에 근거하여 출발하고 서구적 현대성을 추구한다 해도 자연과 더불어 살아가는 한국인의 내면에 깃든 자연애와 생명애의 정신은 계승되어왔다. 1920년대부터 1940년대 후반까지 이 정신적 배경을 시의식의 바탕으로 현대시에 계승, 발전하는 모습을 보여준 시인들로 김 억, 김소월, 김영랑, 신석정, 서정주, 신석초, 김달진 등을 논 할 수 있을 것이다. 특히 『靑鹿集』의 시인들 박목월, 조지훈, 박두진은 앞의 논의 대상에서 중요한 시사적 위치를 확보하고 있음을 부인할 수 없을 것이다.

문학은 인간이 삶의 배경인 자연 속에서 자신의 삶의 영역을 확장해 간 상상적 기록, 심정적(心情的)기록이라고 할 수 있다. 그러므로 문학에서 자연에 관한 문제는 단순히 시적 소재의 차원을 넘어 우주와 인간의 존재론에 관한 문제, 세계관의 문제, 시인의 삶의 태도와 의식에 관한 문제를 내포한다. 자연은 목숨을 가진 모든 생명체들의 삶의 터전이다. 인간은 자연 속에서 우주적 사유와 탐구를 쉼 없이 지속하고 있다. 삶을 가장 절실하게, 구체적으로 표현하고 있는 행위가 예술이라면 인간의 삶의 터전이 되는 자연에 관한 문제는 문학과 결코 무관하지 않을 것이다.

동양적 사고에서는 자연을 있는 그대로의 것으로 인식하며 자연의 존재 자체와 조화 그리고 변화를 지켜보고 수긍하는 태도를 최상의 대응으로 생각한다. 한국시의 전통에 있어서 자연이 시적 소재로서 갖는 의미는 동양적 사고에서 크게 벗어나지 않는다. 조선시대의 시가문학 중에서 대부분의 서정시가 작가의 정서, 감정을 드러내는 매개로 자연을 주요 소재로 하고 있는 작품이 대부분인 점이 이를 증명한다. 김열규는 한국시가의 서정성을 파악하는데 있어서 자연이 큰 의의를 지닌다고 지적[2]하였다.

---

1 손종호, 「한국시의 영성과 종교적 상상력』, 서정시학, 2013. p.13
2 金烈圭, 「韓國詩歌의 敍情의 몇 局面」, 『古典詩歌論』 새문사, 1984, p.384 한국시가의 서정성에 대해 '시인이 자연을 경험하는 태도'라든가 '자연을 포착하는 양식'을 논의함이 핵심적임을 시사하며 한국의 시인들의 시

일제 말기의 국어말살정책으로 인해 문예지가 강제 폐간 당하고 우리 글로 된 대부분 시인들은 시를 발표할 기회가 거의 없었다. 이 시기에 『文章』 추천 인연을 맺은 지닌 박목월, 조지훈, 박두진에게도 상황은 같았다. 해방 이후 이들은 각자의 시를 모아 1946년 3인 시집 『靑鹿集』을 발간하였다.

『靑鹿集』은 독창적인 자연 의식과 서정성으로 당대 평자들의 관심을 과 눈길을 끌었다. 이들은 정지용의 추천을 받아 『文章』을 통해 문단에 등장했다는 외적 공통점이 있다. 또한 자연을 제재로 하여 인간의 본성을 추구하며 인간적 염원과 가치를 형상화 하는 공통된 태도를 지니고 있다. 이런 특징으로 '청록파'로 불리게 되었지만 시적 지향이나 율격의식, 표현의 기법 등에 있어서는 뚜렷한 차이를 지닌다. 일제강점기에 빼앗긴 우리 민족의 고향과 자연의 서정을 그려내고, 잃어버린 생명의식과 전통문화와 의식을 탐구한 이들의 시적 성취가 당대의 평자들에게 인정받으며 청록파는 한국현대시사에서 빼놓을 수 없는 의의로 자리 잡게 되었다.

박목월, 조지훈, 박두진은 각기 다른 시적 개성을 보유하고 있으면서도 공통의 관심으로 추구하였던 자연을 가장 중요한 시적 제재로 대하였다. 자연은 한국시의 전통 속에 오래 바탕을 이루어온 것이면서, 순수 지향의 서정을 일깨워 주는 대상이기도 하다. 자연은 청록파 세 시인의 시적 자의식 안에서 미학적으로 재해석되었고, 텍스트 내적으로 형상화 된 것이다. 청록파가 그려낸 자연은 일제강점기를 힘들게 살아온 지식인의 내면을 비추는 초상화라는 점에서 의의를 지닌다. 이들의 자연은 우울과 결핍과 민족적 비애가 내면화된 정조가 깃들어 있으며 회고와 애상적(哀傷的)정서의 형상화, 환상적 공간의 한적한 풍경의 상상, 심지어 개벽(開闢)의지와 이상적 공간까지를 함축하고 있다. 따라서 청록파 시인들의 시에 나타나는 자연은 하나의 소재 혹은 대상이기보다는 내면세계에 끊임없이 작동하는 의식의 지향성과 욕망이라는 측면에서 깊이 연구되는 것이 미망할 것이다.

의식의 중심에 자연이 자리하고 있었음을 주장함.

청록파의 자연을 구명하는 작업은 자연이라는 시적 상관물이 시작품 속에서 어떻게 그려지고 있느냐는 논의, 소재로 사용된 자연이 화자의 정서에 어떤 관계로 설정되느냐는 논의, 자연과 시의식의 관련양상은 어떠한가 하는 문제를 다루는데 중점이 놓인다. 이에 대한 용어를 이 글에서는 '자연표상'[3]이라 부르고자 한다. 이숭원의 연구에 따르면 자연표상은 영어의 Nature Imagery의 개념에 해당하는 뜻을 지닌다. 그런데 이것을 자연심상이라고 하지 않고 자연표상이라 한 것은 우리말에서 심상이라는 단어가 주로 감각적 이미지를 지시하는 개념으로 사용되고 있어서 자연에 대한 관념적 표현이나 상징적 표현은 포괄하지 못하기 때문이다.[4] 요컨대 심상이라는 용어보다는 표상이란 용어가 더욱 포괄적인 의미를 담아낼 수 있다고 본 것이다. 그러므로 이 글은 자연표상을 더욱 포괄적인 의미로 사용하여, 정감이나 생각을 표현하기 위한 자연대상의 처리방법 일체를 지칭하는 개념으로 그 의미를 확대 적용하고자 한다.

　이 글은 '자연표상'을 정감이나 생각을 표현하기 위한 자연대상의 처리방법 일체를 지칭하는 개념으로 그 의미를 확대 적용하여 『靑鹿集』에 나타나는 세 시인의 시의식과 자연표상 논의를 정리한 것이다. 청록파 시에 나타나는 자연은 하나의 소재 혹은 대상이기보다는 내면세계에 끊임없이 작동하는 의식의 지향성과 욕망의 대체물이라는 측면에서 깊이 연구되는 것이 마땅하다. 이에 따라 세 시인의 개성과 변별성도 찾을 것이다. 연구 작업이 일제강점기의 우울과 좌절의 시대를 견디고, 격동하는 한국의 근대사를 살아가면서 개성적인 시세계를 이루어 온 靑鹿派의 시의식의 양상과 함께 자연표상의 독창성을 밝힘으로써 한국적 자연과 '전통'의 표상을 예술적 차원

3　이숭원, 「근대시의 내면구조」, 새문사, 1988, p.10 자연표상은 영어의 Nature Imagery의 개념에 해당하는 뜻을 지닌다. 그런데 이것을 자연심상이라고 하지 않고 자연표상이라 한 것은 우리말에서 심상이라는 단어가 주로 감각적 이미지를 지시하는 개념으로 사용되고 있어서 자연에 대한 관념적 표현이나 상징적 표현은 포괄하지 못하기 때문이다. 요컨대 심상이라는 용어보다는 표상이란 용어가 더욱 포괄적인 의미를 담아낼 수 있다고 본 것이다.

4　이숭원, 위의 책, p.20

으로 승화시켜 온 박목월, 조지훈, 박두진 시문학의 시사적 의의를 귀납적으로 구명해주리라 기대한다.

2. 박목월 시의 향토적 서정과 탈속의 자연

박목월의 초기시를 이해하는 가장 중요한 핵심어는 '향토성' 또는 '향토적 자연'이다. 박목월의 초기시에 대해 "향토적 자연의 풍경과 정서를 세련된 한국의 가락에 실어" 최고의 수준으로 끌어 올렸다는 평가[5]도 따르고 있다. 박목월 자신도 『青鹿集』에 수록한 작품들에서 "향토적이며 한국적인 정서가 어린 풍경을 古談한 필치로 표현하려"[6]했다고 진술함으로써, '향토성' 또는 '향토적 자연'은 박목월의 초기시를 이해하는 가장 중요한 문제로 부각되었다. 더욱이 박목월의 시에 나타난 '향토성'에 대한 추구는 1920년대 시에서 '님'으로 표상되던 국가상실감이 1930년대로 오면서 '고향' 상실감으로 변주되는 과정과 궤적을 같이 한다[7]는 설명은 자연 앞에 목월의 '목마른 歷程'을 대변한다

박목월의 시에서 '향토성'은 자연과 풍경, 향토적 소재, 향토적 정서, 향토적 가락 등으로 나타난다. 때로는 목가적 이거나 피안의 장소를 의미하기도 한다. 그의 작품 속에 나타나는 자연표상에는 유토피아 지향 의식마저 담겨져 있다. 그의 시에 나타나는 자연표상들은 그 표현방식이 감각적이고 구체적인 묘사로 이루어지며 미적 근대성을 확보한다는 점에서 전통의 한계를 뛰어 넘는다.

---

5   감태준, 「미당과 목월의 거리 上」, 『월간문학』 1983.3

6   박목월, 「보랏빛 소묘」, 新興出版社, 서울. 1959 p.86

7   심선옥, 「청록파의 문학사적 의의와 박목월의 초기시 연구」, 『반교어문학연구 제6집』, 1995. p.264

가. 근원에 대한 향수(鄕愁)와 피안의 거처

일제강점기였던 1930년대 이후의 시인들에게 있어서 '고향'은 보편적인 이미지였다. '고향'은 낭만주의 문학에서의 자연의 개념처럼 시대의 정신적 감정적 경향과 맥락의 전체를 집약하는 중심적인 개념이었다. 박목월의 시에서 '고향'의 표상으로 나타나는 자연은 중요한 주제를 형성한다. '고향'에의 향수는 그의 초기 시세계와 시 정신의 바탕을 이루고 있다. 이것은 시인 자신의 고백에서도 잘 드러나 있다.

> 나는 향수로 말미암아 시의 세계로 들어가게 되었으며. 그러므로 이렇게 시에 대해서 눈을 뜨게 된 사실이 나로 하여금 평생 '향수'가 나의 정신의 바탕이 되게 하는 동시에 내 작품에 깊은 정서가 어리게 되는 원인일 것이다.[8]

『靑鹿集』에서 박목월의 시는 향토적이고 목가적인 자연 풍경을 자주 보인다. 이는 1920년대 센티멘탈 로맨티즘이 주를 이룬 낭만시나 1930년대 도시적이니 이미지를 강조한 모더니즘의 한계를 극복하고 한국적 풍경과 서정이 담긴 시를 선보인 1930년대 후반, 박목월에 이르러 낭만적 서정의 전형(典型)적 모습으로 나타난 셈이다.

머언 산 靑雲寺
낡은 기와집

山은 紫霞山
봄눈 녹으면

느릅나무
속잎 피는 열두구비를

---

[8] 박목월, 박목월, 「보랏빛 소묘」, 앞의 책, p.5

청노루

맑은 눈에

도는

구름
- 「청노루」 전문

시 「청노루」에 대해 "靑노루의 맑은 눈에 자기를 담으려 한 목월의 자연은 환상적 아름다움마저 지니고 있다. 환상적이란 말이 지나치다면 '心魂의 故鄕'이라 바꾸어 말할 수 있으며, 이것이 바로 목월의 자연이었다."[9]고 말하고 있다.

「청노루」가 보여주는 풍경은 실재하는 자연의 반영이라기보다는 시인의 상상적 세계를 시각적 이미지로 형상화 한 한 폭의 동양화라고 할 수 있다. 이 시의 이미지들은 '靑雲寺' '기와집' '紫霞山'이 정적 이미지라면 '봄눈 녹으면' '속잎 피는' '도는 구름'은 동적 이미지로서 절묘한 조화를 이루고 있으며 거의 서술어를 배제하고 각 연을 명사로 마무리하므로 행간에 여운을 느끼게 한다.

'머언 산', '낡은 절', '느릅나무'와 '청노루' 등의 대상들은 동양의 전통적 산수화에서 자주 볼 수 있는 아름답고 신비로운 풍경을 떠올리게 한다. 그런 의미에서 이 작품은 박목월이 문자로 그린 몽유도라 불러도 될 것이다. 긴 겨울이 지나 봄눈이 녹아내리고 느릅나무에 속잎이 피어나는 계절에 골짜기에 내려온 청노루의 맑은 눈에 비치는 구름이 푸른빛 이미지 한 장에 그려진다. 시각 이미지가 '머언 산'에서 '봄 눈'으로 가까워지다가 '속잎'을 세심하게 들여다보고 '맑은 눈'의 근경에서 먼 곳의 '구름'으로 이동하며 인간이 생활공간에서 찾아 볼 수 없는 자연배경 속에서 고적한 심정을 상징하고

---

9 정한모, 「현대시론」, 일지사, 1973, p.201

있다. 이러한 이미지는 일제강점기의 안타까운 시대적 배경에서 멀리 우회하는 곳에 위치한 자연의 유구함과 사계의 순환적 질서를 나타내고 있다.

「청노루」의 세계는 외부 현실과 단절되어 있으며 이처럼 피안의 완결성을 갖춘 자족적 시 공간으로 여겨진다. 그러나 시 「청노루」의 심층 구조에는 그러한 자족성과 어울리지 않는 안타까움과 슬픔이 저변에 깔려 있다는 점을 인식하게 된다. 이 시에 드러나는 자연표상의 이면에는 애잔한 슬픔을 담고 있다. 「청노루」에서 보여주는 목월의 시의식은 상처받지 않은 순수의 존재만이 지닐 수 있는 맑고 투명한 상태에 대한 소망을 암시하고 있다.

  江나루 건너서
  밀밭길을

  구름에 달 가듯이
  가는 나그네

  길은 외줄기
  南道 三百里

  술 익는 마을마다
  타는 저녁 놀

  구름에 달 가듯이
  가는 나그네
  - 「나그네」 전문

「나그네」는 청록파의 시 세계를 대표하는 가장 전형적인 시 가운데 한 편으로서 형식과 절제된 언어와 여백미로 전통을 잇는 현대시의 모범적인 형태라 할 만큼 놀라운 시어의 경제성을 보여준다. 고향을 떠나 낯선 땅을 떠도는 '나그네'의 모습은 일제 강점기의 우리 민족 혹은 우리 민족의 정신을 표상한다. 이 시에는 '육사'의 투사적 의지도, '소월'의 보편적 정한(情恨)도 찾아볼 수 없지만 어찌 보면 체념과 달관의 경지를 시각적으로 보여주는 당대 낭만적 서정시의 대표작이라 할 수 있다.

낭만적이라 함은 "술익는 마을마다 / 타는 저녁놀"이라는 비현실적 표현에 기인한다. 본격적인 전시체제 아래 부역과 식량 공출로 허덕이던 일제 말기의 농촌에서 술을 빚는다는 것은 상상하기 어렵다. 김현승 역시 이러한 관점에서 이 시에는 구체적 삶의 모습이 보이지 않는다고 비판[10]한 바 있다. 물론 '술익는 마을마다 / 타는 저녁놀'을 전혀 다른 각도에서 바라보는 해석도 가능하다. 이 시에서 길은 흘러가는 물과 같고 노을은 타오르는 불과 같기 때문이다. 이 수평과 수직의 교차점에 술이 있으며 술은 물과 불을 결합한 바슐라르 유의 복합적인 물질 상상력이다. T.S 엘리엇의 표현대로라면 '에테르로 마취된 저녁노을'과 잘 비교되는 국면[11]이다.

「나그네」에 대해 시인 자신도 "나그네의 주제적인 것은 '구름에 달 가듯이' 가는 나그네였다. 그야말로 홀홀 단신 떠도는 나그네를 나는 억압된 조국의 하늘아래서 우리 민족의 총체적인 얼의 상징으로 느꼈으리라. 나그네의 깊은 고독과 그 꿈조차 오히려 체념한 바람같이 떠도는 절망과 체념의 모습으로서의 나그네가 내게는 너무 애달픈 영상이었다"[12]고 부연한 바 있다. 결국 절망과 체념 속에 바람 같이 떠도는 나그네의 모습은 일제 강점기의 고통스런 말기적 현실을 견뎌내야 했던 시인 자신의 정서적 투영물이라고 할 수 있다. 따라서 술익는 마을이나, 남도, 나그네 등의 이미지가 향토적

---

10 김현승, 『現代詩解說』關東出版社, 1972, p.211
이 시가 생산되던 1940년대의 전반은 전원이고 도시고 발악적인 전화 속에서 우리 나라에서는 "술익는 마을마다 타는 저녁놀"은 그림자조차도 발견하기 곤란하였을 때이다. 그러므로 이 시는 어디까지나 관념적인 한국미에서 추출한 풍물도이며, 구체적인 삶의 모습으로서의 산 풍물은 아니다

11 송희복, 『해방기문학비평연구』, 문학과지성사, 1993, p.131

12 朴木月, 『보라빛 素描』, 앞의 책

현실을 의미하는 것으로 논의되기도 하지만 시인이 의도하는 것이나 독자들이 읽을 수 있는 것은 향토성이라기 보다는 자연을 통해 비유되는 시인의 정서[13]인 셈이다.

>松花가루 날리는
>외딴 봉오리
>
>윤사월 해 길다
>피꼬리 울면
>
>산직이 외딴집
>눈 먼 처녀사
>
>문설주에 귀 대이고
>엿듣고 있다
>- 「閏四月」 전문

박목월은 대부분의 시에서 자연의 모습을 실제의 풍경이 아니라 상상 속의 풍경으로 그려내고 있다. 즉 그는 자연을 구체적으로 관찰한 결과로서의 묘사나 이미지에 의해서 표현하지 않고 하나의 질서화 된 산수화로 보여준다. 물론 그 이유는 인간다운 삶을 빼앗긴 그에게 자연은 '새로운 고향'의 의미를 지니기 때문이다. 박목월에 의해 형상화된 자연의 모습은 대부분의 경우 인간과 자연의 대상들이 아무런 대립이나 갈등 없이 조화를 이루는 풍경으로 제시된다. 그가 자연의 풍경을 묘사하기보다는 동양적 산수화의 세계가 보여주는 단조로움 속의 '고요'와 '평안'을 미학적으로 그려내는 이유

---

13 김진희, 「『청록집』에 나타난 자연과 정전화 과정 연구」, 앞의 책, p.17

가 여기에 있다. 이런 경향은 1930년대 동양화단의 주류를 형성했던 '향토적 서정주의'가 박목월 시의 특징이라 할 수 있는 향토성에도 일정한 영향을 준 것이 아닌가 생각된다.[14] 그는 고독하고 애달픈 서정으로 멀고 깊은 곳에 자신의 평화로웠던 시절의 풍경과 닮은 귀소적(歸巢的)공간을 그린 것으로 이해할 수 있다.

시 「閏四月」은 외딴집에 사는 눈먼 처녀의 모습이 한 폭의 수묵화처럼 담담하게 그려지고 있다. '눈 먼 처녀'라는 대상을 통해 단순하고 고즈넉한 풍경을 그리고 있지만, 눈먼 처녀가 귀 기울이는 소리가 무엇인가를 통해 작가의 의도를 드러낸다. 시인은 눈 먼 처녀가 꾀꼬리 우는 소리에 귀 기울이는 장면을 설정함으로써 하나의 순수한 순정음(純正音)의 공간을 탄생시킨다.

'외딴 집'은 현실과 괴리된 멀고 깊은 공간의 외로움의 표상이기도 하다. 화자의 시선은 먼저 '외딴 봉우리'로 향한 뒤 그 봉우리의 '외딴집'에 머물며 그리고 다시 눈 먼 산지기 딸에 머문다. 그러므로 화자의 시선을 쫓던 독자의 시선 역시 눈 먼 산지기 딸에 이르러 시야가 막히는 대신 청각이 살아나며 꾀꼬리 소리를 듣는 눈 먼 산지기 딸과 동화 된다. 아니 더불어 수줍고 설레는 마음으로 귀를 열고 풍경을 보는 것이 아니라 듣게 된다. 이처럼 이 시의 시상은 결구로, 아니 오직 꾀꼬리 소리에 집중하는 것이다. 박목월의 시에서 중요한 특징 가운데 하나는 탈속화 된 풍경이다. 그리고 이런 풍경은 하나의 관념을 이미지화하는 환상적 자연표상에 해당된다. 그런데 위 시 「閏四月」은 시각적 풍경을 청각적으로 전환시키는 놀라운 효과를 발휘한다. 그는 독특한 언어 미학 기술 방식으로 환상적 자연 풍경을 제시하고 있는 셈이다. 시 공간적인 면에서는 근대적 현실로부터 동떨어진 자연의 풍경을 자신만이 꿈꾸는 피안의 거처로까지 그려내고 있는 것이다.

산이 날 에워싸고

---

14 ———, 위의 책, p.275

  씨나 뿌리며 살아라 한다
  밭이나 갈며 살아라 한다

  어느 짧은 비자락에 집을 모아
  아들 낳고 딸을 낳고
  흙담 안팎에 호박심고
  들찔레처럼 살아라 한다
  쑥대밭처럼 살아라 한다
  -「산이 날 에워싸고」부분

 자연은 인간이 삶을 영위하는데 필요한 현실적 존재조건이자 미적 관조의 대상이기도 하지만 인간에게 안식과 함께 인생의 교훈을 깨우쳐 주기도 한다. 이 시에서 '산'은 '나'에게 삶의 순리가 무엇인지를 일깨워주는 거부할 수 없는 자연표상이다. '산이 날 에워싸고(A)', '살아라 한다(B)'의 단순한 반복 구조로 산이 화자에게 말하는 형식을 취하고 있지만 그 내용은 오히려 시적 화자가 자신의 소망을 표현하는 것과 다를 것이 없다. 들찔레나 쑥대처럼 자연에 순응하며 세속에 얽매이지 않고 살다가 결국은 '그믐달처럼' 사위어지는 그런 초연한 삶을 소망하고, 초월적 삶을 꿈꾸는 것이다. 그래서인지 자연의 원리가 '나'를 압도하는 듯한 분위기를 형성하면서 지배적인 자연의 목소리를 드러내고 있다.

 산이 화자에게 말하는 형식을 빌려 자신의 소망을 표현한 의도는 자연을 주체로 보기 때문이다. 즉 자연을 절대 가치로 파악하고 그 자연과의 일치를 꾀함으로써 현실을 넘어선 초월적 삶을 꿈꾸는 것이다. 따라서 자연 속에 안겨 평범하면서도 풍요로운 삶, 즉 인간다운 삶을 살고 싶어하는 시인의 순수한 모습이 잘 나타나 있는 작품이다. 그러나 이 시 역시 현실보다는 탈속화 된 자연이 그려지고 있으며 앞의 시들과 유사하게 자연은 '피안의 거처'로 형상화되고 있다.

목월은 『문장』의 추천이 끝난 뒤 소감을 밝히는 자리에서, 자신이 처한 상태와 당시의 시쓰기를 "소란한 시대의 한 餘白"[15]이라 이름 붙이고 있다. 일제 말기의 어두운 현실로부터 물러나 탈속의 공간에서 평화롭고 낭만적인 정취를 추구하던 그의 시작 태도를 적절하게 표현한 말이다. 박목월의 시에 제시되는 피안의 거처인양 그려지는 자연의 이상적인 풍경은 1955년에 발간된 「산도화」에 이르기까지 지속된다. 이렇듯 박목월은 시 공간적인 면에서 근대적 현실로부터 동떨어진 자연의 모습, 탈속화 된 자연의 형상을 그려냄으로써 그의 시에서 자연은 '이상적인 내면의 지향을 '풍경화'하는 기능을 하면서 동시에 이미지화된 '동경'과 현실 밖의 자연표상을 환기[16] 시킨다. 즉 '피안의 거처'인양 제시되는 것이다. 그의 시에 '아득한, 먼, 굽이굽이, 외딴, 옛날' 등의 시어와 '멀리 있음'의 이미지가 자주 등장하는 이유가 여기에 있다.

나. 낭만적 여백미와 창조된 자연

1930년대의 문화적인 풍토 속에서 문학과 회화가 중심적인 예술장르였다는 점을 감안한다면 박목월의 시와 산수화의 친연성은 다른 논자들에 의해 여러 차례 지적된 바 있다. 『靑鹿集』에 수록된 그의 시들을 가리켜 "한 폭의 그림. 그것도 아담한 淡水彩의 동양화같은 느낌"[17]이라고 평가하는 것은 이미 일반화되어 있다. 그의 시에서 묘사된 쾌청하고 아지랑이가 도는 봄철의 산이라든가 안개에 싸인 산속의 절과 여행에서 돌아오는 나그네, 해질 무렵 마을의 정경 등은 조선시대 이후의 산수화에서 반복하여 그려지던 경치와 정취를 연상시킨다.[18] 박목월은 시에서 안개와 아지랑이, 구름, 노을

---

15 박목월, 「여백」, 『문장』, 1940.10.

16 김춘식, 「근대적 감각과 발견되어지는 자연」, 『현대문학의 연구』, 2009, p.28

17 이형기, 「박목월의 초기시를 중심으로」, 『시와 언어』, 문학과 지성사, 1987, p.119

18 심선옥, 앞의 책, p.269

등의 형상은 원경 이미지로써 착시와 환상성을 유발하는 자연 현상이기도 하다. 이런 현상을 통해 목월은 시의 소재가 되는 자연물의 윤곽을 흐릿하게 만들어 靜的이고 신비로운 분위기를 연출하고 있다. 그 이면에는 식민지 현실에 대한 핍진한 묘사나 일제에 대한 저항의식을 표현할 수 없었던 당시의 상황 속에서 관념적인 산수화를 통해 자연미를 재현하거나 초가집과 들판, 농부와 같은 향토적 풍경을 그려내는 것이 마치 가장 전통적이고 민족적인 정서를 표현하는 것으로 오해될 여지[19]도 포함하고 있다.

박목월은 어감과 음향, 색채를 중시하는 시인이다. 시각적으로 선명한 이미지와 구상적이고 색감적인 묘사, 맑고 가벼운 어감은 그의 초기시의 특징이다. 그는 시에서 서술성을 극도로 싫어하며, 句마다 명사로 짧게 끊어서 "의미와 감동의 악센트"를 주고, 정서와 가락이 출렁거리며 흐르는 것을 막고 "옮으면서 안으로 새겨지는 힘"이 깃들게 하고자 노력[20]한다. 이러한 시적 지향은 독특한 정서적 여운을 남기고 있다. 그는 시각적 이미지 뿐 아니라 간결한 어휘 구사와 리듬 의식에 있어서도 뛰어난 능력을 보여주고 어휘와 이미지의 반복을 통해 詩想을 고조시키고 능숙한 솜씨로 가락을 맞추어 낸다.[21]

젊음도 안타까움도
흐르는 꿈일다
애달픔처럼 애달픔처럼 아득히
상기 산그늘은 내려간다
워어어임아 워어어임
- 「산그늘」 부분

---

19 심선옥, 앞의 책, p.274
20 박목월, 「보랏빛 소묘」, 앞의 책, pp.88-90
21 심선옥, 「청록파의 문학사적 의의와 박목월의 초기시 연구」, 「반교어문학연구 제6집」, 1995. p.276

저물 무렵 산그늘이 내려와 사방을 덮듯이 세계는 조만간 어두워질 것이다. 존재의 고절감과 삶의 정처 없음에 대한 선험적 감각은 청록집 수록시의 특징을 이룬다.「산이 날 에워싸고」에서는 산이 화자인 나를 보고 "주어진 자연 속에서 인공적인 꾸밈 없는 전원의 삶을 살라"는 암시를 드러내는데 반해「산그늘」은 시의 주체인 화자의 삶의 공간에 드러나지 않은 대상의 존재가 있음을 암시하는 중첩의 여음 효과를 드러내고 있다. 그러한 감각은 마치 길 잃은 송아지를 부르는 음성과도 같은 '워어어임아 워어어임'이라는 반복율로 제시된다. 특히 이 소리는 마치 시를 연극화하고 있는 효과를 드러내는데 따라서 시 전체가 독백의 차원을 넘어선 연극 속의 독백이 되어, 앞의 경우처럼 복합적인 체계를 구축하고 있다.[22] 이러한 기법은 자유 간접화법(Style inderect libre)[23]이라고 할 수 있는데 이 화법은 주관성과 객관성의 가운데 위치하면서, 그 뉘앙스 즉, 감탄사 같은 요소를 그대로 남아있게 하여 일정한 통화체계를 형성하는 것이라고 할 수 있다.

방초봉 한나절
고운 암노루

아랫마을 골짝에
홀로와서

흐르는 냇물에
목을 축이고

흐르는 구름에
눈을 씻고

---

22 백승수,「〈靑鹿集〉의 기호학적 연구」,동아대학교 박사학위논문,1994. p.45
23 츠베탕 토로도프, 곽광수 역,「구조시학」, 문학과지성사. 1987,p.63

열두 고개 넘어가는
타는 아지랑이
- 「삼월」 전문

위의 작품에는 여느 낭만적 자연서정시에서와 같이 피안의 거처를 향한 지향성이 뚜렷하다. 특히 방초봉이란 향기롭고 꽃다운 풀들이 자라는 봉우리라는 뜻으로써 그 어휘의 내용과 뉘앙스는 고대 중국이나 조선의 낙원사상과 관련되어 있다. 따라서 이 시 역시 화자가 열망하는 피안의 거처를 상상속 자연의 풍경으로 제시하고 있다. 여느 시와 마찬가지로 동양시가 지닌 낭만적 여백미가 나타나는 이유다.

풍경 속의 자연 사물들과 시각 주체 사이의 생명적 교감은 감각적인 이미지들로 제시된다. 고운 암노루가 아랫마을 골짝에 내려와서 목을 축인다는 데서 미각적 이미지가 제시되며 그 노루가 흐르는 구름에 눈을 씻는다는 데서 촉각적인 이미지가 제시된다. 그리고 열두 고개 넘어가는 타는 아지랑이를 통해 시각적 이미지가 제시된다. 이러한 감각적인 표현들을 통해서 화자는 상상 속에 형성된 자연과 피안의 풍경을 즐기고 있는 셈이다.

여기는 경주
신라 천년……
타는 노을

아지랑이 아른대는
머언 길을
봄 하루 더딘 날
꿈을 따라 가면은

석탑 한 채 돌아서

향교 문 하나
단청이 낡은 대로
닫혀 있었다
- 「춘일」 전문

고대국가 신라의 수도였던 경주를 다루고 있는 이 시에는 폐허의 미학[24]이 일정 부분 나타나고 있다. 일제 강점기 당시의 경주는 낡을 대로 낡아있었을 것이다. 향교에는 문이 한 짝밖에 남아 있지 않고 단청은 낡을 대로 낡아 있고 문은 닫혀있다. 이 모든 풍경은 과거에 대한 향수를 전제로 하는 폐허의 미학을 드러낸다. 이처럼 낡고 소멸되어 가는 것들에게서 느끼는 덧없음이나 애련의 정서는 화자의 심정을 표상한다. 심미적 민족주의라고도 표현할 수 있는 흐름이 저류에 흐르는 이 시의 풍경은 그저 애련의 정서만을 불러 일으키는 것은 아니다. "아지랑이 아른대는 /머언 길을 /봄 하루 더딘 날 /꿈을 따라 가면" 낡고 퇴락한 풍경이 아니라 새로운 풍경이 전개될 수 있다는 암시를 줄 만치 이 시는 한민족의 역사적 문화적 정체성을 환기하면서 새로운 도약의 꿈을 은연중 갖게 해주기 때문이다. 이러한 해석이 가능할 만치 박목월 시의 특징 가운데 하나가 바로 그리움의 세계를 형상화하기 위해 열린 공간을 도입하며 너머의 세계를 상정하기 때문이다.

목월의 시가 순정한 그리움의 세계로 기운 것과 무관하지 않은 듯하다. 김종길이 그의 시세계를 "정신적 동정(童貞)의 세계"[25]라고 표현한 것도 같은 맥락이다.

안개는 피어서/ 강으로 흐르고// 잠꼬대 구구대는/ 밤 비둘기//
이런 밤 저절로/ 머언 처녀들……// 갑사댕기 남끝동/ 삼삼하고나

---

24 최승호, 「청록집 시의 풍경연구」, 앞의 책, p.214
25 김동리, 「자연의 발견」, 『문학과 인간』, 백민문화사, 1958.

- 「갑사댕기」 부분

　　어느 강을 건너서/ 다시 그를 만나랴/ 살눈썹 길습한/ 옛사람을//
　　산수유꽃 노랗게/ 흐느끼는 봄마다/ 도사리고 앉은 채/ 도사리고 앉은 채
　　/울음우는 사람/ 귀밑 사마귀

　　- 「귀밑 사마귀」 부분

「갑사댕기」와 「귀밑 사마귀」는 멀리 있는 사람을 그리워하는 내용의 시이다. 누군가에 대한 간절한 생각은 흐르는 강의 아래 유역이나 강 너머 마을과의 먼 거리를 연상할 때 더욱 삼삼해지거나 애잔해진다. 공간배경이 넓게 열려 있는 것도 그러한 연유에서이다. 게다가 시적 화자가 지금 여기를 떠나고 싶어도 떠날 수 없는 처지라면 동경과 그리움은 매우 강해질 수밖에 없다. 목월의 시는 대체로 멀리 있는 세상 혹은 사람을 동경하거나 그리워하는 경우가 많은데 이 정서가 재래적인 슬픔에 맞닿아 있는 까닭은 스스로의 유폐를 탓하며 살아가는 수세적 상상력이 대상을 찾아가려는 진취성보다 더 우세하기 때문이다.

박목월은 초기에는 자연과의 합일을 위해 선택된 제재로서 향토적 서정을 담고 있다. 그의 시에 나타나는 자연표상은 단순한 객관적 상관물로서의 대상이 아니라 환상적 이미지를 통해 탈속의 세계를 추구한다. 박목월의 시에 나타난 자연은 현세의 장소의 개념이 아닌 시적 공간개념[26]이며 '心魂의 고향'으로서의 자연이요, '환상의 지도' 속에 있는 상징적 자연이며 창조된 자연이다. 그가 그려내는 자연은 결국 그가 꿈꾸는 피안의 거처로서의 의미를 지니며 이 점에서 그는 시대상황과 현실에 대한 의식이 없는 작가로 비판을 받는 셈이다.

박목월의 『青鹿集』 시에 사용된 이미지와 시어는 한정되어 있다는 느낌

26　김용범, 「동양적 자연의 인식과 변용」, 『목월문학탐구』, 민족문화사. 1983, p.289.

을 배제할 수 없다. 이러한 이미지와 시어는 낭만적 여백과 동양적 여음을 특징으로 하고 있으며 특히 시어 배치에 시각적 효과를 배려하는 등 리듬감을 살리려는 노력이 배여 있다. 특히 전통적인 시가나 민요의 음률과 독자의 음독 리듬을 의도적으로 맞추려 한 흔적들을 찾아낼 수 있다. 짧은 시형과 반복되는 시구, 격음을 최소화하고 유음의 적절한 배치, 명사형 어미의 활용 등, 시의 음악적 요소들을 활용한 기법은 청록파 세 시인 중 가장 탁월하였으며 현대시사에서 변별력을 가지는 바탕이 되고 있다. 한국의 서정을 환상적 향토공간에서 찾아내어 여백의 넉넉함을 느낄 수 있는 동양 산수화로 담아내고 시의 호흡까지 전통 율격에 담아 형상화한 박목월의 『靑鹿集』 시는 격조 높은 탐미적 창조정신으로 이해할 수 있다.

3. 조지훈 시의 관조의 미학과 귀의의 자연

조지훈의 동양적 자연관은 자연의 관조를 통해 현실과의 조화와 평화를 추구한다. 그러므로 조지훈의 시는 자연의 관조를 통한 자아의 응시, 그리고 어떤 정신적 태도를 유지하면서 자연을 통해 현실과 자아의 일체화를 지향한다. 그는 "문학은 자연과 인간 사이에서 살고 있으므로 문학은 인간을 통해 나타나는 자연 총체의 결정이요, 자연을 통해 나타나는 인간 정신의 구경적 구현"[27]이라고 규정하였다. 그의 시에서 인간은 곧 자연의 일부이며 자연은 곧 인간의 연장인 셈이다.

조지훈은 고전적인 소재들을 즐겨 원용하면서 최대한 감정을 절제하고 나름대로의 격조를 지닌 가락으로 전통의식의 새로운 면모를 드러냈다. 많은 연구자들이 그의 시에서 전통문화와 민족정서를, 때로는 불교와 선미(禪味)를, 때로는 옛 선비들의 유기적 삶의 태도와 정신의 지향을 읽어낸 것 역

---

27 조지훈, 「자연과 문학」, 『조지훈전집3』, 나남출판, 1996, p.41.

시 이와 무관하지 않다. 조지훈의 시의식이 어떤 정신에 뿌리를 두고 있건 그의 시에 나타나는 자연표상은 그의 자연관을 반영한 것이며 자연을 통해 합일과 조화의 정신적 높이를 추구하고자 하는 내면의식의 반영이 아닐 수 없다.

가. 은일(隱逸)의식과 방랑의식의 양면성

조지훈 시의 방랑의식은 자연 속에서 찾는 인간의 존재론적 가치와 깨달음이라는 각성의 모티프를 지닌다. 조지훈은 사라져가는 것들에 그의 시선을 고정함으로써 인간사와 자연사를 동일한 위치에서 파악하고자 한다. 따라서 일제강점기 말기, 어느 곳에서도 안주할 수 없었던 식민지 지식인의 존재의 위기는 방랑과 은일이라는 양면성으로 실존적 정체성을 찾기 위해 끊임없이 자기모색을 하는 시적 화자의 모습으로 형상화되었던 것이다.

조지훈의 등단작인 「古風衣裳」, 「僧舞」, 「鳳凰愁」 등의 시들은 한결 같이 고전적 소재를 취하고 있는데 이 경우 자연은 중요한 시적 배경만이 아니라 시적 화자의 삶의 태도 혹은 정신적인 기품을 드러낸다.

  하늘로 날을듯이 길게 뽑은 부연끝 풍경이 운다.
  처마 끝 곱게 드리운 주렴에 半月이 숨어
  아른 아른 봄밤이 두견이 소리처럼 깊어가는 밤
  곱아라 고아라 진정 아름다운지고
  파르란 구슬빛 바탕에 자지빛 호장을 받친 호장저고리
  호장저고리 하얀 동정이 환하니 밝도소이다.
  살살이 퍼져내린 곧은 선이 스스로 돌아 曲線을 이루는 곳
  열두 폭 기인 치마가 사르르 물결을 친다.
  초마끝에 곱게 감춘 雲鞋, 唐革
  발자취 소리도 없이 대청을 건너 살며시 문을 열고

> 그대는 어느 나라의 古典을 말하는 한 마리 胡蝶
> 胡蝶이냥 사푸시 춤을 추라 餓眉를 숙이고……
> 나는 이 밤에 옛날을 살아 눈 감고 거문곳줄 골라보리니
> 가는 버들이냥 가락에 맞추어 흰 손을 흔들어지이다.
> -「古風衣裳」전문

　　단련체(單聯體)로 이루어진 산문적 형태의 이 시는 옛 여인의 옷맵시와 춤사위를 제재로 하되 독특하고 우아한 필치로 전통적 고전미를 노래하고 있다. 1-3행은 반월(半月)이 깃든 봄밤의 시간적, 공간적 배경을 4-7행은 저고리의 우아한 아름다움을, 8-10행은 치마의 고운 선을, 11-14행은 옷맵시와 춤사위의 아름다움을, 15-18행에서는 고풍 의상의 멋과 미에 취한 화자의 정감이 표현되고 있다. 선경 후정(先景後情)의 형식미와 균제미가 잘 드러나는「古風衣裳」에는 찬란한 영화를 누리던 귀족 계급인 사대부 후예들의 의식체계가 투영되어 있다.[28]

　　일제 강점기 상황에서 '조선미'의 발견과 구축에 대한 욕망과 민족의 정체성 보존에의 욕망[29]이 깃들어 있다. '풍경, 주렴, 반월, 두견이, 호장저고리, 동정, 운혜, 당혜, 호접, 거문고 등과 같은 자연언어와 민속적 소재들은 조선시대 사대부 후예들이 자주 사용하며 특정한 문화적 집단을 결속시켜주는 용어이다.[30] 따라서 "그대는 어느 나라의 古典을 말하는 한마리 胡蝶/

---

[28] 최승호,「『청록집』시의 풍경연구」,「한국문예비평연구」41집 2013.8, P.217.

[29] 조지훈의 경우 습작 초기에는 보들레르나 오스카 와일드 같은 탐미주의적 아방가르드 계열의 시들을 많이 읽고 와일드의 탐미주의에 혹하여〈살로메〉를 번역하기까지 하였다고 한다. 그는「문장」지 추천시 모집에 응모하여 그 제회로「고풍의상」이 당선되었으나 ("그 작품은 민족문화에 대한 나의 애저. 그중에도 민속학 공부에 대한 나의 관심이 감성 안에서 절로 돌아 나온 작품이었다. 그 계열의 시가 한 편밖에 없어서 3회 추천을 필요로 하는 추천 통과가 자연히 지연되지 않을 수 없었다고 술회한다. "그해 11월에「승무」, 그 이듬해 2월에「봉황수」가 추천되기까지에 열한 달이나 경과되었다는 그의 말을 통해「문장」지의 추천을 받는 과정에서 그가 보들레르나 와일드 류의 세기말적 탐미주의를 버리고 민족문화적인 방향으로 전환을 하여 추천을 받게 되었음을 알 수 있다. 이는 40년대 전후로 민족문화적 담론을 강하게 표방했던「문장」지의 담론에 시인이 수긍히여 초기 서구문학에의 경도와 민족문화 둘 중에서 민족문화적인 것을 선택한 것으로 볼 수 있다. 조지훈,「나의 문학 역정」, 137-139면 참조.

[30] 최승호, 앞의 책, p.218.

胡蝶이냥 사푸시 춤을 추라 아미(蛾眉)를 숙이고……/나는 이 밤에 옛날에 살아/눈 감고 거문고ㅅ줄 골라보니"라는 결구에 이르면 시적 화자의 정서가 단지 고풍 의상에 대한 아름다움의 예찬에 그치는 것이 아니라 과거의 미학적인 전통으로서의 고전(古典)과 옛 것에 대한 간절한 그리움을 포함하고 있음이 극명하게 드러난다.

  이 시에서 자연과 대상에 대한 시인의 태도는 관조적이며 대상이나 현상과 일정 거리를 유지하고 있다. "하늘로 날을듯이 길게 뽑은 부연끝 풍경이 운다./처마 끝 곱게 드리운 주렴에 半月이 숨어 /아른 아른 봄밤이 두견이 소리처럼 깊어가는 밤"에서 자연은 객관적 관찰의 대상으로 제시된다. 이러한 관점은 "호장저고리 하얀 동정이 환하니 밝도소이다."나 "열두 폭 기인 치마가 사르르 물결을 친다."에서도 지속된다. 시적 화자의 이러한 자세는 암울한 현실과의 대조를 위해서 냉정한 심리적 거리를 두고 성찰하고자 하는 시인의 자세를 암시한다. 시의 결구 "나는 이 밤에 옛날을 살아 눈 감고 거문곳줄 골라보니" 그대는 "가는 버들이냥 가락에 맞추어 흰 손을 흔들어지이다."에 나타나듯 오직 춤사위와 가락을 통해 조화를 추구할 뿐 '나'와 '그대'의 거리는 좁혀지지 않는다. 이렇게 본다면 시적 화자의 태도가 사뭇 은인(隱忍)적임을 알 수 있으며 이러한 거리두기는 첫째, 여인의 옷맵시와 춤사위를 완상(玩賞)하는 조선 사대부의 문화적 관습 둘째, 암울한 현실과의 대조를 위해 냉정한 심리적 거리를 두고 성찰하고자 하는 자세에서 연유됨을 유추할 수 있다.

  벌레 먹은 두리기둥 빛 낡은 단청 풍경 소리 날아간 추녀 끝에는 산새도 비둘기도 등주리를 마구 쳤다. 큰나라 섬기다 거미줄 친 옥좌 위엔 여의주 희롱하는 쌍룡 대신에 두 마리 봉황새를 틀어 올렸다. 어느 땐들 봉황이 울었으랴만 푸르른 하늘 밑 추석을 밟고 가는 나의 그림자. 패옥 소리도 없었다. 품석 옆에서 正一品 從九品 어느 줄에도 나의 몸둘 곳은 바이 없었다. 눈물이 속된 줄을 모를 양이면 봉황새야 구천에 호곡하리라.

- 「鳳凰愁」 전문

「鳳凰愁」는 일제 강점기의 퇴락(頹落)한 고궁을 보면서 사대주의로 얼룩진 역사를 비판적으로 회고하면서 현재의 국권상실에 대한 죄책감을 표출하고 있다. 이 시는 "큰나라 섬기다 거미줄 친 옥좌"가 암시하는 망국의 원인을 "여의주 희롱하는 쌍용 대신에 두 마리 봉황새를 틀어올렸다"는 시구로 답을 제시한다. 즉 중국 황제를 섬기는 변방의 소국으로 지내온 사대주의의 결과라는 것이다. 그러므로 시적 화자는 주체성을 망각한 과거와 국권을 상실한 당대를 동시에 교차시키면서 치욕과 죄의식을 느낀다.

이 시의 표면적 의미구조는 망국의 슬픔의 상징이자 시적 화자의 감정이입의 대상으로서의 '봉황(鳳凰)'에 집중하고 있으나 이면적 의미구조는 '어느 줄에도 나의 몸둘 곳은 바이 없었다"는 시적 화자의 절망적 비애와 은일(隱逸)에 있다. 이 시에서도 「古風衣裳」과 마찬가지로 자연과 대상에 대한 시적 화자의 태도는 사뭇 관조적이며 일정 거리를 유지하고 있기 때문이다. 따라서 이들 시에 형상화 된 자연은 일정 거리를 유지하며 관조하는 시적 화자의 눈에 비친 현존하는 자연이며 그것은 전통의 미학화 과정에서 때로는 고전미로, 의고미로 해석되기도 한다. "문장파의 '고완취미', '노스텔지어'와 '관조'의 경향을 청록파 세 명의 시인 중에서도 조지훈은 특히 그의 시속에 특히 많이 포함하고 있다"[31] 는 평을 듣는 이유가 여기에 있다.

은일의 정신이란 자연에 숨어 자신을 나타내지 않는 정신, 자연에 대한 깨달음으로부터 이루어진다. 만물과 한 덩어리가 되어 자연과 친화하여 세속에 물든 현실을 벗어날 수 있다[32]는 인식은 자연에 대한 전통적이고 동양적인 관념에 근거하고 있다. 일제강점기 말기의 암울한 현실에 적극 대응하거나 적응하지 못하므로 나타나는 심리적 갈등은 "사라져 가는 것에 대

---

31 김춘식, 앞의 책, p.26

32 최동호, 「산수시의 세계와 은일의 정신-지용시가 나아간 길」, 「하나의 혈에 이르는 詩學」, 고려대학교 출판부, 1997.

한 아쉬움의 애수, 민족정서에 대한 애착이 나를 이 세계로 끌어넣었던 줄로 안다"[33]고 밝힌 조지훈의 민족의식의 방향성 상실에 기인하는 것으로 판단된다. 일제 강점기 조지훈에게 보여지는 은일의 태도는 자기 존재를 세상에 드러내지 않으려는 의지로 만물과 동일한 공간에 존재하거나, 자연과 친화하여 세속에 물든 현실로부터 벗어나려고 한 것으로 이해된다. 물론 이런 태도는 상고주의에 기울어진 것이라는 비판을 피해 가기 어렵다.

> 외로이 흘러간 한송이 구름
> 이 밤을 어디메서 쉬리라던고
>
> 성긴 빗방울
> 파촛잎에 후두기는 저녁 어스름
>
> 창 열고 푸른 산과
> 마조 앉어라
>
> 들어도 싫지 않은 물 소리기에
> 날마다 바라도 그리운 산아
>
> 온 아츰 나의 꿈을 스쳐간 구름
> 이 밤을 어디메서 쉬리라던고
> - 「芭蕉雨」 全文

화자는 "창 열고 푸른 산과 마조 앉"는다. "들어도 싫지 않은 물 소리" "날마다 바라도 그리운 산"이 암시하듯 화자는 자연 속에 파묻혀 사는 것이다.

---

33 조지훈, 「조지훈 시선」, 정음사, 1956, pp.28 29.

그러나 '그리운 산'에 나타나듯 화자가 자연과 하나 된 주객일체의 상태에 있는 것은 아니다. 화자의 감정을 표상하는 객관적 상관물은 "외로이 흘러간 한송이 구름"이기 때문이다. 풍경 속에 들어와 앉아 있는 화자에게 '푸른 산'은 자신을 비추어 보는 거울과 같다. '푸른 산'과 같은 자연 속에 시각 주체의 세계관 그리고 미의식이 생생하게 투영되어 있기 때문이다.[34] 그러나 산은 화자가 모든 것을 잊고 하나가 될 수 있는 합일과 동일성의 공간에는 이르지 못하고 있다.

성긴 빗방울이 "파촛잎에 후두기는 저녁 어스름"이 깔리는 공간, 들어도 싫지 않는 물소리가 있고 날마다 바라도 그리운 산이 있는 산수의 공간은 다만 스스로의 존재를 확인할 수 있는 관조와 은일의 장소인 셈이다. 따라서 "외로이 흘러간 한송이 구름"이나 "나의 꿈을 스쳐간 구름"은 어디에서도 안식하지 못하는 시인의 고독감과 상실감의 표상이면서 또한 진정한 안식을 구하는 갈망의 표상인 셈이다. "외로이 흘러간 한송이 구름"의 이미지와 식민지 지식인의 내면공간을 효과적으로 제시한 예를 보더라도 지훈은 "자연의 감각 속에 시대의 감각을 전달할 수 있다는 사실"[35]에 있어서도 독창적이다. 또한 이러한 방랑의식은 허무, 고독, 서러움의 시적 분위기를 형성한다. 자연현상을 조심스럽게 관조하면서 자신의 존재를 확인하는 방랑시는 또한 기다림의 미학을 형성한다.

(가) 묻혀서 사는 이의
　　 고운 마음을

　　 아는 이 있을까
　　 저허하노니

34　최승호, 앞의 책, p.220
35　김준오, 「시론」, 앞의 책 p.329

꽃이 지는 아침은
울고 싶어라.
- 「洛花」 부분

(나) 물 우에 바람이
흐르듯이

내 가슴에 넘치는
차고 흰 구름

다락에 기대어
피리를 불면

꽃비 꽃바람이
눈물에 어리어
- 「피리를 불면」 부분

  시 (가)의 중심에는 늘 '나의 꿈', '묻혀서 사는 이의 고운 마음이', '내 가슴' 등이 자리잡고 있다. "조지훈의 시에는 시적 자아"의 수평적 이동을 보여주는 시가 거의 없다'[36]고 한 김기중의 언급은 이점에서 시사하는 바가 크다. 조지훈의 시에 비춰지는 은일의식은 낙향한 선비의 풍류로 읽을 수도 있겠으나 그것을 낭만적 비애로 받아들이기에는 시의 표면에 흐르는 슬픔이 지나치게 비장하다. 시인의 시선이 바깥으로 향하더라도 시선이나 상상에 맞닿은 외부의 소재들은 그리움의 대상이 아니라 시인의 내면에 가득 한 슬픔의 상관물로서 기능할 뿐이다. 결국 공간의 바깥으로 벗어났던 시선이

---

36 김기중, 「청록파 시의 대비연구」, 고려대학교 대학원 박사학위논문, 1990, p.47

화자의 내면으로 다시 수렴되면서 슬픔으로 응축된 시적 화자의 존재가 우울해진다.

(나)에서 보는 바와 같이 화자의 '마음'이나 '가슴'으로 수렴되는 슬픔의 정체는 상당히 이념적이다. 표출된 슬픔 속에서 역사와 민족의 부활을 염원하는 사유의 깊이가 강하게 느껴지기 때문이다. '다락'은 좁은 공간이며 잉여공간이며 외부와 소통으로부터 감춰진 공간이기도하기 때문에 은일 의식의 발현에 매우 효율적이다.

조지훈 시의 방랑의식은 자연 속에서 찾는 인간의 존재론적 가치와 깨달음이라는 각성의 모티프를 지닌다. 조지훈은 사라져가는 것들에 그의 시선을 고정함으로써 인간사와 자연사를 동일한 위치에서 파악하고자 한다. 따라서 일제강점기 말기, 어느 곳에서도 안주할 수 없었던 식민지 지식인의 존재의 위기는 방랑과 은일이라는 양면성으로 실존적 정체성을 찾기 위해 끊임없이 자기모색을 하는 시적 화자의 모습으로 형상화되었던 것이다. 이렇듯 조지훈 시의 자연표상은 스스로를 드러내지 않고자 하는 은일의 정신과 진정한 안식을 구하고자 헤매는 방랑의 양면성을 지니고 있으며 이러한 양면성은 『青鹿集』 수록시의 중요한 특징을 이룬다. 그리고 그것은 어디까지나 시적 화자의 내면에서 '관조'의 방식에서 이루어진다는 점에서 비극적이다.

나. 정중동의 선미(禪味)와 합일로서의 자연

조지훈은 "詩와 禪. 시가 마침내 선과 자리를 같이한다. 詩도 또한 禪이다."[37]라고 말할 정도로 그의 시작에서 시선일미(詩禪味)의 경지를 추구하였다. 조지훈은 불완전 속에서 완전을 파악하는 것, 상대적인 것에서 절대를 보는 것을 선이라고 보았다.[38] 따라서 일체의 망상외경을 버리고 마음을 구

---

37 조지훈, 「詩禪味」, 『詩의 원리』, 나남출판, 1996, p.202.
38 한정순, 「조지훈 시 연구」, 성신여대 박사학위논문, 1998, p.54

명하면 일동일정이 무비선(無非禪)이 되는 것으로 판단한 조지훈은 시 창작과정을 통하여 선을 수행하고자 하였던 것이다. 그는 시 발상의 단순화를 선의 방법에서 찾아 현대시가 가야할 방향을 모색하였으며, 압축과 비약과 관조를 통하여 선의 미학을 구현하였다[39].

동양의 전통적인 자연관은 노장사상과 선사상이 바탕을 이루고 있다. 이 두 자연관은 사상적인 배경이나 종교적인 생활방식이라는 서로 다른 바탕을 지니고 있긴 하지만 그것이 문학과 생활에 반영될 때 서로 융합되고 상통하는 것으로 나타난다[40]는 논의에서 본다면 조지훈의 자연 관조의 시에서는 그 어떠한 가식도 있지 않은 노장의 무위자연[41]철학을 엿볼 수 있다. 조지훈은 '시'를 "시인이 자연을 소재로 하여 그 연장으로써 다시 완미한 결정을 이룬 '제2의 자연'"으로 파악한다. 자연과 시인과 시가 모두 동일하게 자연으로서 파악되며, 서로 연속된 존재로서 이해되는 것이다. 그는 이러한 생각을 발전시켜 "자연미의 究極이 예술미에 結晶되고 예술미의 궁극은 자연미에 환원된다"[42]는 인식에 도달하게 된다.

자연시가 사회적, 정치적으로 암울하고 시끄러운 시기에 현실을 떠나 자연에 귀의 하고자 하는 의식에서 탄생한 것[43]이라는 것을 인정 한다면 조지훈의 자연 관조적 선시 또한 당대의 현실과 관련하여 살펴볼 수 있다. 일본의 식민지 정책이 극에 달했던 현실 속에서 대부분의 작가들이 친일문학으로 굴욕적인 작품활동을 할 때 조지훈은 자연 속에 파묻혀 현실에 대한 또 다른 대응으로써 선에 심취하였다. 암담한 현실 속에서 낙향한 해에(1943년) 쓰여진「落花」에서 조지훈은 자연의 순리에 따라서 살아가고자 하는 존재적 자아를 담담하게 그리고 있다.

---

39 한정순, 위의 책, p.55
40 최창록,「청록파에 있어서의 자연의 해석」,「현대문학」, 1976,10, p.353
41 이성교, 앞의 책, p.290
42 조지훈,「조지훈 전집 2」, 나남출판, 1996, pp.20~22
43 한정순, 위의 책,28

꽃이 지기로서니
바람을 탓하랴.

주렴 밖에 성긴 별이
하나 둘 스러지고
귀촉도 우름 뒤에
머언 산이 닥아서다.

촛불을 꺼야하리
꽃이 지는데

꽃지는 그림자
뜰에 어리어

하이얀 미닫이가
우련 붉어라.

묻혀서 사는 이의
고운 마음을

아는 이 있을까
저허하노니

꽃이 지는 아침은
울고 싶어라.
－「落花」 전문

「落花」에서 꽃이 지는 모습은 자연 이미지가 아니라 '미적 심리'를 불러일으키는 매개적 현상일 뿐이다. '꽃'과 화자는 동등한 존재로서 감정의 교감을 주고 받는다. 세상으로부터 격리되어 있는 화자의 존재 의식을 '꽃'에 감정이입하고 화자의 격정과 슬픔을 '지는 꽃'으로 암시한다. '꽃'은 하나의 대상이기 이전에 화자의 정서를 표상하고 있는 것이다. 조지훈의 자연은 '눈물', '서러움', '시름' 등의 애상의 표상으로 심정을 고백하는 대상으로 구현된다. 이러한 심정 고백은 '피었다 몰래지는', '꽃지는 소리/ 하도 가늘어'와 같이 조용하고 엄숙하다. 그래서 「落花」의 어조는 담담하게 구사되고 있다. 마지막 구절을 종결형이 아닌 '스러지고', '지는데'. '어리어', '붉어라', '마음을', '저허 하노니' 등과 같이 연결형으로 둠으로써 확신 없고 무심한 듯한 심경을 전하는 것이다. '지는 꽃'과 '하나 둘 스러지는 별', 멀어지는 '귀촉도 울음', 꺼야하는 '촛불' 등과 같이 소멸하는 것들을 통하여 순환적 구조로 이루어지는 자연의 질서를 관조하는 화자의 모습은 자연에 순응하여 자연의 질서 속에서 자아의 정체를 찾고자 한다. 화자의 정체성, 즉 자아의 존재가치는 '촛불을 꺼야하리/ 꽃이 지는데'와 같이 의지적 자아의 모습으로 나타나기도 하고 '꽃이 지는 아침은/ 울고 싶어라'와 같이 허무적 자아의 모습으로 그려지기도 한다. 이는 소멸하는 자연의 질서 속에서 허무적으로 자연을 관조하는 자아의 심정이 허무감에 젖어 있음을 뜻한다.

'꽃'은 개화와 낙화의 양면적 존재로 생사를 뜻하는 인간 삶의 표상이자 아름다움과 허무의 양면성을 지닌다. 이러한 양면성 속에서 자아의 움직임 또한 '귀 기울여 듣기에도 / 조심스러라'와 같이 자연에 순응하는 태도를 지님으로써 종교적 경건함마저 느끼게 한다. 이렇듯 생성과 소멸의 이미지를 함축하고 있는 꽃을 소재로 한 이 시의 중심에 남는 것은 꽃이 아니라 꽃을 바라보는 은일의 존재, 그 뚜렷한 자아의 각성이 아닐 수 없다.

    꽃잎이 떨리노니
    구름에 싸인 집이

물소리도 스미노라.
단비 맞고 난초 잎은
새삼 치운데
볕 바른 미닫이를
꿀벌이 스쳐간다.
바위는 제 자리에
음짝 않노니
푸른 이끼 입음이
자랑스러라
아스럼 흔들리는
소소리바람
고사리 새순이
도르르 말린다.
- 「山房」전문

「山房」에 나타난 풍경은 월정사 근처 산촌의 작은 민가쯤으로 짐작되는 집 한 채와 고즈넉한 주위다. 이 풍경속의 자연 사물들은 정중동의 미학으로 하나가 된다. 즉 닫힌 사립에 꽃잎이 떨린다거나 구름에 싸인 집에 물소리가 스민다는 것은 자연 사물이 지닌 유기적 생명력을 보여준다. '볕 바른 미닫이를 꿀벌이 스쳐'가는 이미지와 '고사리 새순이 도르르 말리는 이미지에서는 미세한 유기체적 이미지[44]를 읽을 수 있다. 풍경속의 모든 사물은 제 각각 지니고 있는 삶의 이치에 따라 호흡하고 있는 것이다. 「山房」은 닫힌 공간 안에서 화자가 외부의 자연공간을 대하는 상황이 목월의 유폐적 상상력과 유사한 듯 하지만 목월은 너머의 공간에 초점을 두는 상상을 펼치는 반면, 조지훈은 인물의 정황에 더 큰 비중을 둔다는 점이 다르다. 조지훈 특

---

44 최승호, 앞의 책, p.218

유의 선비사상이 인물을 통해 외현되는 경우이다.[45]

「山房」에서는 정지되어 있는 듯한 화면 속의 미세한 움직임을 섬세하게 포착하고 있다. 정과 동의 대비가 선명하다. 앞 선 시들의 경우, 닫혀 있고 비어있는 공간에 전통적인 소재들이 그려졌다면 「山房」에서는 그러한 공간 속에서 포착된 '꽃잎', '물소리', '꿀벌', '이끼', '고사리 새순' 등의 작은 생명들이 돋보인다. 적막한 우주 속에 놓인 미물들의 생명성에 눈길이 가기도 하고 그 생명을 보듬고 있는 빈 공간의 무게에 또한 숙연해지기도 하지만, 움직이지 않고 오랫동안 견뎌온 것들과 그것들을 의지하여 살아가는 생명들의 공생이 아름답게 느껴진다.[46] 작고 여리고 유연한 생명들은 스스로 넘쳐흐르지도 않고 위축되지도 않고 현상 유지적이다. 사물들은 안전하게 자기를 지키며 생명을 관리하고 있다. 바로 이러한 현상유지적인 생명력 관리에서 소위 유유자적의 미학이 나오는 것이다.[47] 이러한 유유자적은 일제말기 파시즘체제 하에서 귀중한 하나의 미학적 태도를 낳는데, 그것이 바로 관조의 태도에서 느낄 수 있는 느림의 미학이라고 할 수 있겠다.

조지훈은 동양적 자연관, 그중에서도 유가사상, 선사상, 노장사상을 두루 섭렵하여 자연과 인간 사회를 보는 관점을 취하고 있다. 동양적 자연관의 핵심은 자연을 살아 있는 생명체로 본다는 것이다. 그렇기 때문에 조지훈의 자연관은 전체적인 의미에서 생명적 자연관이라고 할 수 있다[48]. 그의 선에 대한 경험은 오대산 월정사의 불교강원의 외전강사 시절에 집중되는데 이때의 선 체험을 바탕으로 조지훈은 선과 시에 관한 적지 않은 글을 썼으며 불교와 선에 관하여 끊임없는 관심을 경주하였다.

목어를 두드리다

---

45 심재휘, 앞의 책, p.392

46 ──, 위의 책, p.391

47 최승호, 「『청록집』에 나타난 생명시학과 근대성 비판」, 「한국시학연구」, 1999, p.323

48 신현락, 앞의 책, p.216

졸음에 겨워

고운 상좌 아이도
잠이 들었다

부처님은 말이 없어
웃으시는데

西域萬里길

눈부신 노을 아래
모란이 진다.
 -「고사 1」전문

「고사 1」은 조지훈 시의 선적인 자연관조의 특성을 가장 잘 나타내고 있는 작품이다.[49] 저녁노을이 물드는 고사의 풍경을 그린 이 시에는 목어를 두드리다 잠이든 상좌아이와 말없이 웃으시는 부처님이 "눈부신 노을아래/ 모란이" 지는 자연 속에서 차별 없이 융화됨이 나타난다. 부처님의 웃음은 마치 영산회상(靈山會上)에서 연꽃을 들고 미소를 지으시는 모습을 연상케 한다. 그 속에서 '서역만리길'의 시 공간을 격하여 모란이 지는 것을 보는 화자의 미소 또한 눈부신 노을과 하나가 되고 있음을 알 수 있다. 그러므로 이 시가 그리고자 하는 고사의 풍경은 선적 법열의 미소 속에 담긴 선적 자연관조의 상징이다. '서역만리길'이라는 무한한 공간에 번지는 노을은 우주와 일체가 되는 순간을 상징하는 것이고, 이 일체감은 지는 모란을 보는 시적 자아의 깨우침에 의하여 상상계와 현상계의 구별이 없는 새로운 '고사'

---

49 조지훈, 「조지훈 전집2」,나남출판 ,1997, p.100

의 풍경으로 탄생한 것이다. 조지훈이 형상화한 고사의 풍경은 현실과 이상, 세속과 신성, 세간과 출세간이 한데 어우러져 있으며 '두드림'과 '졸음', '잠듬'과 '미소', '눈부심'과 '떨어짐' 등 정중동의 움직임이 어울리면서 생성과 소멸의 시간이 자연 공간에서 조화를 이루면서 관조자로서의 화자와 화해를 이루고 있다.

> 木蓮꽃 향기로운 그늘 아래
> 물로 씻은듯이 조약돌 빛나고
>
> 흰 옷깃 매무새의 구층탑 위로
> 파르라니 돌아가는 新羅千年의 꽃구름이여
> 한나절 조찰히 구르던
> 여흘 물소리 그치고
> 비인 골에 은은히 울려 오는 낮종소리.
>
> 바람도 잠자는 언덕에서 복사꽃잎은
> 종소리에 새삼 놀라 떨어지노니
>
> 무지개 빛 햇살 속에
> 의희한 丹靑은 말이 없고……
> - 「고사 2」 전문

「고사 2」에서는 과거와 현재의 조화를 다루고 있다. 천년의 역사를 간직하고 있는 '구층탑'을 돌아가는 '꽃구름'에서 과거와 현재는 대립이 없다. 현재는 과거에 기대있고 과거는 현재의 자연현상의 원인을 이룬다. 복사꽃잎의 낙화가 종소리에 놀라 떨어지는 '고사'의 시 공간에서는 무위의 '물소리'와 인위의 '종소리'의 교차할 뿐 대립하지 않는다. 이 물소리와 종소리의 교차는 놀라 떨어지는 복사꽃잎에 이르러서는 동일시되고, 무화되고 만다. 인위적인 대립의 무화는 자아와 세계와의 대립의 무화를 뜻한다. 스스로를 드러내지 않고자 하는 은일의 정신과 진정한 안식을 구하고자 헤매는 방랑의 양면성이 비로소 선적 관조로서 하나가 되며 공생과 합일의 경지에 이르게 된 것이다. 따라서 자연을 바라보는 조지훈의 시적 자아는 자연과 분리되지 않으며 따라서 아무런 고통을 느끼지 않는다. 그것은 때로 조지훈의 시를 단순하게 만드는 요인[50]이 되기도 하지만 주객이 하나된 '정중동의 선적(禪的)풍경'은 이미 조지훈이 자연에 귀의되어 있음을 확인해 준다.

조지훈의 시들은 전통적 미학과 결합된 자연표상이 두드러지며 특히 민족의 역사와 문화, 민속에 담겨있는 고전미와 자연의 어울림이 형상화되어 있음을 살펴보았다. 그의 작품에 그려지는 자연표상은 첫째, 스스로를 드러내지 않고자 하는 은일의 정신과 진정한 안식을 구하고자 헤매는 방랑의 양면성을 지니고 있다. 이처럼 중첩된 시의식은 '관조'의 태도로 시적 대상과 존재적 거리를 유지한다. 둘째, 자연을 대하는 시인은 불안과 좌절감에 방황하는 심리적 상태를 보이면서도 '정중동의 선적(禪的)풍경'이라 할만치 자연을 대하는 태도가 지극히 선적임을 밝힐 수 있었다. 이는 또한 은일의 정신과 방랑의 양면성이 비로소 선적 관조로서 하나로 결합하며 공생과 합일의 경지에 이르게 되었음을 의미한다. 이로써 조지훈은 초기부터 선적인 체험을 시화하는 데 남다른 노력을 기울이면서 불교적인 소재, 유교 사상의 표출, 노장적 태도를 보이기도 하지만, 그의 시의 내용을 이루는 주요한 요소는 선을 통해 자연과 교감하고 사유하는 시의식을 보여준다 하겠다.

4. 박두진 시의 생명의식과 이데아의 구현

---

50 신현락, 「한국현대시의 자연관 연구:한용운,신석정,조지훈을 중심으로」, 한국교원대박사논문, 1998, p.238

박두진의 초기시들은 참신하면서도 이상향에 대한 염원과 새로운 삶의 세계를 추구하던 작품으로서 자연은 그의 시에 절대적인 소재였다. 그는 부정적, 비관적 현실인식을 바탕으로 하면서도 좌절하거나 절망하지 않고, 미래지향적인 낙원 회복의 꿈과 기다림을 간직하고 있다. 이러한 미래지향적인 믿음과 낙원 회복의 의지가 자연표상으로 나타나게 된 동기는 기독교에 입문한 것에서 비롯된다. 그의 초기시들은 자연을 중요한 소재로 삼으면서 생명력이 역동하는 자연을 그리고 있다. 선과 악의 역할 구분을 하지 않고 살아 있는 모든 대상과 함께 도달할 이상향에 대한 염원과 낙원세계의 조화로운 자연 창조를 모색하고 있다. 박두진은 일제 암흑기, 참담한 현실을 극복하려는 의지가 시의식에 더해져 생명력 충만한 새로운 세계를 자연 속에서 찾았고, 맑고 순수한 영혼이 깃든 청신한 세계의 의미를 천착하기도 한다. 이러한 정신과 결합된 감각적 발상은 순전히 내발적이면서도 자설적(自說的)[51]이며, 이런 점에서 그는 같은 청록파 동인이었던 박목월이나 조지훈과 구별된다.

박두진은 자연 곳곳에서 거룩한 힘과 아름다움을 발견하고, 최선의 이데아를 지향하며 축복의 순간에 대한 소망을 가지고 자연에서 생명의 존귀와 낙원으로의 구원 추구하였다. 그는 자연 대상과의 교감이나 소통을 통한 개인의 감정 또는 서정성에 심취하기보다는 인간과 생명체에 보편적으로 전해지는 체험적 감동에 중점을 두었으며 기독교적 신념을 시로 승화시켰다. 일제강점기의 비참하고 가혹한 질곡에서도 밝고 강인한 어조를 견지할 수 있었던 힘은 자연의 생명력에서 희망을 발견하는 시의식과 생명 구원과 낙원 인도의 종교적 신념이 충만한 시의식에서 비롯된 것이다.

가. 생명 구원의 묵시와 형이상학적 자연

---

51 박철희, 「청록파연구Ⅱ」, 『국문학논문선9』, 민중서관, 1977, pp. 447~448

『靑鹿集』 전체에 흐르는 자연은 인간에게 삶의 태도와 회복해야 할 세계를 일깨워주는 이상향의 세계이다. 그리고 이때의 이상향은 다소 추상적이고 관념적이면서도 신성하고 초월적인 세계로 묘사[52]되는데, 이러한 모습은 비교적 박두진의 시에서 구체화되어 나타난다. 『靑鹿集』에 나타난 박두진의 자연표상은 식민시기에 발견된 '고향'으로서의 보다 감각적인 표현을 통해 생명성을 강조하는 근원지이며, 또한 이를 통해 인간사회가 정화(淨化)될 수 있는 공간이다. 그의 시에 표현된 자연은 많은 부분 현실적으로 눈앞에 존재하는 자연이었고 그 자연은 시인과 대화를 주고받으며 시인의 이상을 받아주는, 또는 시인의 이상이 투영(投影)되는 대상으로 나타난다.

山, 山, 山들! 累巨萬年 너히들 沈默이 흠뻑 지리함즉 하메,

山이여! 장차 너희 솟아난 봉우리에, 업드린 마루에, 확 확 치밀어 오를 火焰을 내 기다려도 좋으랴?

피ㅅ내를 잊은 여우 이리 동속이 사슴 토기와 더불어 싸리ㅅ순 췱순을 찾아 함께 즐거이 뛰는 날을 믿고 길이 기다려도 좋으랴?
  – 「香峴」 부분

박두진은 「香峴」에서 온갖 초목과 짐승들이 사람과 어울려지내는 평화로운 정경을 꿈꾸고 있다. 「香峴」에 제시된 자연표상은 환상의 대상이 아니다. 시인이 처한 현실적 상황에 대한 절망적 인식과 그 상황의 어두움을 넘어선 미래적 희망을 산이라는 자연표상을 통해 형상화한 것이다.[53] 사람과 자연이 어울려 조화를 이루는 정경은 유럽의 기독교 문학에서 하나의 낙원

---

52 이성천, 「『靑鹿集』 현실수용 양상과 전통의 문제」, 『한민족문화연구제41집』, 2012.10, p.318
53 박두진, 「初期詩의 底邊」, 『靑鹿集』, p.198

의식으로 자리잡고 있다. 인간이 자연과 하나가 되어 신의 창조물로 평화롭게 조화를 이루며 살아가는 모습은 에덴동산의 순결(純潔)한 공간을 표상하는 것이다.[54] 기독교적 평화에의 갈망을 토대로 하여 환희와 축복으로 가득찬 산은 자연으로서의 의미보다는 종교적인 이념이나 인간의 존재론적 의미를 더 많이 포함하고 있다. 시인은 '산'으로 표상된 자연의 세계에 동물들을 등장시켜 그가 추구(追求)하는 이상향을 표출하고 있다. 장엄하고 숭고한 생명의 터전인 '산'에 살아가는 동물들은 해방기의 혼란한 사회에 대한 우화적 표현이라 할 수 있는데, 여기서 시인은 다양한 습성을 지닌 동물들 열거함으로써 해방기의 시대상을 풍자한다. 인간 사회에 대한 풍자는 "피~내를 잊은 여우 이리 등속이 사슴 토끼"와 같은 표현처럼 먹이사슬이라는 숙명적 대립 구도에 놓여 있는 해방기에 대한 인식을 보여준다.

공존(共存)할 수 없는 관계에 놓인 갈등 상황을 풀어나갈 수 있는 유일한 방법은 '산'이 지닌 '확 확 치밀어 오를 산'이다. 시인은 인간 사회의 갈등을 풀어갈 수 있는 유일한 대안으로 자연이 지닌 초월적인 힘을 제시한다. 해방기 현실과의 상관성을 염두에 두면, 이때의 '자연'은 해방기의 혼란과 갈등을 보다 근원적 생명의 질서 차원에서 치유하려는 의도에서 설정된 지대, 즉 천상지향적 대안 공간이라 하겠다. 「香峴」에서는 현실을 절망하거나 지나간 역사를 부끄러워하지 않으며 회피하지 않는다. 오히려 그것을 극복하고 밝은 미래의 궁극적인 공간을 마련하고 있는 것이다. 평화로운 세계가 올 것을 믿고 그 기다림이 민주주의와 결합되어 있다는 점에서 그의 시의식은 일종의 시오니즘에 가까운 것이라고 볼 수 있다.[55]

「香峴」에서는 새로운 자연표상들이 많이 발견된다. 이 땅에 오래 전부터 있어왔던 생물들의 이름이 한꺼번에 불리어지고 있다. 다박솔, 떡갈나무, 억새풀, 너구리, 여우, 오소리, 도마뱀, 능구리 등이 그러하다. 이들 대상들

54　이숭원, 「근대시의 내면의식」, 앞의 책, p.116

55　박이도, 「韓國現代詩에 나타난 基督敎意識」, 경희대 대학원 박사학위논문, 1984, p.111

은 박두진의 시에 나타나기 전가지는 잘 나타나지 않았던 이름들이다. 박두진은 친절하게도 이들 자연 대상의 이름을 거명하면서 새로운 세상에 함께 할 자격을 준 것이다. 산에 대한 풍경 묘사도 새롭다. 이름이 없었던 나지막한 산들을 '우뚝 솟은 산', '묵중히 엎드린 산'으로 존재를 인정하고 있다. 첩첩 포개어 보이지 않는 산을 찾기 위해 시인의 마음은 둥둥 구름을 타고 있다. 신선하고 세밀한 시인의 심안(心眼)은 입체적 풍경을 그려내고 역동적 생명력이 '무수한' 자연을 "함께 즐거이 뛰는 날"을 기다리는 희망의 표상으로 전개한다. 박두진의 자연은 생명력으로 가득찬 역동적인 풍경인 것이다. 이와 같은 이상적 풍경은 시인이 묵시적으로 현실을 바라보며 묘사한 것이다. 그러나 이상적 풍경은 이 땅에 실재하는 풍경이 아니다. 시인이 굳게 믿고 있는, 언젠가 이 땅이 예언의 증거로 나타날 자연표상이다.

「香峴」을 통해서 박두진의 시의식을 확인해 본다면 그는 암담한 현실을 좌절하거나 쉽게 순응하는 유약함을 보이지 않는 강인한 종교적 신념을 읽을 수 있다. 고난의 시간과 역사를 부끄러워하지 않으며 회피하지 않고, 그것을 극복하여 미래의 자유롭고 평화로운 공간을 마련하고자 한다. 「香峴」에 나타나는 박두진의 시의식은 낭만주의 영향으로 표현되었던 애상성과 현실도피의 서정성과 상반되는 개척의지와 탈속의 평화 이상주의라 하겠다.

北邙 이래도 금잔디 기름진데 동그란 무덤들 의롭지 않어이

무덤 속 어둠에 하이얀 髑髏가 빛나리. 향기로운 주검의ㅅ내도 풍기리.

살아서 설던 주검 죽었으매 이내 안 서럽고, 언제 무덤속 화안히 비춰줄 그런 太陽만이 그리우리.

금잔디 사이 할미 도 피었고 뻐이 뻐이 배, 뱃종! 뱃종! 메ㅅ새들도 우는데 봄볕 포근한 무덤에 주검들이 누었네.

-「墓地頌」 전문

　　박두진은 스스로 이 시의 해설에서 '불멸의 종교적인 믿음'을 가졌고, '신앙생활의 새로운 경이'에 많은 영향을 주었다고 적고 있는데 이 시 자체가 종교적인 것이라기보다는 이 시에 나타난 부활, 불멸에 대한 믿음이 그의 '신앙의 원천'과 통했다고 보는 것이 옳을 것이다.[56] 이러한 믿음은 일제강점기의 정신적, 육체적 억압의 현실을 견디면서 신앙심을 더욱 굳게 단련하게 된다. 그는 신의 섭리에 의해 창조되고 운영되고 있다고 믿는 자연의 생명력과 순리에서 신의 왕림(枉臨)과 그리스도의 불멸과 부활을 표상으로서 태양의 존엄을 증명하면서 자신의 신앙의 깊이를 더욱 심오한 차원으로 발전시킨다. 생명의 생사 외부서의 항구적이고 영원성을 담지하고 있는 산, 태양, 강, 바다 등의 거대 자연은 신의 섭리와 계시를 전해주는 신성성이 크게 나타난다.

　　형이상학이 절대의 윤리와 정의의 실현을 전제로 하듯이, 박두진의 '이상주의'는 영원성에 대한 믿음에서 오는 것이며 이 영원성은 곧 불멸 혹은 부활의 이미지와 통하는 것이다.[57] 박두진의 자연은 있는 그대로의 자연 아니고 있으라 하여 있는 유일신의 피조물이었기에 그의 시에 그려지는 자연은 고난과 시련은 영원성을 얻기 위한 축복과도 같은 것이었다. 그의 자연은 초기부터, 인간과 사회의 숙명, 현실 그리고 신의 영원성, 계시적 예언을 그대로 담고 있었다고 할 수 있다. 무덤 속의 '뼈와 해골'이 빛나고 그것을 태양이 비추는 부활의 이미지는 식민지적 현실의 암울을 깨뜨리는 희망에 대한 염원을 담은 것이다. 이 시는 무덤 속의 '촉루'와 같은 '일제 강점기 청년'의 삶에 대한 이상적 기대감을 강한 염원과 충일감으로 표현하고 있다.

　　일제 강점기 상황에서 당시 젊은 청년이었던 박두진은 빛이 소외된 '북

56　김춘식, 앞의 책, P.33

57　김춘식, 위의 책, p.34

망'의 공간에 자리한 묘지에 대해 '동그만 무덤들 외롭지 않어이'라는 낙관적인 태도를 견지한다. 무덤의 어둡고 우울한 그림자는 부각되어 있지 않다. 무덤에 비치는 '태양'은 구원의 영원성을 밝히는 신성 표상이다. 말하자면 긍정적인 미래는 현상적 '밝음' 속에서보다는 오히려 현상적 시련과 인내를 상징하는 '어둠'을 견디어 내려는 의지를 통해서 구원의 희망에 넘칠 수 있다.[58] 그 시대의 대부분의 시가 너무 어둡고 무기력한 현실 대응을 보였다면 박두진은 오히려 그러한 어둠을 역설적인 시적 에너지로 흡수하면서 새로운 의지와 비전을 제시하는 시를 쓰고자 했다.

「香峴」과 「墓地頌」은 식민지 현실에 대한 민족적인 감정이 곁들여진 시임에 틀림없다. 신대철의 지적대로 「墓地頌」은 그 시 의식의 이면에서 설움을 은밀히 나타내고[59] 있는 지도 모른다. 또 일제 말기의 고압적이고도 비인간적이며 잔혹한 억누름을 꿰뚫고 새로운 삶에 지향하려는 숨은 뜻이 담겨[60]있다.

    산그늘 길게 늘이며
    붉게 해는 넘어가고

    황혼과 함께
    이어 별과 밤은 오리니,

    생은 오직 갈수록 쓸쓸하고,
    사랑은 한갓 괴로울 뿐

    그대 위하여 나는 이제도 이

---

58 조창환, 「박두진의 묘지」, 김용직 외 편, 『한국현대시작품론』, 문장, 1994, p.315.
59 신대철, 「박두진연구Ⅲ」, 『어문학3집』, 국민대출판부, 1984, p.139
60 신동욱, 「해와 삶의 원리」, 『박두진전집』, 범조사, 1982, p.304

긴 밤과 슬픔을 갖거니와

이 밤을 그대는 나도 모르는
어느 마을에서 쉬느뇨.
　-「道峯」부분

　시「道峯」은 박두진의 감정과 심정을 읊은 노래로 볼 수 있다. 텅빈 산의 정경과 '쓸쓸'하고 '괴로'운 시인의 막막한 심정으로 읽을 수도 있다.「道峯」은「향현」이나「묘지송」에서처럼 생동감과 희망이 드러나 보이지 않는다. 생동감을 잃어버린「道峯」은 그야말로 적막한 공간이다.
　박두진은 시「道峯」에 대해 그 당시의 적막감과 고독감, 호젓한 영혼의 도사림과 잃어버린 것에 대한 갈등을 가을 산의 서정으로 노래한 것이라고 해설하였다.[61] 이 시의 1연과 2연에서 보여주는 '가을 산'의 정경은 현실의 삶과 심정을 표상하고 있다. "나는 이제도 이/ 긴 밤과 슬픔을 갖거니와" 구절에서는 구도자 또는 낙원의 인도자의 입장에서 갈등하고 좌절하고 방황하는 나약한 인간의 모습을 발견할 수 있다.「道峯」에서의 '그대'의 정체는 다의성을 지닌다. 해석의 관점에 따라 사랑하는 사람이거나, 시련과 고난의 시기를 보내고 있는 민족이거나, 불현듯 맞이할지도 모를 여호와이거나, 불특정 표상이다. 한용운의 '님의 침묵'에 보여지는 '님'의 다의성을 박두진의「도봉」에서는 '그대'로 환치 된 것으로 발견할 수 있다.
　「道峯」에서 두드러지는 것은 절망에 휩싸인 분위기 속에서도 앞날에 대한 소망과 기대의지를 잊지 않고 있다는 점이다. 화자는 '인적끊인 곳/ 홀로 앉'아 '울림은 헛되이 빈 골 골을 되돌아 올 뿐'이지만 '그대위하여' '긴 밤'과 '슬픔'까지도 지니는 포용성을 갖고 슬픔과 밤의 상황을 끝내 견디겠다는 의지를 가지고 있다. 이 의지는 암흑기에도 우리의 정신과 생명이 다시

61　박두진,「처녀작, 대표작」,「청록집 이후」, 앞의 책, p.173

살아날 수 있으리라는 확고한 신념이며, 종교적인 힘에 근거를 두고 있으며 이는 맹신적인 신념이 아닌 종교적으로 승화되어 시의 모습으로 나타난 것이다. 숭고함과 신성성의 추구에서 잠시 벗어나 암흑기의 절망감을 '황혼과 밤'으로 표상하고 미래의 희망을 '별과 사랑'으로 그려낸 시 「道峯」에서 '황혼과 밤'이 암흑기의 절망을 상징한다면 '별과 사랑'은 미래의 밝은 전망의 예시[62]로 해석할 수 있다.

박두진의 시에서 자연은 인간 구원의 낙원의 예비 장소이면서 좌절과 고난과 악행의 舊態를 정화하여 생명에게 복음을 안겨주는 복된 공간인 것이다. 실제 박두진의 시에서 중요한 것은 종교성 보다는 오히려 현실에 대한 적극적인 관심과 참여 의지라고 할 수 있다. 인간의 구원이라는 형이상학과 현실의 개선이라는 실천의지가 만나는 지점에서 박두진의 거처가 된 것이 자연이었다고 보는 것이 좀 더 타당할 것이다.

박두진의 시에 있어서는 객체로서의 자연이 갖는 아름다움 같은 것은 별로 눈에 띄지 않는다. 그의 관심은 어디까지나 인간에 있었으며 따라서 그의 시에 자연이 등장할 때 그것은 언제나 인간현실의 반영으로 존재하기 마련이다. 그러므로 그는 자연과의 조화라든가. 자연에의 몰입 같은 것은 거의 염두에 두지 않는다. 그가 보여주는 풍경은 현실적으로 존재하는 자연의 모습이 아니라 기독교적인 사상을 토대로 한 묵시적 풍경이다. 그러나 종교적 상상력이 지닌 당위성대로 초월적인 존재자로부터의 구원을 지향하거나 혹 신앙인으로서의 자기 수양이나 실천적 삶을 추구하거나 간에 훌륭한 시는 심미적 가치를 외면하지 않는다.[63] 박두진의 시는 심미성을 잃지 않고 있으며 미래에 이 땅에 도래해야 할 이상적이고 당위적인 풍경을 그려내고 있다. 그의 시에서 자연은 광복을 맞이할 조국이 천상 낙원으로 그려지거

---

62 임영주, 앞의 책, 8.81

63 손종호, 「근대시의 영성과 종교성」, 서정시학, 2013. p.28

나, 혹은 에덴의 회복된 모습을 제시하고 있는 것이다.

나. 신성성의 지향과 우주적 상상력

정지용은 추천사에서 박두진 시의 공간배경을 일러 '신자연'이라고 명명하였는데 이는 그가 다루는 자연, 혹은 그 공간과 표상이 이전의 규범과 다른 양상으로 표현되었다는 뜻이다. 그가 추구하는 이상향의 의지는 압제 없는 건강한 사회의 도래를 염원하는 마음과 연결되어 생동하는 자연의 무한한 생명력을 노래한다.

> 눈 같이 흰 옷을 입고 오십시오.
> 눈 위에 활짝 햇살이 부시듯
> 그렇게 희고 빛나는 옷을 입고 오십시오.
>
> 달 밝은 밤 있는 것 다아 잠들어
> 괴괴-한 보름밤에 오십시오...
> 빛을 거느리고 당신이 오시면,
> 밤은 밤은 영원히 물러간다 하였으니,
> 어쩐지 그 마지막 밤을 나는, 푸른 달밤으로 보고 싶습니다.
> 푸른 월광이 금시에 활닥 화안한 다른 광명으로 바뀌어지는,
> 그런, 장엄하고 이상한 밤이 보고 싶습니다.
> -「흰장미와 백합꽃을 흔들며」부분

박두진이 추구하는 이상향의 의지는 자유와 평화의 영원한 보장이 이루어지는 건강한 세상을 염원하는 마음과 연결된다. 이 염원을 이루게 할 주체는 '당신'이다. '나'는 능력이 없으므로 바라는 것만 많은 존재이다. 그런데 이 바램을 '당신'이 다 이루어 줄 것으로 믿고 있다.

시 「흰장미와 백합꽃을 흔들며」에서는 '당신이 오시면', '밤은 영원히 물러간다'는 확신으로 대체된다. 당신은 '눈같이 흰 옷을 입고 오'셔야 하며, '빛을 거느리고 올' 때 비로소 '밤은 영원히 물러'가는 것이다. 여기에 순수의 표상으로서의 원형적 이미지로 '흰장미와 백합'이라는 자연물이 등장한다. 아울러 박두진에게 지속적으로 작용하는 '빛'의 이미지는 '햇살이 부시듯 그렇게 희고 빛나는 옷을 입고' 재림하는 메시아의 왕림을 고대하게 한다. 반드시 '빛을 거느리고', '빛나는 옷을 입고', '햇살이 부시듯' 오실 때 '흰장미와 백합꽃을 흔들며' 신성한 '당신'을 순결한 모습으로 반갑게 맞는 것이다. 신앙의 표상으로 '흰 장미'와 '백합꽃'을 민족의 표상으로 해석할 수 있다. '흰'의 의미를 백의민족으로 해석하면 '밤'은 식민체제를 의미한다. 박두진의 시의식 속에 존재하는 '빛'은 종교적 구원의 빛이며 동시에 그의 내면 깊이 자리하는 내재적 자연으로서의 빛이기도 하다.[64] 그리고 '밤은 영원히 물러간다'는 바램은 해방을 의미하는 것으로 해석된다.

    이리들이 으르댄다. 양떼가 무찔린다. 이리들이 으르대며, 이리가 이리로 더불어 싸운다. 살점들을 물어 뗀다. 피가 흐른다. 서로 죽이며 자꾸 서로 죽는다. 이리는 이리로 더불어 싸우다가, 이리는 이리로 더불어 멸하리라.
    ----------중략------------
    새로 푸른 동산에 금빛 새가 날아오고, 붉은 꽃밭에 나비 꿀벌떼가 날아들면, 너는, 아아, 그때 나와 얼마나 즐거우랴. 쉽게 흩어졌던 이웃들이 돌아오면, 너는 아아 그때 나와 얼마나 즐거우랴. 푸른 하늘, 푸른 하늘 아래 난만한 꽃밭에서, 꽃밭에서, 너는, 나와, 마주, 춤을 추며 즐기자. 춤을 추며, 노래하며 즐기자. 울며 즐기자.……어서 오너라.……
    - 「푸른하늘 아래」 부분

---

64 임영주, 앞의 책, p.76

「푸른 하늘 아래」에서는 침략자에 대한 비판의식이 더 치열하면서도 구약 속의 선지자와 같은 확신과 신념에 찬 목소리로 제국주의자들의 멸망을 예언하고 있다. 일제 침략자를 '이리'로 설정하여 독립의지를 더욱 견고하게 고취하고자 했다. 일제강점기 말기 전시의 현장을 짧은 호흡과 급박한 어조의 반복으로 충격과 고통의 상황을 전하고 있다. "불이 났다. 그리운 집들이 타고…… 이웃들은 다 쫓기어……흩어졌다. 아무도 없다"처럼 약육강식의 적자생존 원리가 적나라하게 묘사되어 비참함을 더해준다. '살점'과 '피'로 나타나는 살생의 상황을 지켜보는 화자는 '일히는 일히와 더불어 멸하리라'에서도 해방의 욕망을 보여준다. 박두진의 해방의 바램은 지배자/ 피지배자, 선/악과 같은 이항대립적 이원론을 거부하며 절대 구원과 절대 평화를 꿈꾸는 양상을 보인다.

　박두진의 시어는 항거의 몸짓과 다르지 않다. 특히 그의 경우에는 이 항거에의 의지가 지속성을 가진다. 일회성으로 그치는 목적 달성용의 혁명의지가 아닌 상황에 따라 다른 감정이 유발되는 지속성을 가진 시인이면서 또 한 언어구조 안에서의 혁명가[65]였다. 이러한 예언자적 윤리의식에 입각해 있는 그의 현실인식의 특징은 현세를 부정하고 부조리한 것으로 인식하게 된다. 다시 말해, 시적 사유의 기반이 현실 부정의식에 놓여 있다는 것이다. 아울러 그 삶의 부조리와 지상적 현실의 모순 비참함을 인식하는 것도 시기에 따라 그 강렬함이 달라진다.[66]

　「푸른 하늘 아래」에서는 일제침략자에 대한 비판의식이 더 치열하면서도 구약 속의 선지자와 같은 확신과 신념에 찬 목소리로 일제의 멸망을 예언하고 있다. 마지막 연에서는 환희의 장면을 생생하게 묘사하고 있다. 해방되는 민족의 모든 생명과 자연은 춤을 추는 환희의 조화를 맞이한다. '푸른 하늘 아래' 공간에서 겨레는 감격으로 어우러져 한 마음이 되는 시간을 예언하고

---

[65] 임영주, 위의 책, p.78

[66] ──, 위의 책, p.77

그 순간의 상상한 것이다. 이 고난과 시련과 탄압의 공간은 평화와 기쁨의 낙원으로 바뀌게 되는 것이다. 박두진은 기독교적 인간 구원의 바램을 믿음 안에서 도모하는 것이 아니라 민족의 구원과 이상향을 준비하고 있다.

박두진의 입장은 이상적인 민족공동체에 대한 윤곽을 그려내려고 투쟁한다. 모든 제국이 무너지고 모든 피억압자들이 해방되는 그 상상의 공동체 안에 난만한 꽃밭은 피어나고 쫓겨간 이웃들은 돌아오며 '푸른 하늘 아래, 꽃과 나비'와 겨레는 춤을 추는 것이다. 이 믿음은 메시아의 재림에 대한 확고한 신앙과 뜨거운 열정에서 비롯된다. 황폐한 시온이 평화와 기쁨의 에덴동산으로 변하게 되는 것이다. 그의 시 속에 새로운 생명으로 탄생하는 대상들은 「푸른하늘 아래」 해방과 자유로운 세상을 즐기는 표상이 된다. 이같은 시의식은 기독교적 인간 구원의 바램에 상응하는 것이며 메시아의 재림에 대한 확고한 신앙과 뜨거운 열정에 기반한 것이라 할 수 있다.

박두진의 시에서 해와 별의 상상력이 자주 그려진다. 그 중에서도 해의 상상력이 역동적으로 작용하면서 그의 시의 특질을 구현한다. 해는 '다른 태양'으로 제시될 때는 죽음을 극복하는 메시아의 재림 혹은 부활, 자연사와 인간사를 이끌어가는 이념적 진리의 표상으로 나타난다. 밝음과 밤, 별의 이미지는 모든 물상들에 생명을 부여하여 소생시키는 기능을 수행한다. 별은 어려운 현실을 견디게 해 주는 힘으로, 자연에 대한 소박하고 단순한 경이와 존엄으로 빈번히 나타났으며 이는 결국 모두가 하나 되는 날에 대한 신념으로 이끌어주는 표상인 것이다.

 ㉮ 그러나 하늘엔 별 별들이 남아 있다
  -「푸른 하늘아래」 부분

 ㉯ 황혼과 함께
  이어 별과 밤은 오리니,
  -「道峰」 부분

㉓ 이제 나의 이 오늘밤 산장에도 얼어붙은 바람 속 우러르는 나의 하늘에 별들은 쏠리며 다시 꽃과 같이 난만하여라
- 「별」 부분

㉔ 일월을 우러러/ 성신을 우러러// 다만 여기 한/ 이름 없는 산기슭에// 퍼지는 파문처럼/ 작고 내 고운/ 연륜은 늘어간다.
- 「年輪」 부분

㉕ 별들 구슬피 헤어지고 별들 서로 정답게 모이는 날
- 「어서 너는 오너라」 부분

위 시에서 해와 별 이미지에서 보듯 박두진이 기대하고 있는 해방이나 유토피아, 메시아의 재림, 인류와 동물 짐승이 하나가 되는 날들은 쉽사리 도달할 수 있는 세계가 아니다. 그것은 오히려 영원히 유예될 수밖에 없는 속성을 가지고 있다고 말할 수도 있는데, 이런 속성이 박두진 시세계의 변화보다는 지속성을 유지하는 계기가 될 수 있다.

해의 표상은 어둠에서 밝음에의 기대로 나아가는 『靑鹿集』의 시들뿐만 아니라 그의 이후 시들을 일관하는 시적 긴장으로 작용[67]하고 있는 가장 중요한 상상력의 동인인데 한결 같이 이념적 진리를 위해 이미지가 동원된 것이 아니라 '조용하고 조심스런 긴장이 아주 포괄적이고 근원적이고 민족과 인류, 현재와 영원, 미래를 포괄할 수 있는 이념적 진리인 이상과 결합된다는 특징[68]을 지닌다.

별의 표상은 시인의 인생관을 비춰주는 거울의 역할을 한다. 즉, 곽곽한 삶을 살아가는 시인에게 그 삶의 어려움을 초극하는 힘, 혹은 인류가 하나

67　김응교, 「빛의 힘, 돌의 꿈―박두진의 상상력 연구」, 연세대학교대학원 박사학위 논문, 1997, p.10.
68　박두진, 「詩의 運命」, 앞의 책, p.663.

될 수 있다는 궁극적인 믿음으로 기능한다. 그가 믿고 바라는 이상은 '무덤 속에서 다시 부활'하거나 '또 하나 다른 태양'을 대망하는 데만 그치는 것이 아니라, 모든 인류와 동물 짐승이 공생공존하는 하나의 이상을 실현하는 데 있다. 별은 캄캄함 속에서도 또렷하게 눈을 뜨고 있다. 그래서 별은 대체로 밤과 함께 그의 시 구절에서 나온다.

㉮-㉰까지 별에 나타나는 의미는 거의 비슷하다. 그것은 아무 것도 의지할 수 없는 현실에서도 별은 최후의 희망의 보루라는 것이다. 하늘에 별이 있는 한 희망을 버리지 않겠다는 것은 어떠한 경우가 있어도 소망을 버리지 않겠다는 것과 같다.

같은 맥락으로 ㉮시는 희망을 포기하지 말아야 할 이유로 날마다 돋는 하늘의 별을 통해 찾고 있다 ㉯시에서 별은 암담한 현실 속에서도 구원을 바라는 외로운 심경을 대변하고 있으며, ㉰시에서는 하늘이 얼어붙는 고독을 이기게 하는 힘으로 꽃과 같이 난만한 별을 들고 있다. 즉, 천상의 별은 지상의 꽃 이미지로 연결된다. 아울러 ㉱시에서는 고독한 세월을 오로지 '성신에의 신앙'[69]으로 일관해 온 인생 역정을 읽을 수 있다. ㉲시에서 별은 사람과 등가관계에 놓일 정도로 친근성을 보인다. '별'은 박두진의 현실의 간고와 고독을 건디는 매개가 되고 있음을 짐작할 수 있다. 하늘의 정원에 피어 있는 꽃과 인간의 정원에 피어 있는 꽃을 몽상 안에서 결합하는 박두진의 균형의식의 소산으로 그려지는 표상[70]이라 할 수 있다. 박두진의 시에서 '해'는 메시아의 신성성을 담지하고 있고 '별'은 메시아의 말씀이고 사람들의 무수히 많은 희망의 표상으로 우주적 상상력으로 닿을 수 있는 통로인 것이다.

청록파 세 사람 중에서 가장 새로운 풍경을 보여주는 시인은 단연 박두진이다. 박두진이 다른 시인들보다 더욱 새로운 풍경을 보여줄 수 있었던 것은 그가 가진 기독교적 세계관 때문이다. 종교성이란 신앙의 외적 발현

---

69 조연현, 「박두진」, 『박두진』, 서강대학교출판부, 1996, p.21.

70 손진은, 앞의 책, p.370

으로서 영성 표현의 한 수단이며 종교를 통해서 삶의 의미와 가치를 추구하고자 하는 특성을 말한다. 종교성은 불가피하게 특정 종교집단의 교리와 지식, 세계관과 이념을 함유하게 된다.[71]

박두진에게는 종래까지의 서정시에서 보이지 않는 시적 소재와 풍경언어들이 많이 나타난다. 그리고 사물과 사물이 만나는 방식, 사물과 시각 주체가 만나는 방식, 곧 관계(關係)의 미학이 매우 새롭다. 박두진의 시에서 신성성을 갖게 된 자연표상들은 '되기/생성'[72] 변화를 획득한다. '되기/생성(devenir)'은 존재가 아니라 존재 사이에서 벌어지는, 하나의 존재에서 다른 존재로 '되는' 변화를 주목하고, 그러한 변화의 내재성을 주목한다. 그의 자연표상들은 원래의 성향을 가진 표상이 아니라 영원성, 신성성을 획득하고 있는 것이다.

박두진의 시에는 많은 양의 자연 표상들이 나타난다. 박두진의 자연은 가시(可視)영역의 대상보다는 더 확대된 우주의 공간까지 확대된다. 인간은 언제나 他者인 세계를 인간의 영역으로 끌어들이고 그것에 자신의 관념을 불어넣으려 한다. 박두진이 불어 넣은 관념적 대상은 신과 관계를 맺어 영생의 낙원 시민이 되기를 원한다. 그의 시에서 '되기'는 진화가 아니고 친자관계도 아니다. 박두진은 자신과 이질적인 자연 대상들을 '빠져 들어간다'는 의미를 갖는 함입의 상태로 신성과 관계를 맺게 한 것이다. 또한 이것이 박두진만의 독창적인 우주적 상상력이라 할 수 있다.

5. 결론

『靑鹿集』에 수록된 작품들을 대상으로 세 시인의 시의식과 시에 나타나

---

71 손종호, 앞의 책, p.17

72 이진경, 『노마디즘2』, 휴머니스트, 2002, pp.33-34 '되기/생성'을 통해 끊임없이 탈영토화 되고 변이하는 삶을 촉발하는 것, 이 모두가 바로 '되기'라는 개념을 둘러싸고 진행되기 때문이다. 이런 의미에서 되기는 자기-동일적인 어떤 상태에서 벗어나 다른 것이 되는 것이고 어떤 확고한 것에 뿌리박거나 확실한 뿌리를 찾는 것이 아니라 거기서 벗어나는 것이다.

는 자연표상을 정리하면 다음과 같다.

박목월의 작품세계는 한 마디로 탈속의 자연과 향토적 서정이라 해도 좋을만치 그 특성이 두드러진다. 그의 시에 나타난 자연은 당대의 장소 개념이 아닌 시적 공간 개념으로서의 성격이 분명하며 시적 화자는 현실 도피적 태도를 보임으로써 자연은 '향토적 피안의 거처'로 형상화되고 있는 것이다. 그가 창조한 자연과 공간은 비현실적이고 동화적이며 환상적인 표상들로 풍경을 이룬다는 점에서 가히 '환상의 지도'라 할 수 있다. 또한 향토적 정서의 표상들은 데자뷰라 할 만큼 낯익고 정감이 담긴 대상으로 그려져 박목월은 현실 외벽에 또 하나의 '심혼의 고향'을 창조하고 있음이 드러났다. 그의 시에 사용된 이미지와 시어는 낭만적 여백과 동양적 여음을 특징으로 하고 있으며 특히 시어 배치에 시각적 효과를 배려하는 등 리듬감을 살리려는 노력이 배여 있음을 또한 고찰하였다. 박목월의 초기 시들은 전 시대 시가나 민요의 음률 그리고 독자의 음독 리듬을 의도적으로 맞추려 한 흔적들이 드러났으며 짧은 시형과 반복되는 시구, 격음을 최소화하고 유음의 적절한 배치, 명사형 어미의 활용 등, 시의 음악적 요소들을 활용한 기법은 청록파 세 시인 중 가장 탁월함을 조명하였다.

조지훈의 작품에서는 전통적 미학과 결합된 자연표상이 두드러지며 특히 민족의 역사와 문화, 민속에 담겨있는 고전미와 자연의 어울림이 형상화되어 있음이 드러났다. 유학자 집안의 자손으로 일제강점기의 암울한 시대에 심리적 방황의 시기를 겪은 조지훈의 작품에 그려지는 자연표상은 첫째, 放浪과 隱逸의 상징으로서의 자연풍경이 두드러지며 시인과 시적 대상은 합일의 상태에 이르지 않으면서 서로의 정체성을 인정하고 내면세계의 동질성을 발견하는 각각 객체로 존재하고 있음을 밝혔다. 둘째, 자연을 대하는 시인은 불안과 좌절감에 방황하는 심리적 상태를 보이면서도 '정중동의 자연풍경'을 그려내는 태도가 지극히 禪的임을 밝혔다. 조지훈은 초기부터 禪的인 체험을 시화하는 데 남다른 노력을 기울이면서 불교적인 소재, 유교 사상의 표출, 노장적 태도를 보이기도 하지만, 그의 시의 내용을 이루는 주요한 요소는 시인 스스로 밝힌 바와 같이 禪사상에 기초한다.

　박두진의 초기 시세계는 민족의 시련에 대해 신앙적 원죄의식을 투사하고 생명의 순환과 구원의 묵시를 주제로 하고 있음을 고찰하였다. 그는 어두운 현실 속에서도 무한과 영원에의 신념을 잃지 않는 시의식을 가지고 있다. 그 의식은 첫째, 천상 지향적 탈속의식과 함께 비관적인 현실 인식을 바탕으로 하면서도 결코 좌절하지 않는 미래 지향적인 의지로 나타나고 있으며 그것은 곧 자연표상에 절대자의 능력을 그리는 신앙의 힘이 합일되어 있음이라 할 수 있겠다. 둘째, 박두진은 그의 민족관과 신앙의식이 바탕이 되어 인류의 화해로운 공존을 위한 이상적 세계를 희구함을 밝혔다. 인간세계의 부정적 요소들 즉 시기. 질투, 갈등이 모두 사라지고 동 식물이 화합하며 약육강식의 생존질서 조차 사랑으로 융화되는 낙원과 평화가 공존하는 세계를 위한 역동성을 노래하였음을 구명하였다. 이것은 곧 시인이 꿈꾸는 미래 세계인 동시에 기독교적 이상향의 시적 형상화라 할 수 있다.

　박목월, 조지훈, 박두진은 각기 다른 시적 개성을 보유하고 있으면서도 공통의 관심으로 추구하였던 자연을 가장 중요한 시적 제재로 대하였다. 이들의 자연표상에는 우울과 결핍과 민족적 비애가 내면화된 정조가 깃들어 있으며 회고와 애상적(哀傷的)정서의 형상화, 환상적 공간의 한적한 풍경의 상상, 심지어 개벽(開闢)의지와 이상적 공간까지을 함축하고 있다. 일제강점기에 시를 창작하였던 청록파 세 시인의 자연표상은 민족 문화의 암흑기를 살아가는 지식인의 눈에 비친 단순한 하나의 소재 혹은 대상이라기보다는 미학적으로 재해석되었고, 좌절과 절망의 세월을 살았던 지식인의 내면 풍경이었고 곧 창조적 자의식의 형상화인 것이다.

　청록파 시에 나타나는 자연표상과 내면세계에 끊임없이 작동하는 의식의 지향성과 욕망이 현대시에 끼친 영향은 지대하다. 본고에서 정리한 세 시인의 '자연표상과 시의식'은 많은 요소 중 지엽적인 부분이다. 세 시인에 관한 선행연구자료가 많이 생산된 바와 같이 '청록파'를 하나의 유파로 설정하여 문학사적 가치를 제고할 많은 연구가 앞으로도 지속될 것을 기대한다.

2. 박목월 동시의 음악성

1. 시의 음악성

　시는 예로부터 노래와 불가분의 관계를 맺고 창작되어 왔다. 시인은 인간의 삶에서 겪는 시름과 흥을 노래하는 마음으로 풀어 왔고 시를 접하는 사람들의 마음에 감동을 전해 주었다.

　인간은 살아가면서 喜, 怒, 哀, 俱, 愛, 惡, 欲을 경험한다.[1] 이 감정은 대상의 자극을 받아 感應을 일으키면서 자신의 생각과 느낌을 노래로 나타낸다. 『禮記』의 「악기」편에서는 '樂'이란 감각의 이치에 두루 통하며 '흡'을 모르면 새나 짐승과 같고 '樂'을 모르면 범인의 무리에 속할 뿐이라 하였다.[2] 동서양을 막론하고 시와 노래는 인간의 욕망을 충족시켜 주기도 하고 감정의 발산을 다스리기도 하였던 것이다. 감정이 음률로 표현되면 음악이 되고 색채나 線으로 표현되면 회화가 되며 절제된 감정이 작용하여 언어로 표현되면 시가 된다. 시는 노래 즉 음악과 상관관계가 있는 것이다.

　미학적 차원으로 보면 예술의 각 영역들은 상관관계가 있다. 특히 시는

1　유 협,최동호 편역, 『문심조롱』, 민음사, (1994) p. 91

2　윤재근, 『시론』, 동지, (1990) p.8, 『禮記』제 십구 「樂記」편을 재인용함.

고대로부터 지금까지 음악(노래)과 함께 인간의 심정을 소리로, 문자(기호)로 표출할 수 있는 방편이었다. 근대에 들어서는 회화적 요소도 중요시 되어 미술 영역과도 관계가 형성된다. 시가 언어 예술임을 전제로 하면 시 문학 연구의 영역은 더욱 확대되고 예술적 가치도 높일 수 있다.

  시에 있어서 언어는 형태, 음운, 통사의 특질에 따라 그 자체에 운율적 요소를 지니고 있으며 시는 이러한 언어의 성격을 포착 한데서 시작된다. 오랜 세월에 걸쳐 갈고 다듬어 詩語의 압축성과 음악성은 시의 중요한 구성 요소가 되고 무엇인가 연련한 아름다움이라든지 추억에 얽힌 내포적 사연이 함께 어우러져 혈관에 진하게 흐르는 정감 어린 노래가 되어 독자에게 전달되고 있다.[3] 시에 있어 외형적인 음악의 요소도 중요하지만 시인이나 독자의 내면에 울리는 음악적 영감(靈感)은 내재율에 의한 시의 정서와 의미 파악에 있어 매우 중요하다.

  현대시의 구조를 큰 영역으로 구별한다면 이야기를 끌어가는 요소와 음악을 조성하는 두 가지 요소[4]가 있다. 문자언어 즉 詩語들이 가지고 있는 여러가지 요소가 리듬을 만들어 음악이 가지는 형식 감정만이 아니라, 또 하나의 내용 감정이 불가분의 구성을 이루는 음악성을 가진다. 음악성은 시를 구성하는 중요한 요소인 것이다. 시가 꼭 갖추어야 할 것 중의 하나가 '노래'라 한다 해서 별다른 반론이 없을 것이고 '노래'는 시의 요소이기 전에 시의 존재론적 본질[5]이라 할 수 있다.

  소리를 이용하는 예술은 시와 음악(노래)이다. 음악에 있어서는 음의 세계와 더불어 무궁무진한 가능의 세계가 열린다. 음의 고저, 음의 강약, 음색, 화음, 다른 화음으로의 이행, 기타 음악적 형상의 차원을 통해 음악이 이루

---

3 ──, 「문학이란 무엇인가」, 동백문화사, (1992) p.108
4 성기조, 「한국 현대시의 순수성과 참여성에 관한 연구」, 「한국문학과 전통논의」, 신원문화사, (1989) p.232
5 김대행, 「노래로서의 시를 위하여」, 「현대시」, (1995.3) p. 37

어진다. 시에 있어서 소리의 자질은 높낮이, 셈여림, 장단, 목소리의 질(말고 흐림), 입모양과 입놀림, 소리의 색깔, 소리의 연속 등이 있다.[6] 이런 소리의 자질들을 내포하고 있는 시는 회화적 요소와 음악적 특질을 이루는 요소들로 미적 가치를 더할 수 있다.

음악적 특질로는 억양, 템포(tempo), 토운(tone), 율격, 음보, 반복 등을 거론할 수 있다. 억양, 템포, 토운 등은 감정이나 의미와 통하고 율격, 음보, 반복 등은 외형 구성과 통한다. 시에 있어서 외형적인 음감보다 내적으로 울림하는 영감을 무시해 버릴 수는 없다.[7] 음악은 리듬과 선율과 화음으로 이루어지는데 시에서는 리듬과 선율과 화음이 내면으로부터 울려지는 감정을 생생하게 체험할 수 있게 하는 결정적 요인이라 할 수 있다.

'모든 예술은 음악의 상태를 지향한다'고 한 페이터의 선언이나 '영혼에 음악을 가지지 않은 자는 진정한 시인이 될 수 없으며 음악성이야말로 시적 천재의 속성이다'라는 코울리지의 주장은 시의 음악성을 단적으로 강조한 것이다.[8] 사실 음악성의 요소들을 포함하고 있는 시가 음악성을 배제한 시보다 더 많이 낭송되고 있는 현상이 이를 증명한다.

문학작품은 문자를 읽음으로써 그 작품을 이해하고 감동을 얻을 수 있다. 시는 다른 문학 장르와는 달리 낭송을 통해 리듬, 운율 등의 음악적 특질을 감지할 수 있다. 이런 외형적 특질은 시의 감동이 독자의 마음에 오래 남을 수 있게 해 주는 장치가 되는 것이다. 리듬은 소리에 대한 시간적 표시이다. 그러나 시의 리듬은 시간에 구속되지 않고 시간에 따라 자유롭고 새로운 리듬으로 발전해 간다.

6　이상섭, 『문학비평용어사전』, 민음사, (1976) p..145

7　「시. 음악. 음악성」, 『현대시』, (1995.3.) p.32-34

8　홍문표, 『현대시학』, 양문각, (1994) p.47

2. 박목월 동시 연구의 필요성

박목월(본명 박영종 1916-1978)은 鄕土的 정감이 감도는 詩風에 민요적 율조와 한국인의 정서가 담긴 분위기의 詩作을 해 온 시인이다. 그는 일제 말기의 암울한 시대에 새로운 자연의 발견으로 신선한 충격을 주었으며 한국어를 예술성 높은 詩語로 끌어올리는데 부단한 노력과 시적 변모를 꾀하여 한국 서정시의 한 영역을 개척한 시인으로 문학사에 비중있게 평가되고 있다.

박목월은 『문장』紙의 추천으로 시인이 되기 전에는 아동문학 작가로 문학 활동을 해 왔다. 일제침략기에 중학교에 다니던 박목월은 동요 동시 작가로 문학적 능력을 발휘하였다. 1932년 부터 동요 동시를 써서 아동잡지 『아이생활』에 투고를 했고 이듬해 『어린이』라는 잡지에 「통딱딱 통딱딱」이 실리면서 동요 시인의 대우를 받게 되었다. 박목월의 동요 동시가 이후에도 꾸준히 아동잡지에 발표된 것은 우연이나 정실의 소치가 아니라 그의 작품 자체가 동요로써 작품성을 인정받았기 때문에 가능하였다.[9]

박목월의 동시는 아직도 연구가 미흡한 실정이고 아동문학에 뜻이 있는 연구자에 의해 더욱 심층적인 연구를 기다리고 있는 실정이다. 그 동안 이루어진 선행연구[10]들은 문학작품으로서 가치를 염두한 연구이기 때문에 적용하는 이론들이나 방법들이 약간씩의 차이는 있지만 형식과 내용에 관한 탐구영역을 결코 벗어나지는 않는다. 목월의 동시가 동심지향의 순수성은 고향의 의지이며 선하고 순한 동물들의 이미지, 환상적 세계에 속하는 이미지들은 아동에게 무한한 상상의 세계와 희망을 안겨 주는 것으로 아동문학의 단계를 높였다는데 논의가 귀착되고 있다.

박목월 동시의 위상을 검토하는 차원으로 생애동안 꾸준히 동시를 독립

9　이형기, 『박목월』, 문학세계사, (1993) p.20
10　김용덕, 「목월의 동시세계」, 『목월문학탐구』, 앞의 책 (1983)
　　한혜영, 앞의 책, (1990)
　　유해숙, 앞의 책 (1992)

된 영역으로 문학적 가치를 설정하여 연구해야 한다는 논의[11]가 있는 반면 아동의 시대 현실과 갈망하는 것을 간과하고 유아적 발상 상태에 머물면서 아동을 유희의 대상으로 여겨 유치한 동요 동시만을 탐닉해 동요 동시의 발전을 저해한 요인이 된다는 논의[12]도 있다.

대부분의 연구는 박목월의 생전에 발간된 4권의 동시집 중 『물새알 산새알』이 연구 자료로 사용되었다. 본 연구에서 동시의 음악성 연구에 사용한 자료는 박목월 아동문학집 『얼룩 송아지』[13]에 실린 동시 100편을 대상으로 하였다. 이 자료에는 지면에 발표된 동시와 미발표 동시까지 수록하고 있다. 박목월의 아동문학 창작활동 전 기간 동안 창작해 온 동요 동시들을 모은 것이어서 그의 아동문학 작품집으로서 대표성을 띤 자료로 인정할 수 있을 것이다.

이 연구는 한국 시문학사에서 한 시기를 대표하는 시의 전형으로 예술성과 서정성이 돋보이고 전통의 계승과 발전의 모습을 포함하고 있는 박목월 동시의 가치를 음악성을 통해 재확인 하고자 하는 것이다. 이 연구에서는 시의 음악성을 다양하게 보여주고 있는 박목월 동시에서 예술적 감각과 우리말 활용을 조화롭게 보여준 작가정신을 음악적 요소와 함께 탐색하였다.

연구 자료는 동시집 『얼룩 송아지』를 중심으로 하여 박목월 동시의 음악성에서 정형성을 띠고 있는 놀이노래 類의 리듬과, 내재율로 동심의 세계를 생명의식과 환상적 세계를 노래한 동시들을 구분하여 연구하였다. 동시의 음악적 특질을 논할 때 흔히 형식 논의의 주된 내용으로 운율, 리듬 등에 의존해 왔던 범례에 비해 본 연구는 형식논의를 적용하고 詩語의 특징과 동시가 가지고 있는 분위기, 동시의 내면으로 정서로부터 유발되는 음악적 선율 즉 가락의 흐름도 포함하여 연구하였다.

---

11 유해숙, 앞의 책

12 이오덕, 「열등의식의 극복」, 『시정신과 유희정신』, 창작과비평사, (1977)

13 박목월, 『얼룩 송아지』, 신구미디어, 1993.

시인은 기술적 능력에 의해서가 아니라 알 수 없는 신의 능력에 의해서 노래 부른다[14]는 말을 연구에 적용한다면 한 가지 연구 방법으로는 작품 분석이나 해석이 불가능하다. 박목월 동시의 음악성 연구에 역사비평, 심리비평, 독자반응비평 등 방법을 적용하여 동시와 관련된 개인사, 내면의식, 주제의식, 의미 등을 하고자 하였다. 음악적 특질을 탐색하는 부분에서는 형식주의 비평방법으로 접근하여 리듬, 운율, 음운의 배열과 활용, 문체, 수사법 등을 탐색하였다.

3. 박목월 동시의 음악성

박목월의 동요 동시는 음악적 요소들을 가장 많이 포함하고 있다. 그가 청소년 시기부터 쓴 동요 동시는 의도적으로 음악(노래)이 되기를 의식하고 창작되어졌음을 짐작할 수 있게 해준다.

박목월 동시의 리듬은 시기별로 다른 양상을 보이고 있다. 어절의 글자 수가 3.4조, 4.4조 형태를 띠면서 전통 시가의 정형에 가까운 작품에서부터 내재율로 발전하여 심정을 밝히거나 다스리고, 감정의 상태에 따라 리듬의 형태가 자유로워진다. 운율은 리듬의 작은 단위로 볼 수 있다. 율격은 관습적으로 발견되어지는 요소로 표준화된 실체인데 우리시의 형태는 율격적 특징을 의미를 가지는 호흡의 구분인 음보로써 연구하는 일이 보편적인 현상이기도 하다.

박목월의 동시에서는 담겨질 생각이 감동된 언어, 우주의 생명적 진실, 사상의 정서적 감동 등을 조화된 율조와 멜로디(선율)를 자아내는 어감으로 살려 노래하는 정신[15]을 찾을 수 있다. 율동하는 언어는 시의 생명이다.

---

14 이상섭, 『문학연구의 방법』, 탐구신서, (1993), p.146
15 조지훈, 앞의 책, p. 50-54

박목월 동시에 있어서 동심의 맑은 눈과 때 묻지 않은 순박한 마음의 생동감 있는 세계, 자연을 환상적인 공간으로 재창조하는 리듬감, 삶에서 겪은 갈등과 自我인식, 사물이나 현상을 꿰뚫어 보고 인생을 반성하는 일 등은 내면의 문제이다. 이런 내면의 문제가 독특한 외형적 음감을 통해 독자의 공감을 획득하고 내적으로 울림하는 감동은 외형적 음감보다 더욱 강한 진동으로 독자의 마음에 전해진다.

일찍부터 문학활동을 시작한 박목월은 본격 시를 쓰기 시작하면서 동요 동시의 창작에 변화를 가져왔다. 字數와 리듬의 정형을 의식적으로 지켜야 하는 동요의 틀을 깨고 다분히 심정적이고 외형율을 의식하지 않는 동시 창작으로 변화를 시도한 것이었다. 이에 대해 김용덕은 동시에 자유스러운 내재율을 도입하였고 풍성한 이미지, 동화적 환상의 세계, 일상적 소재를 경이감으로 보는 태도와 시에 대한 변화로 후대 童詩檀에 영향을 끼친 것으로 간주[16]하였다.

박목월의 동요 동시 작품세계의 변모를 구분해 본다면 외형율의 틀을 유지한 謠的, 놀이노래類의 동요와 이후의 자유시 형태의 내재율을 갖춘 동시로 나눌 수 있다. 이에 대표성을 띤 작품의 제목을 붙여 상징적으로 나타내면 놀이노래적인 동요 동시들은 '얼룩 송아지'類로, 내재율을 갖춘 동시는 '산새알 물새알' 類로 정했다. 박목월의 동요 동시들은 각각의 특징과 정서를 지니고 있어 변모되는 양상을 비교해 보면 '얼룩 송아지'류에서는 유아적 발상에 놀이적 운율과 리듬을 활용하여 음악성이 눈으로 확인되는 작품세계를 보여주었고 '산새알 물새알'類는 동심의 세계를 정서나 시적 감동에 이르는 내적 리듬을 중시[17]하는 변모를 보였다.

16　김용덕, 앞의 책, p.231
17　김용덕, 앞의 책, p.235 박목월의 「동요와 동시구분」 인용을 재정리하였음

가. 놀이노래의 운율과 리듬

아동문학은 어린이들의 생각이나 느낌을 어린이의 어법으로 표현한 어린이들을 위한 문학이다. 박목월이 동요 동시를 쓰기 시작한 1930년대는 우리 역사상 민족적 위기에 처한 시기였다. 그러나 박목월에게는 가장 활발한 활동을 하면서 미래지향적 想像力이 넘치는 청소년기였다. 1932년 紙面에 발표된 작품은 자연에서 흔히 접할 수 있는 것을 귀엽고 순수한 어린 아이의 마음을 노래한 동요였다. 박목월의 초기 동요는 시라기 보다는 노래에 접근된 상태였다.

> 다람다람 다람쥐
> 알밤줍는 다람쥐
> 보름보름 달밤에
> 알밤줍는 다람쥐 「다람다람 다람쥐」1연 -- (1)

> 풀밭에
> 짝짜꿍
> 옹기종기
> 모여라.
> 꽃따다 집짓고
> 잎따다 문패달고
> 노래노래 부르면
> 제비제비 온단다
> 시내로
> 짝짜꿍
> 옹기종기
> 모여라 「제비맞이」부분 -- (2)

위 동요를 낭송하면 절로 리듬이 생김을 느낄 수 있다. (1)은 다람쥐를 통해 귀엽고 깜찍한 동작의 리듬으로 이루어졌다. 다람쥐의 가볍고 재빠른 동작을 연상하면서 빠른 리듬으로 두 어절 뒤의 휴지기를 두어 빠른 호흡을 동반하도록 의식적인 틀을 만든 것이다. (2)는 '옹기종기/모여라' 행의 위치를 다르게 한 것은 의도적임을 드러낸다. 음악 연주에서 2중주, 민요의 메기고 받는 역할의 구분을 의식한 것으로 볼 수 있다. 제비가 오는 따듯한 풀밭과 시내에서 또래 친구들이 모여 소꿉놀이를 하면서 노래 부르는 리듬이 전해진다.

박목월의 동시에는 놀이 노래로 볼 수 있는 작품들을 많이 볼 수 있다.

소롱소롱∨이슬이∨나리는(∨)밤에∨   - ㉠
♪♪♪♪ / ♪ ♩ ♪ / ♪ ♩ ♪ / ♪ ♩

길다란 귀∨쫑긋쫑긋∨하얀(∨)토끼는∨   - ㉡
♪♪♪ ♪/ ♪♪♪♪ / ♩ ♪ / ♪♪♪

구슬방울∨줍기에∨잠못(∨)잔단다.∨   - ㉢
♪♪♪♪ /♩♪♪ / ♪ ♩ / ♪♪♪

이슬방울∨줍기에∨잠못(∨)잔단다∨   - ㉣
♪♪♪♪ / ♩♪♪ /♩ ♪ / ♩♪♪ -「소롱소롱 이슬이」1연 --(3)

토끼귀∨소록소록∨
잠이 들고서∨

엄마 토끼∨소오록∨
잠이 들고서∨

애기 토끼∨꼬오박∨
잠이 들지요∨   -「애기 토끼」전문 --(4)

애기 토끼∨모여서∨
숨바꼭질∨하얀다.∨

바위 뒤에∨숨었다.∨
하얀 귀 보인다.∨   -「토끼 귀」부분 -- (5)

위의 동시들은 박목월의 흔히 발견되는 4음보격을 이루고 있다. '얼룩 송아지'類의 동시들은 앞에 밝힌 바와 같이 노래로 불리어지는 것을 고려한 것이다.

(3)은 형태상으로 3음보격을 지키는 것으로 보이고 있다. 그러나 리듬을 의식하고 낭송하면 노래가 되기위한 4음보격 시라는 것을 곧 발견 할 수 있다. 강세(·)의 위치는 강세를 음운현상이나 의미의 강조에 따라 위치가 조금씩 차이가 난다.

㉠행의 시작 부분은 모음 뒤에 자음이 오는 관계로 강세가 첫음절이 붙지않고 둘째 음절에 닿는다. 흔히 시의 강세를 첫음절에 두는 4박율의 강약중약 비해 우리말의 자모를 고려하여 약강약약의 강세로 시의 첫부분을 부드럽게 시작하였음을 보여주고 있다. 그런데 약강약약의 강세를 끝까지 지속하는 것은 지루해지기 때문에 ㉡행은 강세를 바꾸는 자모의 조화를 만들고 있다. ㉢행은 모음의 고저 구조를 이용하였다. 'ㅜ'음이 하강모음인 것을 활용하여 ㉡행의 강세를 처음 상태로 돌려놓고 있다.

「소롱소롱 이슬이」를 노래로 작곡을 한다면 ㉠행은 中音으로 하고 ㉢행은 低音으로 시작하는 가락을 만들 수밖에 없을 것이다. ㉣행의 'ㅣ'는 상승모음이기 때문에 고음으로 시작하면서 강세는 첫 음절에 두어야 악곡의 진행이 자연스러워지게 된다. 리듬의 표기는 낭송할 때 音의 길이를 한 어절 2박으로 볼 수 있다.

(4),(5)의 동시는 음수율을 지키기 위한 자의가 드러난다. 7·5조의 음수율을 착실하게 지켜 4,3,2,3,(4,3,3,3)의 4음보를 만들고 있다. 글자 수를 맞추기 위해 (4)에서는 '소오록', '꼬오박' (5)에서는 '하얀다'의 억지 늘임말을 나타내기도 하였다. 이런 방법은 노래로 불리어질 경우 꾸밈음을 넣어 귀엽고 재롱스런 표현의 여유를 두기 위한 배려로 생각할 수 있으나 진실하고 함축

적인 시 작품으로서의 품격은 손상되는 부분이 되기도 한다. 그러나 '얼룩 송아지'類의 동요 동시가 어린 아이들의 놀이 모습, 놀이 유발의 발랄하고 천진스러운 이미지를 대표한다는 점에 리듬의 창조적 적용의 모습을 실험적으로 시도한 노력으로 인정될 수 있을 것이다.

　　송아지 송아지
　　얼룩 송아지,
　　엄마 소도 얼룩 소
　　엄마 닮았네. 「얼룩 송아지」 1연 --(6)

　　동무 동무 씨동무
　　이야기 길로 가아자.
　　옛날 옛날 옛적에
　　간날 간날 간적에
　　아기자기 재미나는
　　이야기 길로 가아자. 「이야깃길」 1연 --(7)

　위 동시에는 귀엽고 순진한 모습을 간직한 대상이 돋보인다. 어린 모습의 정겨움과 생동감으로 저절로 리듬이 생기고 호흡이 편안하여 낭송하면서 즐겁고 귀여운 율동이 생동하는 동시이다. 「얼룩 송아지」에서 '엄마소'와 '송아지'의 상동관계를 노래함으로써 독자에게 혈연적 유대와 동질성을 喚起시켜 주는 효과 또한 나타내고 있다.
　박목월의 童謠에 사용된 단어들은 대부분 일상에서 흔히 사용하는 용어이며, 친근감을 주는 名詞들로 구성되어 있다. 구체적 비유 「송아지」를 활용하면서 리드미컬한 謠的 형태를 갖추어 동물과의 친근감을 느끼게한 것이다.
　(7)에서 '동무동무 씨동무', '옛날옛날 옛적에/ 간날간날 간적에' 등의 반복현상과 음운장치는 가볍고 경쾌한 리듬의 즐거운 모습을 연상케하는 작

용을 하게 한다. 박목월 동요의 음운장치는 의미를 구체화해 주는 좋은 리듬과 만나 의미와 소리가 상승적인 결합상을 보여주고 있는 것이다.[18] '동무 동무 씨동무'는 사이좋게 어울리는 어린이의 이미지를, '옛날 옛날 옛적에'에서는 'ㄴ'음의 덧나는 소리가 맑고 부드러운 분위기를, '간날 간날 간날에'에서는 또렷하고 경쾌한 생동감을 나타낸다. 특히 짧은 호흡 단위의 빠른 반복에서 오는 가볍고 경쾌한 리듬으로 흥을 돋구고 있다.

(7)에서 보듯이 짧은 호흡 단위를 이루는 음절들이 유성자음을 基調로 자연스런 소리로 노래할 수 있게 한 것은 발음기관의 미발달 상태인 어린이들도 읊조릴 수 있도록 배려한 음운 장치임을 알 수 있다.

　　산술책을 바로 세우면
　　하양 산골이 되지요
　　이 골에 산새가 울지요
　　이 산골에 산울림이 울리지요
　　구구구 九九九
　　비둘기가 울지요
　　이삼 二三 二三
　　매암이가 울지요　「이상한 산골」부분 --(8)

말이 뜻과 소리로 되어있음에 주지할 때 박목월은 말의 뜻과 소리를 미묘하게 연결함으로써 그의 시에 나타나는 우리말 뉘앙스에 대한 탁월한 감각을 깨달을 수 있다.

박목월의 동시는 정형성을 지닌 동요에 비해 자유로운 리듬을 구사하면서도 자음과 모음의 조화를 이루는 음소들의 배열에 탁월한 감각을 보여줌으로써 가장 노래에 접근해 있는 아름다움을 보여주고 있다. 아름다운 시는

18　이건청, 「순정한 정신과 청명한 언어」, 『얼룩 송아지』 작품해설, 신구미디어, (1993) p.245

노래에 접근해 있으면서 노래가 지니지 못한 의미와 공고한 결합을 보여주게 마련이다.

박목월의 동시에서 우리는 아름다운 리듬을 만난다. 그리고 음악의 상태를 훨씬 뛰어넘는 감동을 만나게 된다. 「이상한 산골」에서 '~되지요', '~울지요'의 반복율을 보여주고 있다. 이는 천진스러운 동심의 음성이 반복되게 함으로써 한층 친근감을 갖게하는 의도적 표현인 것이다. 또한 '산술책, 산새, 산골, 산울림'의 'ㅅ'에서 느끼는 인위적 사물과 자연의 상태가 바람에 섞여 하나로 조화되는 울림을 보여 주고 있다. '구구구 九九九', '이삼 二三' 등의 우리말 특유의 뉘앙스를 보여주는 것이다.

    가죽나무는
    어디있니?

    개울가 오막집
    앞마당에 헌칠하게 섰지.

    개울가 오막집은
    어디 있니?

    어디긴 어디 있어
    내가 자란 우리 고향에 있지. 「고향」 부분 --(9)

「고향」은 어린이들 여럿이 한적한 길에서 '여우야 여우야 뭐하니?' 하는 놀이노래를 부르며 노는 모습을 떠오르게 하는 대화체 동시이다. '여우야 여우야'가 놀이노래 반면 「고향」은 고향을 떠난 심정을 노래하고 있다. 사람에게 '고향'은 언젠가 돌아가야 할 위안의 공간이다. 마음에 그려보는 고향의 모습은 떠나올 때의 모습이고 외로울 때 일수록 더 그리워진다. 쓸쓸한 감정을 관념적으로 풀어내는 노래가 아니고 '여우야 여우야' 놀이를 하듯 대화체로 풀어내며 위안 얻고 있음을 보여주고 있다.

> 어머니도 아버지도
> "소나 되거라" 하셨다
> "소나 되거라" 하셨다
>
> 하루 아침 느림보
> 늦게 일어나 보니
> 이마 저쪽에 뿔 한 개
> 이마 저쪽에 뿔 한 개
>
> 느림보 느림보는
> 소가 되었다
> 느릿느릿 느림보
> 느릿느릿 느림보 「느릿느릿 느림보」 부분 --(10)

 '얼룩 송아지'類의 동요 동시는 반복되는 리듬과 구절, 고른 호흡율, 음운의 조화로운 배열을 유지하고 있다. 박목월의 동시중 「얼룩 송아지」類는 반복구가 많다. 그의 동요 동시에서의 반복은 리듬의 강조와 호흡율의 규칙에 직접적인 효과를 나타내고 있으며 간접적인 효과는 의미, 주제의 강조효과라 할 수 있다. 또한 호기심이 많은 어린이들에게 사물의 인지, 상황전달, 의미의 강조 등 위해 반복어를 많이 사용하였음을 짐작할 수 있다.
 '느릿느릿 느림보'의 반복은 동시의 리듬도 느리게 한다. 'ㅡ'모음이 장음과 'ㅣ'모음이 상승작용을 조화사켜 '느릿 느릿'을 읽는 속도를 느리게 하고 게으른 태도의 이미지를 강조하기도 한다. 위 동시에는 교훈적인 메시지도 담고 있다. '소나 되거라', '이마 저쪽에 뿔 한 개'의 반복은 게으른 어린이들의 정신을 일깨워 주는 강조의 의미로 사용된 것임을 알 수 있다.

나. 생명의식과 동심의 세계

박목월은 애초부터 맑고 투명한 눈으로 자연과 사물을 노래한 시인이며 만년에 이르기까지 순수지향의 깊이를 지닌 동시들을 성인시의 창작 이후에도 계속 써왔다.

박목월 동시의 시적 대상은 작고 귀여운 이미지를 보이는 것이 많다. '얼룩 송아지'類의 동시보다는 새로운 시의 형태를 보여주고 있다. 4.4조, 3.4조의 음수율에서 탈피하여 詩語의 구사가 훨씬 자유로워졌음을 보여준다. '얼룩송아지'類의 동시에서는 의도적으로 율격을 지킨 것에 반해 '산새알 물새알'類의 동시에서는 율격의 탈피가 자연스럽게 이루어지고 있다. 謠的 리듬이 약화되고 어린이들의 생활 속에서 얻어지는 작고 사소한 일들, 아름답고 천진스런 어린이들의 상상이 놀이노래적인 성격을 벗어나 생각의 깊이, 무한한 상상의 세계를 나타내는 시적 변화를 보이고 있다.

표현형식의 제약으로는 표현이 부족한 동심의 세계는 리듬과 호흡이 자유로운 방법을 취하게 된 것이다.

물새는
물새라서 바닷가 바위 틈에
알을 낳는다.
보얗게 하얀
물새알.　--㉠

산새는
산새라서 잎수풀 둥지안에
알을 낳는다.

알락달락 얼룩진

산새알.   --ⓒ

물새알은

간간하고 짭조롬한

미역냄새.

바람냄새.   --ⓒ

산새알은

달콤하고 향긋한

풀꽃냄새.

이슬냄새.   --ⓔ 「물새알 산새알」부분 ---(12)

  '산새알 물새알'류의 동시는 놀이노래적인 외형율의 의존에서 벗어나 자유로운 리듬과 호흡으로 내재적 정서와 시적 감동을 다루고 있다. 위의 시는 「얼룩송아지」에서 찾아볼 수 있었던 생명에 대한 비범한 관찰력이 잘나타나 있다.[19]

  자연에 순응하며 살고있는 생명들의 밝고 희망적인 모습을 생명체의 유전적 요소, 환경적 요소를 통해 그들의 상동관계를 신비롭고 고요한 이미지들로 나타내었다. 소박하고 단순한 상상력으로 자연적인 사실에 대한 경이감으로 ㉠과 ⓒ의 2행이 길어지고 있다. ⓒ, ⓔ연은 앞의 연에 비해 짧은 시구를 통해 생명의 근원을 간결하고 상징적으로 나타내고 있으며 마침표의 연속 사용으로 음악연주에 있어 스타카토 기법을 연상하게 해준다. 박목월은 동화적이고 환상적인 이미지에 적절한 리듬과 호흡을 유지시키고, 음운배열도 고려하는 시적기교를 통해 음악성과 상상력을 조화롭게 구성하

---

19 김용덕, 앞의 책, (1983) p.244

여 동시의 새로운 면모를 보여주었다.

가만 가만히
나뭇잎을 젖히면
도마뱀 두 형제
놀고 있네

- 중략-

가만 가만히
책장을 넘기니
초롱초롱 별님 아기 새까만 밤에
아기들의 귀여운 「책」부분 --(13)

차랑차랑 울려라.
차랑차랑 울려라.

방울소리 방울소리
금방울 소리

이제 막 잠이 드는
아기 귀에

아름다운 꿈을 꾸는
벼갯머리에
차랑차랑 울려라.
차랑차랑 울려라.

대문마다 초롱을 내건

오늘은 크리스마스 이브 「방울소리」 부분 --(14)

　　동시 (13),(14)는 의성어, 의태어가 시의 리듬감 획득에 중요한 구실을 하고 있다. 의성어는 소리의 전달을, 의태어는 움직임의 전달을 독자의 상상력에 전달되어 풀어져 있던 리듬에 긴장감을 주기도 한다[20]. (13),의 '가만히 가만히' (14)의 '차랑차랑'은 시의 분위기에 작용하고 있다. '가만히 가만히'는 책을 읽는 어린이의 진지하고 조용한 분위기를, '차랑차랑'은 밝고 명랑한 분위기의 소리를 느끼게 하고 있다. 직접 들을 수 없거나 볼 수 없어도 시의 음율적 현상을 느끼게 한다.

정말이예요
아가의
조그만 이부자리 속에는
엄마의 꿈이
소복 쌓였고요
큼직한
엄마의 이부자리 속에는
아가의 꿈이
소복 쌓였어요. 「엄마 이부자리, 아기 이부자리」 부분 --(15)

-우리도 문패를 달아요
엄마새가 말했습니다.
-좋아
아빠새가 말했습니다.

20　정창범, 앞의 책 p. 19

아빠새와 엄마새들은 갖가지 연한 잎새를 따다가
저마다 둥지 앞에 꽂아 두었습니다. 「나뭇잎 문패」 부분 --(16)

(15),(16)는 시적 대상인 어린이의 생활에서 흔히 볼 수 있는 작고 귀여운 이미지와 생각들을 독자에게 깜찍한 목소리로 소근대듯 놀이노래와 같은 3음보, 4음보의 율격 틀을 벗어나 내재율의 음율을 보여준다.

자유시의 내재율은 정형의 율격을 벗어남으로써 시정신을 자유롭게 확장할 수 있고 내용에 있어서는 운문적 율조를 얻어 이 양자를 조화한 것이다.[21] (15)에서 '엄마'와 '아기'의 반복, '소복히 쌓였고요'와 '소복히 쌓였어요', (16)에서 '~말했습니다.'의 반복을 통해 자유로워진 리듬과 길어진 호흡율을 부분적으로 구속하고, 흥을 유발하게 해 준다.

(13)의 「책」, (16)의 「나뭇잎 문패」는 환상의 세계를 노래하고 있는데 이는 어린이들의 기발하고 아름다운 꿈의 세계를 들여다 보는 박목월의 밝고 맑은 마음의 노래를 엿볼 수 있는 동시이다. '물새알 산새알'類의 동시들을 특징적으로 구별하면 정형율에서 탈피하여 내재율을 이루고 있는 점, 작고 귀운 모습의 시적 대상들, 환상적 이미지의 상상력, 어린이의 생활과 생각을 다정하고 세밀하게 관찰한 점등을 들 수 있다.

참새의 얼굴을
자세히 보라
모두들
애기가 하고 싶은
얼굴이다. 「참새의 얼굴」 부분 --(17)
우표처럼 얌전한 그 애
그 애와 사귀려면
시간이 걸리게 될테죠 「전학 온 아이」 부분 --(18)

---

21 조지훈, 『시의 원리』, 현대문학, (1993) p.147

어린 우리들은
따스한 것이 그립다.
친구를 만나면
좀더 다정한 인사를 하자. 「싸락눈」부분 --(19)

하루종일
부채만큼 넓은 귀를
푹 접고
코끼리는 어슬렁어슬렁
쇠창살 울 안을 어정거려요.
불쌍한 코끼리 「코끼리」부분 --(20

   박목월의 동시 세계의 특징 중에 간과해서는 안 될 요소가 있는데 이는 생명존중의 정신[22]이다. 『얼룩 송아지』, 『물새알 산새알』에서 보여주는 생명체의 혈육의 인과관계를 비롯해서 그의 동시 속에는 생명체들 자유롭게 삶을 영위할 공간들을 마련해 주고 있다. 또한 작고 귀여운 어린 생명체를 보호해주고 따듯하게 감싸주는 시적 대상을 동원하여 안정감을 주고 있다. 이는 내재율로 변한 동시의 형태 속에 부분적으로 나타나는 의성어 의태어 활용, 반복구의 활용을 통해 형태상의 안정감과 평행을 이루며 생명존중의 정신을 작품마다 보여주고 있다.
   (17)은 참새의 소리를 마음 속으로 그리고 있는 심정을 노래한 것이다. 인간과 대화가 되지않는 참새와 이야기를 나누고 싶은 동심은 성장한 사람이 들을 수 없고 볼 수 없는 일들을 가능하게 해 주고 있다. 작은 생명이라도 소중하게 대하는 아름다운 마음이 전해지고 있다.
   (18), (19)는 인간관계의 바른 심성을 보여주고 있다. 서두르지 않고 기다

---

22   김용덕, 앞의 책, p.244

릴줄 아는 차분함과 따스한 인간애가 동심의 순수한 호흡에 실려있다. (20)에서는 울 안에 갇혀있는 코끼리를 보며 안타까워 하는 마음을 노래하였다. 의태어 '어슬렁어슬렁'은 한적한 모습이라기 보다는 코끼리가 떠나온 고향을 그리며 방황하는 발걸음을 묘사한 것으로 이해할 수 있다. '푹접은' 귀, '어정'거리는 모습은 밝고 명랑하고 환상적인 분위기의 동시들에 비해 생명존중의 생각이 안타까운 심정으로 코끼리와 함께 어정거리는 리듬을 시의 내면에 담고 있다.

4. 박목월 동시 음악성의 의의

아동문학은 어린이들이 인간답게 자라게 하고자 하는데 기여해야 하며 판단력이 명확하지 않고, 이기적인 어린이들의 정서와 성장 발달에 도움을 주어야할 조건을 포함하고 있다. 박목월의 동시는 이런 아동문학의 교훈적 조건을 포함하고 있다. 이런 詩作 태도는 박목월이 진지하고 다정한 마음으로 어린이를 소중하게 생각하고 있음을 보여주는 것이다.

박목월의 동요 동시의 리듬과 선율(가락)은 놀이노래 요소를 기조로 하지만 밝고 긍정적인 삶과 사물을 사랑으로 끌어안는 따뜻한 마음을 바탕으로 하였음을 살펴보았다. 그는 어린 아이들의 놀이 모습, 놀이 유발의 발랄하고 천진스러운 이미지를 창조적인 리듬과 율조를 실험적으로 시도한 것이다.

놀이노래의 동요 동시는 밝고 명랑한 흥취의 가락과 순박한 리듬으로 구성되었고 우리말의 음운 현상을 시의 정서와 리듬에 효과적으로 조화시키는 성과를 보여주었다. 또한 한국어로 이루어 낼 수 있는 운율의 아름다움을 더욱 순수하게 보여줌으로써 우리말의 질박한 개념어의 차원에서 벗어날 수 있는 본보기를 실증한 공헌[23]은 높이 평가되고 있다.

---

23 이건청, 앞의 책, p.237

박목월의 동요 동시의 생명의식과 동심의 세계는 밝고 긍정적인 삶을 엮어 사람이나 미물에 이르기까지 극진한 사랑으로 감싸 안는 따뜻한 마음을 확인하였다. 이와 함께 그의 시의식 깊은 곳에 밝고 명랑하고 활기찬 동심이 맑고 순박한 리듬으로 흐르고 있음을 밝혀 보았다. 또한 박목월의 동요 동시는 유년의 눈에 투영된 자연의 신비경을 형상화하면서 관념화되고 타성화된 일상 속에서 동심으로 발견하는 생명력을 노래하는 순수성을 발견할 수 있었다. 동심의 순진무구한 의식세계를 펼치기에 리듬이나 운율의 정형성으로 동시의 다양한 표현에 부족한 점은 리듬과 호흡이 자유로운 모습의 동시로 쓰여졌다. 어린이들의 생활 속에서 얻어지는 작고 사소한 일들, 아름답고 천진스런 상상이 놀이노래적인 성격을 벗어나 생각의 깊이, 무한한 상상의 세계를 나타내는 시적 변화를 보여주는 것이다. 그의 동시는 생명존중 의식이 자연과 어린이들의 환상의 세계를 그려내면서 생명존중 의식이 뚜렷이 드러나는 휴머니즘의 본보기임을 알 수 있다.

박목월이 아동들을 위해 문학작품을 많이 하였고 동시의 발전을 위해 기여도가 높은 점을 아는 사람은 많지 않다. 그러나 그가 발표한 동요 동시는 자신의 아동관을 드러내는 것 뿐 아니라 천진하고 맑은 아동 심성을 가지고 살아왔음을 증명해 준다.

모든 성인들이 갈등과 번민으로 가득찬 현실세계에 던져진 자신이 돌아가 의지하고자 하는 심리상황이 유년시절이라고 한다면 박목월은 유년시절의 순박함과 상상의 세계관으로 시의 正道를 산 시인이라고 할 수 있다.

3. 박두진 시의 영적 각성과 낙원의지

1. 박두진의 시의식

박두진은 일제 암흑기, 참담한 현실에서 순수한 영혼이 깃든 맑고 신선한 세계의 의미를 자신의 시세계에 담았다. 그는 참담한 시대 상황을 극복을 위해 종교적 에너지를 시의식에 더해 생명력 충만한 새로운 세계를 자연 속에서 찾았다. 그의 시의식의 근원이 되는 종교성이란 신앙의 외적 발현으로서 영성 표현의 한 수단이며 종교를 통해서 삶의 의미와 가치를 추구하고자 하는 특성을 말한다. 그러므로 종교성은 불가피하게 특정 종교집단의 교리와 지식, 세계관과 이념을 함유하게 된다.[1]

그의 신앙과 자연을 대하는 태도가 보여주는 시적 발상의 감각적 이미지는 청록파 동인 박목월, 조지훈과 구별된다. 그의 시의식에서 자연은 경외와 감탄의 대상이며, 인간이 염원하는 이상향의 현장일 수도 있고, 또한 삶을 바꾸어 놓을 수 있는 내적 이데아의 표상[2]일 수도 있다.

박두진의 초기시들은 참신하면서도 이상향에 대한 염원과 새로운 삶의

---

1 손종호, 『근대시의 영성과 종교성』, 서정시학, 2013, p.17
2 임영주, 『박두진의 생애와 문학』, 국학자료원, 2003, p.42

세계를 추구하던 작품으로서 자연은 그의 시에 절대적인 소재였다.[3] 그는 인간의 온갖 욕심, 피지배 계층에 몰인정이나 착취의 악순환, 곳곳에서 벌어지는 부정한 사건들이 벌어지고 있는 현실에 비관적 인식을 극복하려는 의식이 뚜렷하였다. 박두진은 이 부당한 현실을 대해 회피하거나 실망하지 않고, 낙원 회복의 꿈과 기다림을 간직하고 있었다. 태초의 낙원 회복 의지를 위해 그의 시에 등장하는 자연 대상과 생명들은 낙원을 이루기 위한 표상이 된 것이다. 박두진의 시의식과 자연 표상은 결국 그의 깊은 신앙심에서 비롯되었다.

자연에 대한 긍정적 찬사로 출발하여 인류적 이상이나 희망, 메시아의 도래를 꿈꾸고 내다보는 종교적 기원의 세계를 보여 주는 박두진의 시의식은 생애 창작활동에도 변함없이 이어졌다. 박두진의 자연 인식은 생명 원리이고 삶의 이상(理想)으로서 소월이 보여준 한의 자연, 김영랑의 애상성이나 정지용의 감각의 자연과 다르다. 청록파 일원인 박목월의 산수(山水)의 풍경이나 향토적 서정의 자연에 유사성도 없으며, 조지훈의 관조적 태도로 바라보는 정중동의 자연 인식과 차별성이 크다.

박두진은 현실에서 상실한 자유와 평화와 행복을 구원적인 자연을 통해 되찾아 보려하였다. 박두진에게 자연은 관조적 자연이나 선미(禪味)의 자연이 아니라 자신의 시의식 속에 들여와 해석하고 비평을 개입시킨 자연이다. 또한 그의 시에서 자연은 동화(同化)와 투사(投射)의 방법으로 시의식과 자연이 일체화 된 상태에 인간적 가치를 부여한 낭만적 자연관으로 발전하기도 한다. 그리하여 자연에 귀의(歸依)하고자 하는 갈망으로서 박두진의 시는 기독교 신앙과 연관된다.

박두진은 해방 이후 6·25 전쟁, 4·19 혁명을 겪는 혼란의 시대 상황을 지켜보면서 불의와 부조리한 현실을 비판하고 인간성의 회복과 민족의 밝은 미래를 염원하는 기독교적 구원 의식을 거침없이 펼친 것이다. 초기시에서

---

3 임영주, 위의 책, p.35

자연 만물의 생명존중과 구원 의식이 생동감있게 나타났던 점에 비해 『청록집』 이후 시에서는 시적 화자 또는 시적 대상으로서의 인간의 고뇌와 억압에 대한 고소(高所)지향의 구원 의지가 강하게 그려낸 것이다.

중기시 이후 박두진의 시풍은 대개가 관념적이고 사변적이라는 평을 많이 받고 있는 것이 사실이다. 박두진은 자연과 그 속에서 살아가는 인간 구원을 위한 기독교적 이상의 실현과 노래를 위해 때로는 예술로서의 시를 벗어난 관념을 역설하기도 하였다. 이는 기독교 구도자의 태도로 인간의 삶과 현실 상황을 주시하면서 이상주의적 관점으로 시적 장치들을 살피지 않는 다작(多作)의 결과에서 비롯되는 것으로 여겨진다.

2. 박두진 시의 구원 의지

자유와 평화와 낙원을 꿈꾸던 중기시에서 박두진은 인간의 현재의 삶에 대한 관심을 사회 갈등이나 부조리, 모순 구조에 대한 인간의 자유와 정의 회복 의지로 강하게 드러내 보인다. 그의 중기시에 해당되는 『오도』(1953), 『거미와 성좌』(1962), 『인간밀림』(1963) 등의 시집(詩集)에 이르러서 현실 의식은 시인의 경험의 내용과 결부되어 나타난다. 그의 초기시를 이루는 이 시기의 시세계는 사랑과 화해의 시의식을 바탕으로 대결이 없고 분열이 없는 평화로운 이상향의 자연표상을 그렸다. 그러나 해방과 6·25 전쟁을 혼란한 시기를 겪은 이후 그의 세세계는 초기시에서 보여준 이상향의 자연을 동경하면서 인간의 삶과 생활 주변으로 시선을 옮겨간 것이다.

박두진의 중기 시가 지니는 특성은 현실 인식에 따른 고통 의식과 천상적 삶에 대한 갈망이 반복적으로 교차하는 것이라고 평가되어 왔다.[4] 하지만, 박두진은 인간 삶의 근원인 자연을 통해 고난과 혼란의 상황에서도 궁

---

4 문덕수, 「청산과 화산의 거리」, 『현대문학의 모색』, 수학사, 1974, p.104

정과 희망의 에너지를 찾아주려는 의지는 잊지 않았다.

> 소리치는 금 빛깔
> 말을 타고
> 별에서 별에로
> 쩡정 쩡검 달리는,
> 못견디게 호사운
> 아침이 있읍니다.
> -「아침에 1」 일부

시 「아침에 1」에서는 리드미컬한 움직임으로 아침을 맞는 희열을 노래하고 있다. 그 아침은 '소리치는 금 빛깔', '별에서 별에로'와 같은 감각과 함께 맑고 희망의 가치를 '못견디게 호사운' 아침을 열어준 신(神)에 대한 경외감을 신선한 운율로 노래하고 있다. 화사하면서도 건강한 모습의 아침을 맞이하는 화자(話者)는 '말을 타고 별에서 별에로' 천상의 경계를 넘나드는 상승 의지를 갖는다.

박두진의 高所의지는 돌이 시적 화자로 환치되고, 새가 되어 날아오르는 상승의 의미를 제시한「돌의 노래」에서 찾아볼 수 있다.

> 돌이어라, 나는
> 여기
> 바다가 바라뵈는 꼭대기에
> 앉아,
> 종일을 잠잠하는
> 돌이어라.
>
> 밀어올려다 밀어올려다

나만 혼자 이 꼭지에 앉아 있게 하고,
언제였을까.
바다는,
저리 멀리, 저리 멀리,
달아나 버려 돌이어라,

손 흔들어, 손 흔들어,
불러도 다시 안 올 푸른 물이기,
아쉬워할 뿐
눈으로만 먼 파돌
어루어진다.

오, 돌

오, 돌
어느 때나 푸른 새로
날아오르랴.
먼 위로 아득히 짙은 푸르름
온몸에 속속들이
하늘이 와 스미면,
어느 때나 다시 뿜은 입김을 받아
푸른 새로 파닥거려
날아오르랴.

밤이면 달과 별
낮이면 햇볕
바람 비 부딪치고 흰 눈

철따라 이는 것에 피가 감기고

스며드는 빛깔들,

아롱지는 빛깔들에

혼이 곱는다.

어느 땐들 맑은 날만

있었으랴만, 오,

여기 절정,

바다가 바라뵈는 꼭대기에 앉아

하늘 먹고 햇볕 먹고,

먼, 그, 언제,

푸른 새로 날고 지고

기다려 산다.

- 「돌의 노래」 전문

    돌이 푸른 새가 되어 날아오르는 과감한 변용의 의지는 「돌의 노래」의 핵심적인 주제 이다. 무생명인 차가운 돌에 '피'와 '혼'이 깃들어 생명을 얻고 비상하는 영혼의 힘을 갖게 된다. 말하자면 "육체가 무게를 털어 버리고 깃털처럼 가벼워져야 새가 되어 매임 없는 비상"[5]을 갖게 되는 것이다. 돌(지상) 이 새(천상)로 변신적 승화를 하는 것은 단순히 지상적인 고통에서 해방되려는 소극적인 의미를 넘어서 완벽한 영혼을 구제에 있다[6]는 풀이가 있다. 바꾸어 말하면 자아를 확립하고 타인를 자신에 영입하는 행위로서 전체의 세계 또는 온전한 세계에로의 지향을 의미하기도 하다.[7] 시인이 갈망하는 세계와 의미적 공간은 「돌의 노래」에서 새롭게 변용된 돌을 통한 상승

---

5 김진국, 「문학 현상학의 이론과 실제」, 명진사, 1980, P. 266

6 유시욱, 「인식과 참여의 상실과일관성의 의미소」, 「현대문학」, 1987. 10, p. 363.

7 김진국, 앞의 책, pp 266~268 참조.

의지의 대상을 생명을 가진 자연대상에서 생명이 없는 대상에 까지 확대되어 나타난다.

이 시는 "여기 절정/바다가 바라뵈는 꼭대기에 앉아 하늘 먹고 햇볕 먹고/ 먼 그, 언제/ 푸른 새로 날로 지고/기다려 산다"에서 보이듯 하늘을 지향하는 새의 푸른 비상으로서의 상승 의지를 내면화 시키고 있다.[8] '꼭대기에 앉아' 있는 돌이 스스로의 무기력을 떨치고 '온몸에 속속들이/ 하늘이 와 스치'며 이상과 꿈을 지니면서 4연에서 새로운 전환을 이루며 푸른 새로의 전신을 결단하게 된다. 신의 계시를 받은 상승에 대한 의지의 간절한 염원이 5연에 와서 더욱 확대되어 나타난다. 마침내 6연에서는 자신의 방관과 기다림의 소극적인 자세를 떨쳐 버리고 새로운 천상의 공간을 향하는 의지를 펼친다.

돌이 '푸른 새로 날로 지고/기다려 산다'는 것은 인간이 현실의 삶에서 겪는 고난과 속박으로부터 자유로워지려는 염원과 같다. 박두진은 생명이 없는 돌이 희망을 품고 천상 지향의 꿈을 펼치듯 인간은 육적인 구속을 벗고 각성과 초자연의 영적(靈的)인 능력을 경험하여 천상의 세계를 향한 이상을 실천할 수 있는 이념적 존재임을 깨우쳐주고, 이런 희망을 자연 속에 존재하는 모든 대상에게 전하려는 마음을 「돌의 노래」에 담은 것이다.

박두진의 중기시는 고소(高所) 지향과 관념(觀念) 지향이라는 이원적 상상력의 축을 근간으로 형상화되며, 그의 세계 인식과 시적 세계를 지탱해 주는 기반이 되고 있음을 알 수 있다. 박두진의 고소지향성은 시 「하늘」에서도 잘 나타난다.

    하늘이 내게로 온다.
    여럿 여럿/ 머얼리서 온다.

    하늘은, 머얼리서 오는 하늘은,

---

8 임종성, 「박두진 시 연구」, 전망, 2011, p.115

호수처 럼 푸르다.

호수처럼 푸른 하늘에,
내가 안긴다. 온 몸이 안긴다.

가슴으로 , 가슴으로,
스미어드는 하늘,
향기로운 하늘의 호흡,

따거운 볕,
초가을 햇별으론
목을 씻고,

나는 하늘을 마신다.
작고 목 말러 마신다.

마시는 하늘에
내가 익는다.
능금처럼 익는다.
- 「하늘」 전문

    위의 시에서 시적 화자는 '하늘'을 바라보고 있다. 이는 화자 자신이 존재하는 땅에서 초월적 공간을 바라보려는 행위에 가깝다. 하지만 화자와 하늘 사이에는 깊은 거리감이 내재해 있다. 그러므로 둘 사이를 연결하기 위해서는 정신적 교감이 필요하게 되는 것이다. 이런 의미에서 화자가 하늘에 '온 몸이 안기는' 경험을 하고 난 후 하늘과 시적 화자 사이에 거리감이 사라지게 된다. 하늘을 호흡하는 일은 하늘과 합일의 경지에 이르는 의식이다. 화자는 절대적 존재인 태양으로 부터 전해져 내려오는 은총 같은 '햇볕'으로 '목을 씻는'다. 목을 씻는 일은 기독교의 세례의식과 같이 정화 혹은 정결의 의미를 갖는다. 마침내 시적 화자는 하늘의 은총과 뜻으로 온몸을 채우고 피조물로서 완성체가 된다. 천국의 통로인 하늘은 성령의 갈증을 채우는 성수가 있는 곳이다. 고소지향의 박두진 시에서 천국의 길, 하늘이 때로는 수평 공간으로 내려와 구원을 갈구하는 생명에게 성스러운 경험을 채워주기도 한다.

박두진의 중기시에서는 현실 인식의 격한 분노를 표현하거나 이것을 극복하는 통로[9]로서 강이 빈번히 등장한다.

나는 아직도 잊을 수가 없다.
그날 江물로 숲에서 나와 흐르리.

비로소 彩色되는 悠悠한 沈默
꽃으로 水葬하는 내일에의 날개짓

아, 흥건하게 江물을 꽃에 젖어 흐르리,
무지개 피에젖은 아침숲 짐승 울음

일체의 죽은 것은 떠내려 가리.
얼릉대는 배암비는 피발톱 독수리의

이리떼 비둘기떼 깃쪽지와 울대뼈의
피로 물든 일체는 바다로 가리.
비로소 햇살 아래 옷을 벗는 너의 전신

---

9 김병욱, 「영원 회귀의 문학–김동리 편」, 김병욱 편역, 『문학과 신화』, 대림, 1981, p.327.

江이어, 江이어, 내일에의 피몸짓

　　네가 하는 손짓을 잊을 수가 없어
　　江흐름 핏무늬길 바다로 간다.
　　-「강. 2」전문

물은 정화와 생명을 유지시키는 원소의 하나로써 '순수'와 '새 생명'을 상징한다. 세례 의식을 보면 물은 피를 씻고 새로운 정신적 삶을 시작하게 된다. 곧 생명의 물이 된다.[10] 물의 속성을 통해 박두진은 부정한 것들을 씻어내고 순수성[11]을 되찾으면서 현실을 극복하려 한다. 그의 시에서 강은 현실의 부정과 부조리한 현상들을 씻어내고 인간의 정신적 갈등을 치유하는 정화의 기능으로 표상된다.

박두진은 그의 자작시 해설에서 "내 오랜, 안에 있는 혁명의 강과, 그 빛과 참과 모두의 궁극의 완성을 위한 오랜 강 안에 흐르는 혁명의 핏줄기의 광대한 무한전개는 내 원초의 강에 의해서 이루어지는 또 하나 새로운 세계에의 끊임없는 전진이 아닐 수 없는 것이다."[12]라며 강의 생명성을 강조하였다.

「강. 2」에서 인간의 현실은 '네가 하는 손짓을 잊을 수가 없어/ 江흐름 핏무늬길' 강과 같이 모함과 시기 배반 등이 뒤섞여 범람한다. 강은 '아, 흥건하게 江물을 꽃에 젖어 흐르리,/ 무지개 피에젖은 아침숲 짐승 울음'의 구절로 나타나는 현실의 부정적 현상들에 대해서는 개혁 의미를 지니고, 바다에 대해서는 '비로소 햇살 아래 옷을 벗는 너의 전신/ 江이어, 江이어, 내일에의 피몸짓'처럼 새 생명의 탄생과 새로운 관념의 표상이 된다. 이 시 이외에도「八月의 강」,「육월 애가」,「강물은 흘러 바다로 간다」,「고독의 강」등, 강

10　박근영,「박두진의 詩精神 소고」,「상명여대 논문집」, 1983, p. 29.

11　가스통바슐라르, 이가림 역,「순수성과 순수한 물의 꿈」, 1980, p.192 참조. 이 글에서 바슐라르는 순성을 가치 부여 작용 가운데 하나로 보고 있다.

12　박두진,「패여의 역정」,「한국현대시론」, 일조각, 1982, p.464

을 소재로 한 작품을 보면 그의 현실 파악이 좀 더 구체화되고 있는 일방식13을 알 수 있다.

박두진 시의 자연은 인간의 갈등과 고난의 표상이나 배경이 되지만 때로 다른 어떤 것보다 강력한 치유력으로 인간에게 위안과 희망을 준다. 박두진은 자연 중에서 '바다'를 인간을 위한 위안의 대상으로 선택하였다.

> 나혼자 훌훌 떠나 바다로 간다.
> 난초도 거문고도 백자항아리도 버리고
> 장서도 가족들도
> 꽃밭도 버리고
> 바다만 앞에 있는
> 꽃밭도 버리고
> 바다만 앞에 있는
> 바다만 뒤에 있는
> 바다만 옆에 있는
> 바다 망망한 가운데 심해선 저 쪽
> 일렁되는 파도 위를 알몸 누워 간다.
> 가슴에는 다만 하늘
> 가슴에는 다만 태양
> 갖고 싶던 아무 것도 잊어버리고
> 보고 싶던 아무 것도 잊어버리고
> 처음 혼자
> 순간이 그 영원
> 영원이 그 순간으로
> 출렁거리는

---

13 김일훈, 「박두진시론」, 『현대문학』, 1972. 6, p. 324

> 나 혼자 훌훌 떠나 바다로 간다.
> 동해 파도 한가운데 바다로 간다.
> -「바다로」부분

시「바다로」에서 시적 화자는 소중한 모든 것을 버린 후, '훌훌 털고 바다로 가고싶다'는 심정을 토로한다. 그는 '난초', '거문고', '백자항아리', '장서', '꽃밭' 등 작고 사소한 것, 정신적인 것들도 모두 '버리고' 그 '혼자', 바다에 가겠다고 한다. 사실 이 물건들은 그에게 가장 소중한 것이나 다름없다. 그럼에도 불구하고 그가 포기하지 않고 영원이 지향하는 것은 '바다'이다.

바다에 대한 애착은 '바다 망망한 가운데 심해선 저 쪽/ 일렁되는 파도 위를 알몸 누워 간다.'고 고백한다. 화자가 말하는 알몸은 구속이나 위장이 없는 원초적 자유의 표상이다. 화자에게 바다는 모든 것을 버리고 갈 수 있을 만큼 원초적 자연이며 무욕의 상태에서 모든 것을 맡겨둘 수 있는 장소이다. '갖고 싶'고, '알고싶'고, '보고 싶'던 모든 것을 잊어버리고 알몸으로 가야하는 바다는 영원, 영생의 삶을 가능하게 하는 신성한 장소인 것이다. 이와 같은 장소가 '동해바다'이다. 이 시에서 '동해바다'는 '나 혼자 훌훌 떠나'는 바다에 대한 불특정 지명으로 볼 수 있다.

고소(高所) 지향의 상하 수직 공간이었던 천상 낙원에 대한 열망의 표상이 '날개', '깃', '새'로 그려진 반면, 인간의 삶의 근저에서 신성성과 위안의 장소로 찾은 '바다'는 모든 억압과 소외의식, 고뇌와 욕심으로부터 벗어난 무한의 안식과 위안의 자연인 것이다.

인간은 본래 자연과 그 영성을 공유하는 자연의 일부분이기에 신화, 전설, 민담 등에서 자연과 운명공동체로 공존해 왔고 산, 바다, 하늘에 대한 고소지향, 동일지향을 지니고 있다.[14] 그런데, 박두진의 시에 나타난 자연은 이러한 맥락을 지님과 동시에 현실의 고통으로부터 그들을 포용하고 위로해

---

14 백승란,「박두진 시의 생태의식과 교육적 적용」, 충남대학교 박사학위논문, 2011, p.49

주는 존재로 나타나기도 한다. 따라서 박두진이 추구하는 세계는 자연이 인간이고, 인간이 자연인 물아일체의 경지라고 말할 수 있다. 더불어 그의 이러한 가치관은 자연을 통해 신성으로 나아가고자 하는 시인의 의지가 반영된 것이라고도 말할 수 있다

박두진은 이러한 자연과 인간관계를 그의 중기시에서 조화롭게 다루면서 지상의 불화를 천상의 계시로 화합하고, 생명이 없는 대상들에게 부활의 증거와 표상들로 일깨워 천상의 낙원을 향하는 꿈과 희망을 불어넣는 고소지향의 이상적 시의식, 수직적 구원의지를 보여주었다. 수평적 구원 의지는 '강'과 '바다'를 평강과 위안의 원초적 공간으로 설정하여 원죄를 벗겨내고 재생과 구원을 받을 수 있는 공간을 확장하는 시의식을 보여주기도 하였다.

3. 박두진 시의 신성 지향

박두진의 시세계는 구원과 부활, 하나님 나라의 확장에 대한 갈망과 귀의, 밝음과 어둠, 화합과 불화 등 관념적 가치와 현실적 입장 사이의 갈등이나 대립이 대칭 구조로 이루어지며, 주로 반복과 점층법 등을 구체화시켜 열거 반복, 조사 생략, 구두점 찍기 등에 의한 율동적 흐름이 자아내는 분위기는 의지적이고 중후하고 남성적 어조를 이룬다[15]는 지적이 있는데 이는 시인의 구도적 종교의식을 자연스럽게 시 속에 녹여 나타내는 특징으로 볼 수 있다. 앞에서 살핀 고소(高所) 지향의식은 신성성으로 발전하여 인간의 고뇌와 불안을 포용하고 위안과 우주공간까지 자연의 범위를 확대하기도 한다.

나는 저 뜨겁고 영원하고 절대하고 成塾한 우주의 한 중심체인 '해' 이외

---

15 강현국, 「청록집의 어조문제」, 『국어교육연구15집』, 경북대사범대국어교육연구회, 1983, p. 71.

의 그 어느것도 대신할 수 없었다. 이 '해'야말로 가장 으뜸가고 가장 적절하고 정확하고 가장 훌륭하고 유일한 이미지의 시적 실체요, 그 활력이라고 믿었던 것이다. 장엄하고 위대하고 영원하고 절대적인 시의 美, 시의 힘 시의 생명력 그 자체일 수 있다고 단정한 것이다.[16]

이와 같은 시인 자신의 고백 그대로 「해」는 자연에 대한 찬양과 긍정적 미래를 예견하는 송축의 시이며 무한의 에너지를 발산하는 뜨거운 생명력을 보여주는 시이다.

> 해야 솟아라. 해야 솟아라. 맑게 씻은 얼굴 고운 해야 솟아라. 산넘어서 밤새도록 어둠을 살라먹고, 이글 이글 애된 얼굴 고운 해야 솟아라.
>
> 달밤이 싫여. 달밤이 싫여. 눈물같은 달밤이 싫여. 아무도 없는 뜰에 달밤이 나는싫여……
>
> …(중략)…
>
> 사슴을 따라, 사슴을 따라 , 양지로 양지로 사슴을 만나면 사슴과 놀고, 칡범을 닳아 칡범을 만나면 칡범과 놀고
>
> 해야 고운 해야. 해야 솟아라. 꿈이 아니래도 너를 만나면, 꽃도 새도 짐승도 한마리 앉아 워어이 워어이 모두 불러 한자리 앉아 애뙤고 고울 날을 누려 보리라.
> -「해」부분

---

16 박두진, 「한국현대시론」, 일조각, 1982, p.385

「해」는 힘찬 생명력의 표상이다. 이 생명력은 '어둠'을 제거하는 대칭적인 '밝음'의 세계에 대한 기대가 주어진다. 그러나 '해'가 있음과 없음의 자연 현상은 '어둠'과 '밝음'이라는 두 개의 대립적 이미지를 상상하게 된다. 곧 감각의 세계에서 이데아의 세계로의 상승을 낳고, 이것은 다시 이데아의 세계에서 감각의 세계로의 하강이라는 상상의 구조를 갖게 된다.[17] 신동욱은 이 작품에 대하여 「해」의 심상은 일제의 억눌림으로부터 치솟아 오르는 藻烈 조열한 아름다움을 가장 잘 나타내고 형상화한 것으로 풀이한다. 이와 같은 억눌림으로부터 치솟음의 의미는 이 시기의 시인 의식을 대표하는 한 특질임은 말할 것도 없으며, 이 시인이 일제 말기의 사회적 환경의 짜임과 깊은 상관관계에서 그 형성적 여러 요소들을 이해할 수 있을 것이다.[18]

자연의 순리에 의해 나타나는 이 '해'는 자연속에 생명을 가진 무엇에게도 해됨이 없는 선(善)의 상징이며 희망의 원천인 것이다. 일제강점기의 시대 상황에서 '해'는 어둠의 대상인 식민의식의 제거와 함께 민족해방과 자유 회복의 표상인 것이다. '꽃도 새도 짐승도 한자리에 앉아', '애뙤고 고운 날을 누려' 볼 수 있는 '해'의 솟아남은 자연의 존재들이 영원한 섭리 안에서 조화되는 환희와 절대의 세계를 구현하고자 박두진은 '해야 솟아라' 하고 노래하고 있다.[19]

해방의 벅찬 열망은 강렬한 시각 이미지와 촉각 이미지로 나타난다. '햇살', '햇볕', '햇빛', '빛살', '볕살', '땡볕' 등 '해'를 형상화한 시각적 이미지는 다양하게 나타난다. 이처럼 눈부신 감각적 경외심과 함께 박두진은 벅찬 환희로 민족의 미래를 예견하고 민족과 인류의 풍요를 포괄하고 있는 '해'는 모든 생명체의 풍요로운 낙원을 염원하는 에너지를 준다. '사슴과 놀고', '칡범과 놀고' 어울리는 완벽한 조화의 자연을 확장시키고 지상낙원을 꿈꾸게 한다. 이 시가 '사랑'과 '평화'와 '질서'와 '미'와 '진실'과 '진선'의 성취를 이상

---

17 임종성, 앞의 책, p.154

18 신동욱, 「해와 삶의 원리」, 『박두진 전집1』, 범조사, 1982, p. 276.

19 임영주, 앞의 책, p.59

화 하여 인간과 자연의 낙관적 전망을 그려낸 것은 기독교적 낙원의식에서 비롯된 것이라 할 수 있다.

일제강점기의 가장 깊은 어둠을 극복하고자 한 박두진의 시의식은 감상적 차원을 넘어서는 굳은 신념과 기대로써 해방 공간을 확대해 나갈 수 있었다. 여기서 「해」는 현상적 존재가 아니라 관념적 세계에 속하는 우주 에너지의 중심이다. 「해」는 민족 광명의 우주적 계시로써 역사의 새로운 아침에 대한 희망으로 요약할 수 있다.

시집 『인간밀림』과 『거미와 성좌』에서는 사회현실에 타락한 인간의 죄상을 속죄하는 길을 보여주고 인간의 순수성 회복을 위한 강렬한 의지로 세태비판의 시의식이 강하게 부각되고 있음을 볼 수 있다. 따라서 김춘수가 박두진의 시를 '의지의 시'라고 한 것[20]은 적절한 지적이라 본다.

> 별이어, 사랑이어. 닳아 오는 꿈에 스쳐 다시 타는 魂······
> 밤이 돈다. 별이 펑펑 닳아 돈다. 번쩍번쩍 불꽃. 휩싸오는 熱한 바람- 별이 더욱가차웁자 더욱 오는 밤의 아픔. 一이윽고 펑! 푸른 물이 터져올라 깔려 나간다. 새로치는 파돗소리.······새로 치는 날갯소리.······귀를 씻고 빠져 나올 휘둥그란 太陽.······
> 새로 빠져 솟아 나올 올리브빛 태양.······별을 먹고 꽃을 먹고 밤이 낳는 太陽.······꿈을 먹고 나범 먹고 밤이 낳는 太陽.······
> - 「밤의 무게」 부분

시 「밤의 무게」에서 '밤', '어둠'은 신성한 시간이며 신성한 공간인 것이다. 지상의 자연과 인간의 구원을 노래했던 박두진의 고소지향 의식은 자연공간의 의미를 우주공간까지 확장하였다. '돌', '절벽', '새', '달', '이리', '태양', '밤' 등 박두진 시의 상징적 이미지는 우주만물과 현상들까지 포괄하고

20　김춘수, 『김춘수전집 2』, 문장사, 1983, p. 410

있다. 우주만물의 이미지와 현상들은 신성(神聖)을 표상하거나 인성을 상징하면서 인간과 관계를 이룬다. 그 관계는 생명력과 유일신의 계시로 우주만물과 인간을 구별하지 않고 소통하며 조화된 모습으로 그려낸다. 그의 시에서 우주만물들은 낙원을 지향하는 염원을 품고 있는 대상이 되어 때로는 자연 표상으로 성화되거나, 인간으로 의인화되어 생명이 있는 곳곳에서 신성한 표상으로 변용되기도 한다.

박두진의 시에 등장하는 자연의 대표적 심상은 '산'과 '바다'이다. 청산으로 대표되는 산이 화해공동체로서 기독교적 낙원의 모습을 표상하는 것처럼 바다 역시 '메시아적 이상'[21]이 실현되는 공간으로 형상화 된다. 바다의 주성분인 '물(water)'은 일반적으로 창조의 신비, 탄생, 죽음, 부활, 정화와 속죄, 풍요와 성장을 의미하고, 융(Jung)에 의하면 무의식을 상징한다. 물이 모여 이루어진 두 개의큰 공간체로는 '바다'와 '강'이 있다 '바다'는 모든 생명의 어머니, 영혼의 신비와 무한성, 죽음과 재생, 무궁과 영원, 무의식 등을 상징하고 '강'은 죽음과 재생(세례), 시간의 영원한 흐름, 생명 주기의 변화상, 제신(諸神)의 화신 등을 상징 한다.[22]

> 흰 옷을 입으시면
> 당신은 갈매기
> 저 푸른
> 바다를 바라보고
> 앉아 보아 주십시오
> -----
> 바다를 바라보고

---

21 김동리, 「박두진 시집 「해」, 청만사, 1949, 발문.

22 Wilfred L. Guerin(ed), A Handbook of Critical Approaches to Literature(N.Y.'-Harper & Row,1979) 157-163, 백승란, 앞의 책, 재인용 p.80

사려 앉아 주십시오.
못견디게 바다가 가슴을 설레우면,
당신의 흰 옷은 바다의 갈매기…….
깃을 치는 바닷 넋
당신은 갈매기…….

설레는 바닷가슴 밝은 빛의 숲으로
물살들이 당신을 맞아가려 오면,
數 數百數 萬千의 다른 깃에 보다도
오, 내사람
그 속 가장 속의 더욱 따스한
당신의 옷깃으로 나를 휩싸 주십시오.
「아침의 詩」 일부

「아침의 시」에서는 파도치는 형상을 아침의 빛과 만나면서 날아오르는 움직임으로 바꾸어 놓고 있다. 빛은 어둠을 극복하고나 소멸시키는 역동성을 지닌 원초적 생명력이다. 현실 상황의 대립이나 갈등, 정의롭지 못한 삶의 현상을 상징하는 어둠은 그것을 해소하는 힘의 근원인 아침의 빛에 의해 소멸된다. 생명의 근원으로서 아침과 빛은 더 나아가 실현 가능성을 지닌 미래라는 시간을 함축하는 이미지로 시 속에 개재되어 있다. 푸르른 바다의 물살은 기상(氣像)하는 희망, 즉 생동하는 미래로서 '흰새도 살아 오른다'는 '날아오름'이란 상승(上昇) 의지를 통해 무한 공간을 내다 본다. 그 목적지는 '당신'이 있는 천상의 의지로 살아나고 있다.

'새'는 그 비상의 속성으로 인해 신과 인간을 연결하는 사다리, 신과 인간의 전령이며 구원의 모티브[23]로 해석된다. 이런 의미에서 인용된 시의 '새'

---

23 김열규, 「한국의 신화」, 일조각, 1980, pp. 34–39.

는 화자와 신성을 연결하는 숭고한 존재라고 말할 수 있다. 즉 시적 화자는 '바닷가'에서 '갈매기'를 보며 '당신'을 떠올린다. 여기서 갈매기는 '순수, 순결, 영원'의 상징성을 지니며, 따라서 그리스도의 신성과 연결된다[24]고 해석할 수 있다.

주목할 것은 위의 시에서 공간적 배경으로 활용되고 있는 '바다'는 '정결', '정화', '재생', '구원'이라는 원형적 상징성을 내포한다는 사실이다. 따라서 '갈매기'가 머무르는 곳으로서의 '바다'는 그리스도가 머무는 곳이기도 하다. 더불어 시적 화자의 신에 대한 갈망과 경외도 '바다'의 이미지와 연결되고 있다. 여기서의 '바다'는 절대자가 머무르는 천상의 공간으로 존재하기 때문이다. 결국, 인간의 현실을 넘어 천상이 비치는 '바다'로 나오는 행위는 시적 화자가 절대자와 만나는 방법이라 말할 수 있다. '바다'는 생명의 근원, 재생과 영원, 구원 등으로 형상화되어 기독교적 심상을 드러낸다. '산'과 '바다'는 박두진 시의 기독교적 이상세계를 증거하는 대표적 장소이다.

바다가 와락
달려든다.
내가 앉은 모래 위에……

귀가 열려,
머언
바다에서 오는 소리에
자꾸만, 내, 귀가 열려 ,

나는 일어선다.

---

[24] 백승란은 이를 '흰색의 갈매기=흰옷 입은 예수 그리스도'의 환치가 성립되는 것이다. '갈매기'는 시적 화자의 구세주, 시적 화자의 절대자로 표상된다는 것이다.백승란, 앞의 책, p.84

일어서며,
푸른 물 위로 걸어가고 싶다.
쩔벙 쩔벙
머언 바다 위로 걸어가고 싶다.

햇살 함빡 받고 ,
푸른 물 위를 밟으며 오는

당신의 바닷 길.……

바닷 길을 나도,
푸른 바다를 밟으며 나도,
먼 , 당신의 오는 길을 걸어가고 싶다.
-「바다 2」부분

  위의 시에서 화자는 '바다' 위를 걷고 싶은 충동에 빠진다. 시에 제시된 충동의 이유는 '머언/ 바다에서 오는 소리'와 '푸른 물 위를 밟으며 오는 당신'이라는 존재에 대한 경외 때문이다. 따라서 물 위를 걷는 존재로서의 절대자가 머무르는 '바다'는 신성의 공간이 된다.[25] 나아가 신성한 종교적 공간으로서의 '바다'는 인간과 신을 연결하는 소통의 공간이기도 하다. '바다'를 통해 유한자로서의 인간은 영원한 진리와 구원의 세계로 나아갈 수 있는 것이다.
  이런 맥락에서 위 시의 화자는 모세나 베드로처럼 물위를 걸어야만 절대자를 만날 수 있다고 생각한다. 이렇듯 예수 그리스도를 만날 수 있는 구원

---

[25] 이 공간은 '푸른 물'과 '푸른 바다'로 비춰지는 색채 이미지로 상징되는 희망과 기쁨의 공간이다. 신성한 영혼이 화자에게 스며들어 정신적 안정과 낙원으로 인도되는 은혜를 받아 세상의 모든 죄와 욕심을 버리고 세상을 날 듯 가벼워지는 희열이 반복되고 있음을 보여준다. 짧은 호흡으로 행을 바꾸고, 동음의 음운을 의도적으로 반복하고, 점층적 상상의 전개에서 느껴질 만큼 화자의 심정 리듬은 환희에 차 있는 상태이다. 백승란, 앞의 책, p.82

의 통로인 '바다'의 신성성은 다음의 시에서도 나타난다.

> 하늘도 좋고, 구름도 좋고, 머루랑 다래랑 으름도 좋고, 사슴도 골짜기도 산바람도 좋은데, 어찌서 오늘은 나 홀로 앉아, 머얼리 파도치는 바다가 그리울가.
>
> 나만 혼자서 그리는 하늘 나만 혼자서 그리는 사람 그리는 사람과 구름을 밟고,
> 나란히 층층계 올라가 본다. 머얼리 따로 있어 생각 하는 이, 바다로 걸어가며 생각하는 이, 당신의 가슴으론 해가 오리라.
> - 「海愁」 일부

바슐라르는 '강'이나 '바다'를 하늘의 투영체로 본다. 수평선을 경계로 '하늘'과 '바다'가 하나로 융합되는 것이다. 따라서 '하늘=바다', '별=섬', '새=물고기'의 관계가 성립된다.[26] 그렇다면 위의 시에서 '하늘'은 신이 머무르는 천상계와 연결되며, '바다'는 신과 소통하는 인간들에게 구원의 장소일 수 있다.

하늘과 바다의 대칭은 이 시를 이끌고 가는 중심적인 구도에 해당한다. 여기서 '하늘'이 영적 세계와 관련된다면, '바다'는 인간의 육신이 구원되는 공간이라고 말할 수 있다.[27] 이러한 특성은 위의 시는 물론 「바다의 靈歌」, 「바다로」, 「오 바다」 등과 같이 '바다'를 소재로 한 많은 시에서 등장하는 특성이다. 따라서 박두진의 '바다'는 절대자와 유한자로서의 인간이 소통하는 신성의 장소라고 말할 수 있다.

---

26 가스통 바슐라르, 이가림 역, 앞의 책, pp. 96-105.
27 '하늘'은 무한 공간이며 이곳의 깊이에는 망망한 우주가 펼쳐진다. 그러나 '바다'는 물이라는 액체를 직접 만질 수 있고 인간의 감각으로 느낄 수 있으며 인간과 조화가 가능한 구체적이며 물질적인 공간이다. 시저 화자가 '청산'에 머물면서도 '바다'를 갈망하는 이유가 여기에 있다. 화자가 절대자를 만나기 위해 하늘의 구름계단을 한 계단 한 계단 올라가듯이, 육적 시적 화자 역시 절대자와의 간접교감을 위해 '바다' 위를 한발한발 천천히 걸어가는 것이다. '바다'는 신과 인간의 교감을 위한 가교의 표상으로써 인간 구원의 통로가 된다는 것이다. 백승란, 앞의 책, p.82

앞서 지적한 대로, 박두진이 중기 시부터 자연을 통해 중점적으로 표상하고자 했던 주제의식은 인간에 대한 위안이었다. 그런데, 그의 시에서 위안의 장소로 자주 그려지는 공간이 바로, '산'과 '바다'이다. 그러므로 이들은 단지 정경이나 위안의 차원에 머무는 것이 아니라 종교적 경건성을 지닌 신성의 공간으로 드러난다고 말해야 할 것이다. 이처럼 박두진의 중기 시세계는 혼란과 부도덕한 세태를 거침없이 꾸짖는 구도적 시의식을 펼치고 있다. 이를 위해 자연과 신이 하나로 융합된 기독교적 자연을 보여주고 있다. 여기에는 우주의 공간과 현상들이 조화를 이루기를 열망하는 시의식이 담겨 있다. 나아가 인간 삶의 도처에 모성의 평안을 주고, 신성성을 부여하여 혼란을 극복하는 안식을 주는 기독교적 구원의 이상이 드러난다.

4. 초월과 승화의 심미의식

박두진은 수석에 대해 "한 점의 수석은 그 자신을 형성해 낸 범 자연 전체 자연의 속성을 완전무결하게 응결 집약 표상한 모습으로 우리 앞에 나타난다."[28] 라고 말하고 있다. 또한 수석을 처음 대하는 순간을 "어떤 선험적인 아득한 향수가 목전의 경이로 나타나 순수 영원한 환희와 충격 그러한 만남의 숙명을 체험하게 되었다."[29]라고 고백하고 있다. 이렇듯 박두진은 수석과의 만남을 '자연과 인간의 가장 정신적이고 심미적인 만남'으로 귀결 짓고 있다.

> 너는 돌 나는 돌군일 뿐./ 햇살 약간 내리쬐고/ 바람 약간 불다 말고/ 여울 소리 조금 날 뿐./ 아무 것도 없다./ 두고온 서울생각, 나라생각,/ 다가올 내일 생각, 지나간 피의 역사/ 까막 잊는다./ 돌 원래 말이 없고/ 나 또한 말이

---

28 박두진, 「현대시의 이해와 작법」, 일조각, 1976, 백승란, 앞의 책, p.58에서 재인용
29 박두진, 「수석시 예술미」, 『현대문학』, 통권91호, p.19

없고/ 얼음 위에 되비치는 찬란한 해의 햇볕/ 만년이 일순 같고/ 일순이 만년 같고/ 나 하나 찍혀 있는 영원 속의 점./ 거기서 나고 죽고/ 거기서 하고 않는,/참과 거짓 , 옳고 그름/ 미와 추, 선과 악,/ 허다한 증언자여./ 그 중에도 예수여./ 말씀 번뜩 번쩍이는 영혼 속의 우레./ 허다한 증언자여./ 그 중에도 예수여./ 말씀 번뜩 번쩍이는 영혼 속의 우레./ 이때/ 나의 앞에 움직움직 일어서는 돌./ 그렇다 아 정말/ 이래서는 안되겠다.

-「깨달음의 돌」전문

인용된 시는 돌에 대한 애정을 모티브로 삼아 만들어진 시이다. 화자는 돌을 바라보면서 인생의 허무함을 떠올리게 된다. 하지만 단순히 그 허망함에 머물지 않고, 나와 돌의 일원적 관계를 깨닫는 과정으로 나아가고 있다. 시의 화자는 돌밭에서 본 환상은, 단순한 환상이 아니라 영적 체험의 순간인 것이다. 무생물인 돌에 생기와 역동성을 부여함으로써 돌과 예수 , 시적 화자가 합일되는 경지를 깨닫는 순간과 일치한다. 이 과정에서 시적 화자의 깨달음을 매개하는 것은 절대자로서의 그리스도이다.

결국, 이러한 관계 속에서 '돌=예수=시적화자=시인'으로 이루어진 관계망이 만들어진다고 말할 수 있다. 즉 박두진의 시에서 돌은 성서적 의미의 돌과 같다. 시인에게 예수는 신앙과 생활면에서 절대적인 구원의 표상으로 존재하는 것이다.[30] 이처럼 그의 후기시에서 돌이 중심 소재로 등장하는 것은 전지전능의 영적 경험을 때와 장소에 구애됨 없이 확인하고 각성하는 경지에 이르렀음을 보여주는 결과라 할 수 있다.

박철희는 박두진의 시를 인간의 지상적인 한계와 그것을 초월하려는 인간의 기원 사이에 존재하는 해소할 수 없는 갈등을 조정하기 위하여 지칠 줄 모르는 노래[31]로 이해하고 있다. 박두진의 후기 시세계에서는 일체의 현

---

30 백승란, 위의 책, p.60
31 박철희, 「수석의 현상학」, 『박두진 전집 10』, 범조사, 1984, p. 387.

실적 갈등의 의지가 직접적 저항의 형태로 나타나지 않고 화해의 폭을 넓혀 우주적 상상의 포용력으로 바뀌고 '초월적 본체'에 대한 동일성 회복의 한 양태를 보여 준다. 이러한 양상은 한 시인에 있어서 한층 원숙한 경지를 보여 주는 깊은 신앙을 근간으로한 심미적 관심에서 찾아진다. 그에게 있어서 수석은 그 무엇으로 단순히 규정할 수 없는 열린 개념으로서 조국의 산하, 조국의 자연, 넓게는 우주 공간의 살아 있는 실체로서의 상징이다. 그래서 그의 「돌」을 관념적으로 처리하고 있다는 의미에서 비시적인 것으로 말하기도 한다.

돌 밭의

돌들이 날더러 비겁하다고 한다.
돌들이 날더러 어리석다고 한다.
돌들이 날더러 실망했다고 한다.
돌들이 날더러 눈물 흘리라고 한다.
돌들이 날더러 피 흘리라고 한다.
돌들이 일제히 주먹질한다.
돌들이 일제히 욕설 퍼붓는다.
돌들이 나를 향해 돌을 던진다.
 -「水石 會議錄」 일부

프라이에 따르면, '돌'이 지니는 다양한 원형 상징 중 하나는 묵시적 심상이다. 그것은 종교적 세계관이 반영된 신성의 영역과 관련되어 있다.[32] 위의 시에 제시된 돌의 이미지는 프라이가 말하는 묵시적 상징의 특성을 보여준다고 생각된다.

---

32 N. 프라이, 임철규 역, 『비평의 해부』, 한길사, 2000.

이 시의 공간적 배경은 '돌밭'이다. 시적 화자는 돌들에 둘러싸여 있다. 2연에서 돌들은 '나'의 '비겁함과 어리석음에 실망'했다고 비난한다. 3연에서 돌들은 '나'에게 '눈물 흘리고 피 흘리는' 고통을 통해 철저히 반성하라고 한다. 4연에서 돌들은 '나'에게 '주먹질을 하고 욕설을 하며 돌을 던'진다. 죄인에게 돌을 던지는 형벌을 떠올리게하는 장면이다. 타의에 의해 던져지는 돌이 아니라, 돌이 스스로를 던져 단죄를 하는 상상 앞에 죄없는 자가 누구인가 반문을 하였을 때 떳떳할 인간은 없다.

돌들이 분개하는 것을 보면 '나'로 대변되는 인간의 사욕과 부조리로 얽힌 죄악은 씻겨지지 않을 뿐 아니라 회개조차 하지 않기에 '돌'들은 종교적 상징에 굳이 의거하지 않아도 불의에 맞서는 바른 목소리, 바른 행동을 의미한다. 정의로운 인간군상이 궐기하기를 바라는 시인의 바램이 역설적으로 담겨있다. 정의의 '돌' 단죄의 능력을 가진 '돌'의 비난 대상은 나약하고 비겁한 '나', 시적화자 그리고 부조리한 인간집단이 있다. 돌은 의인화되어 있다. 돌은 '진리', '정의'의 목소리로 표상된다. 정의로운 '돌'은 '나'가 닮고 싶은 대상이기도 하다. '돌'은 '나'의 내면의 자아, 이상적 자아라고 할 수 있다. 박두진에게 돌은 무생물의 물질 대상으로써의 돌이 아니다. 그의 후기시에서 의인화되고 신성시 되는 수석은 시인 자신이고 예술이고 신의 표상이다.

박두진은 돌을 통해 종교적으로도 사회적으로도 완전한 인격체를 꿈꾼다. 즉 '돌=내면의 목소리=이상적 자아=나'의 관계가 성립하는 것이다. 이처럼 박두진은 광물 돌을 인간의 길을 바르게 제시하는 계도자의 모습으로 의인화하여 자연과 인간의 동일시, 자연과 인간의 합일을 추구하고 있다.[33] 水石은 박두진이 사물과의 대면을 이루는 직접적인 서정적 인식의 대상이며, 당대와 영적 세계가 압축된 신성체이다. 이 수석은 시인의 의식 속에 살아 있는 내재적 의미체로 자리잡게 된다.

박두진의 시에서 수석은 단순히 감상적이거나 개념적 의미의 객관적사

---

33 백승란, 앞의 책, p.25

물이 아니라 이 시인의 의식 속에 지향적 대상으로서 존재하는 노에마[34]의 실체인 것이다. 박두진의 수석시에는 자연과의 친화, 인간, 민족의 역사에 대한 원죄의식, 그리스도와의 만남이 집약되어 있다. 그에게 수석은 거짓이 없는 자연의 참모습이며 초월적인 대상이기에 수석과의 만남은 정화된 시의식을 보여준다. 자연이 빚어낸 완전한 조형성에서 비롯되는 생명력과 변화무쌍한 표상성을 지닌 수석의 신비에 박두진은 영적 각성과 경이와 찬양의 태도를 유지한 것이다.

> 그, 분노가 나를 두들기고,
> 회의와 불안,
> 고독이 나를 두들기고,
> 절망이 나를 두들기고,
>
> 아니, 사랑이 나를 두들기고,
> 끝없는 뉘우침
> 끝없는 기다림
> 갈망이 나를 두들기고,
>
> 양심과 정의, 지성이 나를 두들기고 ,
> 진리와 평화
> 자유가 나를 두들기고,

---

34 그런데 훗설(Husserl)은 사물에 대한 의식 작용을 노에시스(noesis)라 하고 이에 의하여 인간의 의식 속에 하나의 의미망이 형성되었을 때' 즉 의식 작용에 의해 형성된 의미 형성체를 노에마(Knoema)라고 했다. 이렇게 노에시스가 어떤 질료를 제재로 선택하며 노에마를 형성하는 것을 훗설은 구성이라 한다. 그래서 모든 존재는 선험적 주관에 의하여 구성된 의미만으로 그 존재 타당성을 얻게 되며 모두 초월적 존재는 의식과 대상과의 가장 원조적인 관계에 의해서 이해된다. 이 노에마란 사물의 실제적이거나 지시적인 있는 그대로의 대상이 아니라인간 의식속에 개재한 관념적 또는 추상적인 것으로서 시에서는 내포적 의미로 나타난다. 훗설의 현상학에서 "현상이란 곧 이와 같은 의식 체험의 공간을 의미한다. 박두진의 시에서 뜻은 단순히 감상적이거나 개념적 의미의 객관적 사물이 아니라 이 시인의 의식 속에 지향적 대상으로서 존재하는 노에마의 실체이다.

겨레가 나를 두들기고,

끝없는 아름다움
예술이 나를 두들기고,

나사렛 예수
주 그리스도와 하나님 ,
말씀이 나를 두들기고
- 「자화상」 부분

　박두진은 인공(人工)의 의도가 없이 자연의 예술적 총체로서 경이로운 수석을 발견했다. 수석을 통해 자연과 인간과 신의 합일을 도모했던 그는 「자화상」에서는 수석이 곧 '나' 자신임을 깨닫는다. 온갖 감정과 번뇌 그리고 고난과 극복의 과정을 온몸으로 기억하고 있는 내면의 자아는 '분노'하는 '수석'으로 드러나 현존하는 '나'를 '두들기고' 종국에는 신령한 말씀으로 '나'를 깨어나게 한다.
　이와 관련하여, 임영주는 위의 시에서 '돌'의 역할을 세 가지로 나누어 구분한 바 있다.[35] 먼저, 돌이 나를 '두들'긴다는 진술은 인간의 내면을 일깨우려는 행위와 연관된다. 이런 관점을 인정한다면, '햇살', '달빛', '별빛'이라는 이미지는 어둠의 세계에서 광명의 길로 나아가는 과정에서 만나게 되는 천상 세계의 표상이 된다. 또한 '양심'과 '정의'가 나를 '두들'긴다는 말은 실존적 존재인 인간의 자기 단련을 상징하며, '하느님'과 '말씀'이 나를 '두들'긴다는 것은 신앙을 통해 진정한 존재로 탈바꿈하는 과정을 표현한다고 볼 수 있다는 것이다. 결국, 「자화상」은 '돌'에 의한 깨우침으로 인간의 삶에 만연한 온갖 모순과 고통과 절망이라는 시험을 극복하고 죄사함을 받고지히는

35　임영주, 앞의 책, p.191

자기 의지를 발견한 시라고 말할 수 있다.

돌을 소재로 한 200여 편의 수석열전에서 박두진의 시세계는 초기의 신자연이나 중기의 역사의식이나 후기의 기독교적 신앙 등이 종합된 속에서 씌어진 사물시 또는 관념시의 범주에 속한다.[36] 시「절벽가」에 나타난 '돌'은 역사와 현실 앞에 정의로운 인간의 표상으로서 '돌'을 시대적 상황 앞에 당당한 이상적 인간 또는 시인 자신으로 형상화하기도 했다. 「깨달음의 돌」에서는 구원의 표상이 되기도 하였다.

박두진에게 수석은 자연의 총체이면서 우주의 섭리를 담고 있는 대상이다. 각기 다른 모습을 하고 있듯이 수석은 저마다 사상과 역사와 추억을 간직하고 있는 가장 완전무결한 정서적인 미적 가치이며 生의 형성이다. 그의 시에서 수석은 심미적이고도 정서적인 반응을 불러일으키는 고귀한 시적 대상으로 이해할 수 있다. 박두진의 특이한 수석 체험은 모든 갈등과 한계를 떨쳐 버리고 대립과 갈등을 말끔히 해소하여 진정한 의미의 자유를 찾게 된다. 또한 동경의 대상을 등장시켜 자연과 합일 또는 조화를 이루는 양상을 보여주고 있다. 광물적 이미지인 '돌'을 성화(聖化)하여 그것에 영성과 심미의식을 투영하고 있는 점은 박두진의 순수한 영적 조화에서 비롯된 시적 형상화로 읽어낼 수 있다.

5. 박두진 시의 의지

박두진은 신자연이라는 새로운 세계를 가지고 산의 식물성의 향기와 같은 신선한 시적 체취를 풍기면서 나타났다. 초기 시에서 시적 대상을 자연과 생명의 존재와 구원의 의지를 절대자에 대한 경외심과 함께 그렸던 박두진의 시의식은 중기시가 시적 대상과 관심사를 인간의 삶의 영역으로 옮겨

---

36 신용협, 「한국현대시연구」, 새미, 2001, p. 242.

왔을 뿐 자연관과 신앙 의식까지 변모된 것은 아니다. 초기 시에서 보여주었던 시의식은 중기시에서도 그 중심은 흔들리지 않았으며 시적 대상과 그 시대 상황에 따라 표현 방법이 달라진 것이다.

박두진의 시에서 신성성을 갖게 된 자연표상들은 '되기/생성' 변화를 획득한다. '되기/생성(devenir)'은 존재가 아니라 존재 사이에서 벌어지는, 하나의 존재에서 다른 존재로 '되는' 변화를 주목하고, 그러한 변화의 내재성을 주목한다. 그것을 통해 끊임없이 탈영토화 되고 변이하는 삶을 촉발하는 것, 이 모두가 바로 '되기'라는 개념을 둘러싸고 진행되기 때문이다. 이런 의미에서 되기는 자기-동일적인 어떤 상태에서 벗어나 다른 것이 되는 것이고 어떤 확고한 것에 뿌리박거나 확실한 뿌리를 찾는 것이 아니라 거기서 벗어나는 것이다.[37] 원래의 성향을 가진 표상이 아니라 영원성을 얻은 것이다.

박두진의 시에는 많은 양의 자연 표상들이 나타난다. 박두진의 자연은 가시(可視) 영역의 대상보다는 더 확대된 우주의 공간까지 확대된다. 인간은 언제나 他者인 세계를 인간의 영역으로 끌어들이고 그것에 자신의 관념을 불어넣으려 한다. 박두진이 불어 넣은 관념적 대상은 신과 관계를 맺어 영생의 낙원 시민이 되기를 원한다. 그의 시에서 '되기'는 진화가 아니고 친자 관계도 아니다. 박두진은 자신과 이질적인 자연 대상들을 '빠져 들어간다'는 의미를 갖는 함입의 상태로 신성과 관계를 맺게 한 것이다. 또한 이것이 박두진만의 독창적인 우주적 상상력이라 할 수 있다. 이처럼 박두진이 보여준 자연관은 기독교적 관념에 근거한 신성한 공간으로 나타난다. 그가 주로 사용하는 은유적 기법도 자연과 인간의 조화를 시적으로 표현하려는 하나의 방법론이라고 말할 수 있다.[38] 그의 시에서 자연 , 인간, 그리고 신이라는 세 테마가 순차적으로 등장하는 것은 아니지만 박두진은 인격적으로 원숙해질수록 신에 대해 관심을 기울이게 된다.

---

37 이진경, 「노마디즘2」, 휴머니스트, 2002, pp.33-34

38 백승란, 앞의 책, p.24

박두진은 현실적 갈등의 의지를 직접적인 저항의 형태로 나타내기 보다는 화해의 폭을 넓혀 우주적 상상의 포용력으로 바꾸고자 했다. 그 결과는 '초월적 본체'에 대한 동일성 회복을 기원하는 시인의 구원의지로 나타나게 된다. 따라서 자연과 인간의 공존 , 두 개체의 상생을 지향하는 시인의 자연관은 자연이 인간이고 인간이 자연인 물아일체(物我一體)의 경지로 확산된다. 그 화합의 정신은 자연적 대상에 영성을 부여하고 신의 세계를 지향하여 왔다.

 박두진은 생애동안 시 작품 활동에서 다양한 변화를 시도하였다. 그러나 그의 전 작품을 통하여 일관하고 있는 것은 작품의 의미공간에 내재한 양면성 곧 두 방향으로서의 원형 지향과 현실 인식이라 할 수 있다. 원형 지향의 세계는 이상향의 추구이고 현실 인식이란 경험적 세계에서 이념적 자아의 대립이 빚어내는 대결의식이라 할 수 있다. 박두진은 기독교적 영성과 시대의 어둠과 부조리에 대결하는 냉철한 지성으로 영원성과 정의를 동시에 추구한 보기 드문 시인이다.

4. 오장환 시의 위악성(僞惡性)

— 해방 이전 작품을 중심으로

1. 시작하며

　오장환은 1933년 『조선문학』에 〈목욕간〉을 발표함으로써 문단에 이름을 내밀었고, 1936년 『시인부락』 동인으로 참가하면서 본격적인 문학활동을 하였다. 이후 해방 공간에서 월북하기까지 시집 『성벽』(풍림사, 1937), 『헌사』(남만서방, 1939), 『나 사는 곳』(정음사, 1946), 『병든 서울』(헌문사, 1946)과 역시집 『에세닌 시집』(동학사, 1946)을 간행하였으며 이 외 다수의 산문을 발표하는 등 당대에 가장 왕성한 작품활동을 전개하였다. 그는 생명파 시인으로 또는 모더니즘 시인으로 불리우며 『낭만』, 『자오선』, 『시인부락』 등의 동인지에 참여하였고 해방 이후에는 조선문학가동맹에 참여 했다가 1947년말 월북하였다.
　오장환의 창작활동은 근대화된 도시로서의 1930년대 중반 경성의 현실로부터 형성된 것이라는 점에서 당시 모더니즘 시인들의 경우와 일치한다. 그는 17세(1935년)때 경성으로 이주하여 생활하면서 문단의 신인으로서 김기림, 이상, 김광균 등 기성 모더니즘 시인들과 교류를 통해 서구 예술의 현대적 감각에 대한 기초를 형성할 수 있었다. 경성 이주 생활과 1936년 동경유학을 통해 근대문명도시의 실상을 체험함으로써 그의 도시적 감수성은 갈등의 국면을 형성하였다.[39] 이로부터 근대문명에 대한 지향의 인식은 비판적 태도를 표출하였으며 전통에 대한 반항과 부정의 창작태도를 보였다.

문학에 대한 남다른 열정을 가진 오장환은 문학을 위한 문학이 아니라 인생을 위한 문학으로서의 시 쓰기를 생활화 하면서 이 땅에 참다운 신문화를 일구기 위해 시적 몸살을 겪으면서 지식 청년으로서 내면의 갈등을 '자기만의 고유한 시세계'로 형상화 하였다. 시에 대한 끊임없는 역정과 가치 추구를 보여준 그는 우리 근대 시문학사에서 가장 불행했던 시기에 창조적 세계의 발판을 마련한 시인 중 한 사람이었지만 월북한 사실로 인하여 본격적 논의가 이루어지지 못하였다. 그러다가 해금 이후 그에 대한 문학사적 자리매김을 재확인하기 위한 연구가 활발히 전개되었다.

그동안 오장환의 평가는 크게 모더니즘 계열의 시인으로 보는 견해와 순수서정시 계열의 시인으로 보는 견해가 있었다. 오장환을 모더니즘 계열로 보는 평자들로는 김기림[40], 백철[41], 서준섭[42] 등이 있고, 생명파 시인으로 보는 평자는 서정주[43], 조연현[44], 정한모[45], 오세영[46] 등이 있었다. 그리고 해금 이후 오장환의 전기적 사실이나 그의 생존시 시대 환경요인을 중심으로 한 연구[47], 동시대 시인과 관련성이나 외국 시인의 시와 영향관계를 살피는 연

---

39 박윤우, 「저항의 몸짓과 비판적 리얼리즘」, 『한국현대리얼리즘 시인론』, 윤여탁, 오성호 편, 태학사, 1990, p144
40 김기림, '오장환 시집 『성벽』을 읽고', 조선일보, 1937.9.18
41 백철, '모더니스트의 후예들', 『신문학사조사』, 신구문화사, 1968, pp.549-550
42 서준섭, 『한국모더니스트 연구』, 일지사, 1988
43 서정주, '현대조선시약사', 『조선 명시선』, 온문사, 1948
44 조연현, 『한국현대문학사』, 성문각, 1971, p.507
45 정한모, '한국현대시약사', 『한국현대시의 현장』, 박영사, 1984, p.225
46 오세영, '생명파연구', 『국문학 논집』, 11집, 단국대, 1983
47 최두석, 「오장환의 시적 편력과 진보주의」, 『오장환 전집2』, 창작과 비평사, 1989
    오세영, 「탕자의 고향발견-오장환론」, 『문학사상』, 제195호, 문학사상, 1989.1
    박윤우, 「오장환시 연구-비판적인식의 변모과정을 중심으로」, 석사학위논문, 서울대학원, 1988.

구[48], 시의 형식, 구조, 시어 등 작품의 내재적 특질을 규명하려는 연구[49]등이 본격적으로 진행되고 있다.

시는 시인의 체험을 바탕으로 한 상상력과 정신의 소산으로서 내면적 자아의 세계화이며 시인의 체험에 비춰진 역사적 사회현실의 미적 변용[50]이라고 할 수 있다. 그 변용되어 나타난 삶의 의미 찾기가 문학연구의 한 방법이라고 한다면 미적 변용과정에서 작가의 근원적 심리 혹은 작가의 삶의 태도가 자아의 세계화를 위한 창작과정에서 중요한 요소로 작용함에 주의를 기울여야 할 것이다.

이 글은 오장환 시가 내포하고 있는 여러 가지 특질 중 위악성의 양상을 고찰하고자 한다. 그의 10여년의 기간동안 정열적으로 창작활동을 하면서 발간한 4권의 시집 중 해방 이전에 발간한 『성벽』, 『헌사』 두 권의 시집과 이에 수록되지 않고 문예지에 발표된 작품을 연구 대상으로 삼고자 한다. 카프 해체 이후 일제의 문화말살정책과 함께 문예창작활동이 침체기에 접어들었던 1930년대 후반에 그는 친일적 창작을 하지 않으면서도 어떤 시인보다 활발하게 시를 발표하였다.

그의 시가 모더니즘과 리얼리즘 경향의 특성을 지니고 있는 점은 이미 많은 연구자들에 의해 밝혀진 바 있어 본고에서는 당시 보편적 관점에서 전

　　김학동, 「오장환 연구」, 시문학사, 1990.
　　백수인, 「오장환 시 연구」,박사학위논문, 전북대대학원, 1994
　　이진홍, 「오장환의 시적 역정」, 『영남어문학』제20집, 1991

48　장영수, 「오장환과 이용악의 비교연구」, 박사학위논문, 고려대학원, 1987
　　천기수, 「백석시에 나타난 작가의식연구—오장환과의 대비를 중심으로」, 석사학위논문, 경북대학원 1991
　　양애경, 「오장환 초기시와 프랑스 상징주의시 비교연구」, 『국어국문학』119, 1997

49　김명원, 「오장환시연구」, 석사학위논문, 한남대학원 1988
　　황윤철, 「오장환의 시연구」, 『대구어문논총』제7집, 1989
　　송기한, 「오장환연구—시적주체의 의미변이에 대한 기호론적 연구」, 『관악어문연구』15집,서울대대학원, 1990
　　정도준, 「오장환 시의 모더니즘과 리얼리즘」, 『어문학』제60집, 대구효성가톨릭대학원, 1997
　　최종금, 「1930년대 한국시의 고향의식 연구—백석, 이용악, 오장환을 중심으로」, 박사학위논문, 한국교원대대학원, 1998

50　Harry Levin, 『문학비평의 방법과 실제』, 이선영 역, 삼지원, 1990, p52

통에 대한 빈항과 부정의식과 급진적 변혁 의지가 불온하고 패륜적 특성을 지니고 있어 이를 위악성의 양상으로 고찰하고자 한다. 한편 『나 사는 곳』, 『병든 서울』에서도 위악성의 양상을 발견할 수 있지만 시기적으로 불안과 억압에서 벗어난 해방 이후 발간한 시집이라는 점, 정치적 참여 의도가 다분히 포함되어 있어 본고의 연구범위에서 제외하였다.

2. 오장환 시의 위악성

1930년대 후반기 일제의 한국어 박탈과 한민족 말살정책은 민족 주체성이 상실의 위기에 처하게 되는 암흑기를 불러왔다. 일제 강점기라는 민족의 시련과 이로 인한 이상과 현실의 괴리는 오장환의 시에서 고통과 절망, 그리고 극복의지로 형상화 된다. 따라서 이 시기에 오장환의 시에 반영된 자아와 세계의 대응 구조는 단절적 관계를 보여준다. 당시에 시인들에게 강요되던 침묵은 세계의 상실과 자아의 고립을 가져왔고 이것은 그의 문학에 있어서 서정적 자아의 내면화 경향으로 나타게 된 것이다.[51]

식민지 지식인 청년 시인 오장환은 식민지 현실 속에서 철저히 미약한 존재이며, 거대하게 다가오는 추함과 냉혹한 악의 실체로서의 현실을 상대하기에는 상식적인 방법으로 불가능하기에 이탈된 저항과 독설을 시도한다. 이 시도는 '정직한 인간의 행로 가운데 문학의 길을 밟는 것'을 가치추구 목표로 하는 시인의 내면이 위장한 상태인 僞惡的으로 표출되는 것이다.

'위악'의 사전적 정의는 '일부러 약한 체 함, 또는 그런 행동'이라고 되어 있다. 위선과 상대되는 의미로 쓰이는 말이라 할 수 있다. 위악성이란 말은 본질적으로 악하지 않으나 겉으로만 악한 체 하는 성질이나 경향을 의미한다고 단어적 해결을 내려볼 수 있다. '-체' 한다는 것은 의도적인 행위이다.

---

51 김혜니, 『한국근대시문학사 연구』, 국학자료원, 2002, p274

그 의도적인 행위가 사람에게 드러날 때 '악한 체' 하는 성향을 지니고 있을 때 위악성이라 부를 수 있을 것이다. 위악성은 퇴폐성 또는 악마성과 동질의 것으로 인식될 수도 있다. 본고에서는 퇴폐성, 악마성이 프랑스 상징주의 시의 한 특성으로 당시 시인들의 작품에 불안, 좌절, 어둠의 이미지로 자주 사용한 방법으로 보고, 위악성은 반항 또는 거부의 독설이며 희망의 역설적 방법으로 파악하였다. 맹목적인 부정이나 거부가 아니라 개선의 여지를 바탕에 두고 있는 긍정적인 독설로 파악한 것이다.

오장환은 당시 젊은이들의 굴종과 무력함, 그리고 그들의 속물주의 및 문화적 사대주의, 방탕함 등을 지적하면서 그것들에 대해 거부적 몸짓으로 일관하며 승산은 보이지 않지만 싸움을 각오하고 자신의 의지를 확고히 하고자 하였다. 1930년대 후반기에 신뢰할만한 현실을 살아가고자 한 오장환에게 현실은 내적, 외적으로 신뢰를 주지 못했고 인간을 위한 문학을 추구하기에는 현실은 위압적이었다. 그 대립적 상황에서 시인은 자신에 대해 끊임없이 문제의식을 제기하고 과격한 비판을 서슴지 않는 태도에서 위악성이 드러낸다.

가. 진보적 식민 지식인의 전통 부정과 위악성

첫 시집『성벽』을 보면 낡은 인습과 전통에 대한 부정으로부터 시적 출발을 이루고 있다. 그의 태도에서 볼 수 있는 진보적 성향은 이 시기의 문학에서 볼 수 있었던 모더니티의 담론 구조와 상통한다.[52] 새로운 것에 대한 강한 열망이 진보의 한 양상이라 할 수 있으며 전래의 문물에 대해 부정적인 견해가 강한 것 역시 진보라 할 수 있을 것이다. 오장환의 의식은 이와 같은 진보적 태도를 보이고 있다.

내 姓은 오씨. 어째서 吳哥인지 나는 모른다. 可及的으로 알리워주는 것

---

52 권영민,『한국현대문학사』민음사, 2002, p614

은 海州로 移舍온 一淸人이 祖上이라는 家系譜의 검은 먹글씨. 옛날은 대국 숭배를 유-심히는 하고 싶어서, 우리 할아버지는 진실 李哥엿는지 常놈이 었는지는 알수도없다. 똑똑한 사람들은 恒常 家系譜를 創作하였고 賣買하 였다. 나는 歷史를, 내 姓을 믿지않어도좋다. 海邊가으로 밀려온 소라속처 럼 나도 껍데기가 무척은 무거웁고나. 수퉁하고나. 利己的인 너무나 利己 的인 愛慾을 잊을랴만은 나는 姓氏譜가 必要치않다. 姓氏譜와같은 慣習이 必要치않다.

- 「姓氏譜-오래된 관습, 그것은 전통을 말함이다」 전문

인간이 추구하는 자유에의 노력뿐만 아니라 인간의 성격에서 연유되는 인간의 정열(예를 들면 파괴하고자 하는 욕구, 사디즘, 마조히즘, 권력과 소유에의 갈망과 마찬가지로 사랑, 온순함 등도)은 존재적 요구에 대한 회답이며 그 요구가 정열이 사랑인가 아니면 파괴성인가 즉 양성인가 악성인가는 사회적 환경에 따라 크게 좌우된다.[53] 이 견해에 비추어 볼 때 의도적으로 행해지는 '악한 체'로서의 '위악'의 행동 양상은 존재적 요구 혹은 욕망이 저해받았을 때 나타나는 양성의 공격적으로 나타난다. '위악성'이 위협을 제거하고자 하는 적극적 반응이라는 점에서 욕망과의 관련성을 지적할 수 있다.

인간만이 가지고 있는 심리적 욕망은 무엇보다도 주체가 자기 속에 결핍되어 있다고 생각하는 것에 의해서 남겨진 간격을 메우려고 끈질기게 시도함으로써 자신의 모습을 드러낸다. 인간에 있어 억압된 노력이나 공상을 의식시키려고 하는 시도, 바꾸어 말하면 욕망에 대한 반응이 방어적 공격을 유발시키는 또 다른 중요한 원천이며 이 타입의 반응은 프로이트가 '저항'이라고 불렀던 것의 한 양상으로 설명될 수 있다.

유교적 윤리관에 대한 거부감은 오장환이 서자로 태어나 자신의 신분에 대한 컴플랙스가 은연중에 작품에 투시되어 낡은 신분제도에 대한 폐습을

---

53 E.프롬, 「파괴란 무엇인가」, 유기성 역, 홍성사, 1980, p26

공격한 것으로 볼 수 있다. 서자 출생인 그는 역사와 사회의 전면에 나설 수 없는 아웃사이더로 운명 지워진 그의 입장에서 볼 때 전통은 폐습이고 사회는 병든 공간이 되게 마련이다. 따라서 그러한 폐습의 병든 공간에서 벗어나고자 하는 것은 자신을 구원하고 부정적인 자신의 출생을 정당화하고자 하는 잠재적 욕구와 표현이라 할 수 있다.[54]

이 작품의 부제 '오래된 관습-그것은 전통을 말함이다'에서 나타나듯 화자는 '관습=전통'이라고 보고 '성씨보와 같은 관습'은 필요치 않다고 한다. 불확실하고 믿을 수 없는 '성씨보'에 의존해서 조상을 숭배하고 가문의 전통을 내세우는 일은 헛된 욕망에 지나지 않는다. 과거의 가치규범으로서의 성씨보의 타기야말로 자기존재의 진실을 찾기 위한 제1보였기 때문에 오장환은 그의 제1시집에서 자신을 에워싸고 있는 허위의 가능성을 떨쳐버리려 하는 것이다.[55] 그러나 신분제도의 엄격성이 어린 오장환의 마음을 일찍부터 일그러뜨렸는지 모른다. 그래서 그가 제일 먼저 전통을 부정하고 나선 것은 당연하고 자연스런 것일 수도 있다. 그가 신분제도를 포함한 낡은 유교사회의 관습을 파기하고 인권의 평등원리에 입각한 진보적 개혁을 선도한 이유는 그의 신분과 관련하여 서출로 태어나 열등의식 같은 것도 작용했을 가능성으로 볼 수도 있다. 그러나 당시대 양반세가의 유교 윤리의 보수 관념을 한꺼번에 허문다는 것은 불가능한 일이었다. 그렇기 때문에 오장환은 감정을 직접 노출하면서 '오래된 관습-전통'에 대해 냉소적 독설을 쏟아내었다.

> 世世傳代萬年盛하리라는 城壁은 偏狹한 野心처럼 검고 빽빽하거니, 그러나 保守는 進步를 許諾지 않아 뜨거운 물끼언고 고춧가루 뿌리든 城壁은 오래인 休息에 인제는 이끼와 등넝쿨이 서로 엉키어 面刀않은 턱어리처럼 지저분하도다.

---

54 이진홍, 앞의 책, p56
55 이진홍, 위의 책, p54

-「城壁」전문

　오장환이 인식하고 있는 현실은 이렇게 〈성벽〉이 낡은 전통을 고수하는 보수의 성안이다. '보수는 진보를 허락지' 않기 때문에 새로운 역사와 가치를 창조하는 삶은 불가능하다. 오장환은 현실에 민감했다고 볼 수 있으며 그의 표현대로 '진지한 투쟁과 선도적인 위치'에 사는 시인으로서 자신의 존재를 시에 드러내 보였다고 할 수 있다.

　그의 시가 갖는 일종의 과격성은 새로운 가치에 대한 지향에서 비롯되게 되며 동시에 그것이 모순과 갈등을 지향 속에 머금게 되는 모습을 볼 수 있다.[56] 즉, 국가상실의 현실이 빚어낸 근대화의 모순성 앞에서 '새로움'을 추구하려는 의지가 강렬하면 할수록 현실에 대한 좌절감은 비례해서 증폭된 풍자적 이미지로 나타난 것이다.

　전통의 부정이 민족의 역사가 지닌 현실적 의미까지 상실하게끔 하는 결과를 초래하는 것은 그의 진보적 믿음이 민족적 전통과 결합하지 않음을 보여준다. 이는 자신의 정체성을 지워 버리려는 의도이며 나아가 민족의 정체성까지 인정하고 싶지 않은 위태로운 발상이기도 하다. 이만큼 화자는 보수, 전통을 '서로 엉키어 면도 않은 턱어리처름 지저분하도다'라며 악의적으로 형상화 하면서 진보적 의식을 보여준다. 이처럼 남보다 앞서 진보적 사상을 선도하는 데는 앞에서 거론한 그의 신분과 관련하여 서출로 태어난 열등의식이 작용했을 가능성도 배제할 수 없다.

　그 시대에는 양반세가의 보수 관념을 한꺼번에 허문다는 것은 쉽지 않은 발상이었지만 오장환은 아무도 착상하지 못했던 전통의 모순성을 신랄하게 비판하는 위악성을 보이고 있는 것이다. 이러한 위악성을 통해 그의 역사의식이나 민족의식이 극히 좁다는 것을 엿볼 수 있다. 그는 민족의 역사성과 유교적 유습을 같은 범주로 이끌어 과거의 모든 것을 부정하고 있다.

56　박윤우, 앞의 책, p143

이것은 자아 확립이 편협적이고 반항심리와 급진개혁의 조급성을 스스로 조절하기 쉽지 않은 10대 후반이라는 연륜의 한계로 볼 수도 있다. 역사와 전통에 대한 가치관이 확고하지 않고 감정이 예민한 시기의 폐쇄적 관점으로 이해할 수 있다.

소저의 신랑은 여섯 해 아래 소저는 시집을 가서도 자위하였다. 쑤군쑤군 지껄이는 시집의 소문 소저는 겁이 나 병든 시에미의 똥맛을 핥어보았다. 오 효부라는 소문의 펼침이여! 양반은 죄금이라도 상놈을 속여야 하고 자랑으로 누르려 한다. 소저는 열 아홉 신랑은 열네살 소저는 참지 못하야 목 매이든 날 양반의 집은 삼엄하게 교통을 끊고 젊은 새댁이 독사에 물리랴는 낭군을 구하려다 대신으로 죽었다는 슬픈 전설을 쏟아내였다. 이래서 생겨난 효부열녀의 정문 그들의 종친은 가문이나 변화하게 만들어 보자고 정문의 광영을 붉게 푸르게 채색하였다.

- 「旌門」 일부

'정문'은 진보를 가로막는 상징물로 역할을 해왔고 그 점이 주체의 격렬한 반발심을 유발한 것이다. 즉 「정문」은 오장환의 진보주의가 우상파괴의 형태를 띠고 표출된 경우인 것이다[57] 오장환은 전통과 관습을 구분하지 않는 것은 계승할 것과 부정할 것을 구분하지 않는 태도로 일관한다. 당시 나라를 잃고 일제치하가 된 상황은 허위의 폐습이 내부로부터 스스로를 무너뜨린 결과라 할 수 있으므로 가식된 '가문의 영광을 붉게 푸르게 채색'하는 일은 마땅히 폐기되어야 하는 것으로 여기고 있는 것이다.

오장환에게 더 나은 미래사회란 일제로부터의 해방을 전제로 하는 때이다. 민족의 주체적인 노력으로는 해방의 길이 보이지 않던 그 시대에 건전한 생활인이 되는 것을 거부하고 타락의 몸부림을 치는 것도 일종의 반항인

---

57 최두석, 「시와 리얼리즘」, 창작과 비평사, 1996, p51

셈이다. 「정문」이 풍자적 형상화로 타락의 몸부림이 거칠게 드러나는 것은 봉건체제와 식민체제를 거부하는 자세의 격렬함을 의미한다. 이외에 긍정적 판단을 얻을 수 있는 점은 그의 시가 사사로운의 차원에 머무르지 않고 리얼리즘의 성취 가능성을 포함하고 있는 점이다.[58]

유교문화의 보수성을 벗겨내지 못한 유물이나 유습에 거부와 반항의 감정을 서슴없이 드러낸 오장환은 자신을 존재케 하는 역사와 전통까지도 버려야 할 과거로 인식하였다. 이런 인식 태도는 패륜적이기도 하다. 그러나 그를 패륜자라고 욕하거나 책망할 수도 없다. 오장환의 패륜적 태도는 반항과 거부의 풍자이며 과장의 몸부림으로 파악할 수 있다.

나. 현실 묘사의 위악성

오장환의 시에는 실험적 형태나 문명비판, 도시적 이미지 등의 모더니즘적 요소와 시적 주체의 적나라한 묘사, 현실의 비극적 삶의 비유와 풍자 등의 리얼리즘적 요소가 동시에 나타나는 경우가 자주 발견된다. 그의 시를 모더니즘의 범주 안에 한정해 놓고 볼 때 일종의 범법자와 같은 심정으로 퇴폐의 극에 도달하였고 또 그것을 문학의 이름으로 거침없이 고백하고 합리화 하였던 극단적이고 도착적인 시인[59]이라는 평가가 가능할 것이다. 그러나 그는 '퇴폐의 극에 도달'한 듯한 '극단적이고 도착적인 시인'으로 인식되는 점은 현실세계의 전망 부재를 뚫어보려는 대응책으로써 위악적인 태도로 평가할 수 있다. 그의 시에서 현실을 드러내는 이미지는 모더니즘과 접점을 형성하기도 하지만 시적 주체와 세계사이의 상관관계의 묘사는 리얼리즘에 닿아 있다. 오장환은 자신이 살고 있는 현실과 도시문명을 비판적이고 냉소적인 관점으로 파악하고 이를 위악적 방법으로 드러내었다.

---

58 최두석, 위의 책, pp56-57

59 서준섭, 「한국모더니스트 연구」, 일지사, 1988. p161

오장환은 사물을 기존의 틀로 보는 것을 거부한다. 모든 것을 역의 논리로 정립코자 한다. 문명의 상징으로서의 도시, 수부를 본 것이 아니라 비만성이 분출되는 추악성을 보고 있는 것이다. 바다를 보는 시각도 마찬가지다. 맑고 푸르고 꿈과 낭만이 가득한 아름다움으로 본 것이 아니라 시커먼 바다, 갖가지 사악과 폭력이 난무하고 인간의 대립과 갈등이 심화된 공간으로 형상화 되고 있다.

> 首府의 火葬터는 번성하였다.
> 산마루턱에 드높은 굴뚝을 세우고
> 자르르르 기름이 튀는 소리
> 屍體가 타오르는 타오르는 끄-름은 맑은 하늘을 어질어놓는다.
> 시민들은 機械와 無感覺을 가장 즐기여 한다
> 금빛 금빛 금빛 금빛 交錯되는 靈柩車
> 豪華로운 울음소리에 靈柩車는 몰리어오고 쫓겨간다.
> 번잡을 尊崇하는 首府의 生命
> 火葬場이 앉은 黃泉고개와 같은 언덕 밑으로 市街圖는 나래를 펼쳤다
> -「首府」1연

1936년 11월《浪漫》에 실린「首府」은 시집에 실리지 않은 11연의 장시이다. '수부는 비만하였다. 신사와 같이'라고 한 부제와 같이 화농된 오점에 불과한 '수부', 그 비만성에서 분출되는 갖가지 위선적 요소들을 오장환은 예민한 감각을 동원하여 고발하고 있다.

'수부'는 오장환의 삶의 터전이다. 그는 '색갈진 양복과 넥타이에', '아침밥 먹기가 무섭게「미모사」「樂浪」「에리사」로 뛰어나왔고', '밤이 오면 제각기 주머니에서 돈을 털어 모아 春發園 배갈집으로' 향하고[60], '개천가에 상

---

60 이봉구,「「성벽」시절의 장환」,「성벽」의 재판 후기, 1946

상조차 하기 드물 정도로 말쑥하게 지어논 2층집', '집주인은 파자마를 입은 채, 자만의 파이프를 물고'[61]이 삶의 터전에서 살고 있다. 그러나 자신이 사는 '수부'는 그의 시에서 만큼은 살 곳이 되지 못한다. 문명의 비만성이 분출되어 쌓이고 병적인 요소들이 심각하고, 음산하고, 위선의 삶이 팽만되어 있고, 악의 병균들이 구석마다 침투하여 곪은 화농 현상이 득실대는 '수부'는 새로운 문명과 그 아름다움보다는 위악적 묘사로 이루어진 것이다.

1연은 죽음의 도시를 연상케 한다. 2연은 사처에서 운집하는 화물들을 계속 삼켜대는 '수부'의 부패와 비리 현상을 , 3연은 공장촌과 가난하고 병들어 어두운 삶의 단면을, 4연은 유한의 큰아기들이 연애하는 '수부'를, 5연은 거만한 사신의 행력을, 6연은 '수부'의 예술가들이 건질 수 없는 수렁으로 빠져들고 있음을, 7연은 '수부'의 이상 비대 현상을, 8연은 자연을 피해 온 사람들이 모조한 공원 모인 모습을, 9연은 위선적 삶과 사치와 위조지폐가 범람하는 수부를, 10연은 휘황한 불빛에 기어드는 사람들을, 11연은 인근읍지까지 편입하여 넓힌 '수부'는 지도 속의 한낱 화농된 오점에 지나지 않는다고 비판하고 있다. 이상적인 삶의 공간이어야 하는 '수부'에 시인 자신은 살고 있으면서도 '수부'의 병든 생리에 대한 환멸을 위악적 이미지들을 동원하여 고발한 것이다.

> 전당포에 고물상이 지저분하게 늘어선 골목에는 가로등도 켜지는 않았다. 죄금 높다른 포도도 깔리우지 않았다. 죄금 말쑥한 집과 죄금 허름한 집은 모조리 충충하여서 바짝바짝 친밀하게 늘어서 있다. 구멍 뚫린 속내의를 팔러 온 사람, 구멍뚫린 속 내의를 사러 온 사람, 충충한 골목으로는 검은 망토를 두른 주정꾼이 비틀거리고 인력거 위에선 차와 함께 이미 하반신이 썩어들어가는 기녀들이 비단 내음새를 풍기어가며 가느른 어깨를 흔들거렸었다.

---

61 민태규,「시집『獻詞』를 읽고,『시학』1939.9

-「고전」일부

　「고전」에서는 근대문명 도시의 현실이 화자의 어조에서 나타나는 판단유보적이고 가치중립적인 태도에 의해 '충충한 길목'의 정적인 풍경화로 존재하고 있다. 퇴락하고 부패한 '고물'로서 물화된 세계가 '주정꾼', '기녀'와 같은 타락한 인간과 나란히 존재함으로써 현실과 인간의 상호작용이나 대립을 배제한 모습을 보인다. 이러한 현실 부정은 근대문명사회 속에서의 인간존재의 익명성을 체험함으로써 나타난 물신적 모습을 포함하고 있다.
　오장환 시의 문명비판이 현실적인 대응력을 유지하는 것은 악한 것으로서 현실에 대한 대타적 인식과 그 속에 뛰어들어 타락을 체험하는 서정적 자아의 위악적 자의식이 대립할 때 비로소 가능해진다. 사회의 모순에 대한 저항적 태도가 진보적 믿음에 대한 확신을 얻을 수 없는 전망부재의 일제치하의 삶의 현실로부터 빚어진 내면적 상실감과 갈등함으로써 나타난 것이다. 오장환이 추구 하고자 하는 '인간을 위한 문학'이란 이런 의미에서 현대의 왜곡된 인간조건에 대한 회복을 지향하는 것으로 볼 수 있다. 문명비판의 방법의 의거한 그의 저항적 태도의 본질을 보다 명확히 알 수 있으며 그의 시에 수용된 모더니즘 유산의 극복양태를 살펴볼 수 있는 계기가 마련된다.[62]

　　어두운 밤, 소란스런 물결을 따라
　　그러게 검은 바다 위로는
　　쑤구루루-- 쑤구루루
　　부어오른 시신, 눈자위가 해멀건 인부들이 떠올라온다.
　　-「해수」일부

　바다가 주는 공포와 익사자의 시체가 떠내려가는 장면이 음산하다. 오장

62　박윤우, 앞의 책, p149

환의 시에서는 밤바다의 물결소리의 음향효과와 함께 시체의 구체적인 외형묘사에서 공포를 느낄 수 있다. 해수는 병든 도시항구의 타락과 부패와 극단적인 생존조건을 묘사하고 미지에의 동경과 매음녀와의 방종을 가지고도 잊힐 수 없는 삶의 불안과 공포를 노래하고 있다.[63]

「해수」는 항구도시의 실상이라기보다는 타락을 통해서 사회에 거역하는 사회적 외방인의 반역적 심상풍경이다. 기녀와 매음녀, 황혼과 도시의 군중들 도박과 아편, 항구와 병실, 올빼미와 파충류, 시체와 주정뱅이, 독기와 썩은 내 여행과 보헤미안 등 성벽에 나오는 병적이고 퇴폐적인 이미지는 보들레르 시편에서 아주 낯익은 것들이다. 추악하고 불쾌한 질료로 해서 마련한 아름다운 예술이 가능하다는 「악의 꽃」이 지닌 도전적 함의가 정공적으로 시도 되었다고 본다.[64]

이와 같은 원색적 표현, 병적관능 등은 프랑스 상징파 시인의 영향을 받은 것으로 보인다.[65] 죄악과 병균이 들끓고 어둡고 눅눅한 이미지들은 오장환의 위악성에 의해 생산되어진 것들이다. '현실에 대한 극단의 불신임, 행동에 대한 열렬한 지향, 이지와 본능의 모순 때문에 지리멸렬해가는 심리의 변이 악과 퇴폐에 대한 깊은 통찰, 혼란 속에서도 어떠한 질서는 추구해마지 않는 비극적 노력, 무릇 그러한 연옥을 통과하는 현대의 지식인의 감정에 표현을 주었다.'[66]는 김기림의 해설을 빌리지 않더라도 당대의 어두운 현실을 촉각을 통해 느끼기에 충분하다.

    푸른 입술, 어리운 한숨, 음습한 방안엔 술잔만 훤하였다. 질척척한 풀섶과 같은 방안이다. 顯花植物과 같은 계집은 알 수 없는 웃음으로 제 마음도 속여온다. 항구, 항구, 들리며 술과 계집을 찾아다니는 시꺼먼 얼굴, 윤락된

---

63 양애경, 앞의 책, pp312-313

64 유종호, 『다시 읽는 한국시인』, 문학동네, 2002, p129

65 김학동, 앞의 책, p36

66 김기림, 김기림 전집 2 시론, 심설당, 1988, p 377

보헤미안의 절망적인 心火-- 퇴폐한 향연 속, 모두 다 오줌싸개 모양 비척어리며 얇게 떨었다. 괴로운 분노를 숨기어가며……
  젖가슴이 이미 싸늘한 매음녀는 파충류처럼 포복한다.
  -「매음부」전문

오장환의 시 속에는 매음녀의 방과 매음녀, 그리고 손님인 선원 등 장면과 인물들 모두가 음습하고 냉기에 차 있으며 인간적인 괴로움을 표출하고 있다. 때문에 관능은 괴로움에서 도피하기 위한 방책으로 제시되며 관능 자체의 쾌락은 보이지 않는다.[67] 오줌싸개처럼 비척거리는 사내나 파충류처럼 포복하는 창녀나 질척질척한 풀섶 5같은 방안의 이미지가 전체의 분위기를 충실하게 대변해주고 있다.[68]

「매음부」의 이미지는 모더니티를 포함하고 있으며 내용은 퇴폐적 낭만성과 이국적 정취를 포함하고 있다. 현실의 전망부재 상황에서 오장환은 외부세계를 눈을 돌려보지만 새로운 문물, 새로운 역사를 채워 넣기에는 어떠한 전망도 불가능하게 보인다. 시적 대상을 바라보는 시선은 부정적 인식을 틀에서 벗어나지 못하고 있다. 그리고 전망부재의 현실은 위악적인 이미지들로 절망과 퇴폐적 환상에서 깨어나지 못하고 있다. 전통과 관습을 부정했던 오장환은 새로운 문물의 외부세계에서도 자신의 진보적 지식인의 꿈을 펼치지 못하고 그로테스크한 환상의 위악성의 내부에 희망의 창을 폐쇄하고 있다.

다. 원죄의식과 위악성

오장환은 기독교 신앙 및 사상을 주제로 한 시편들을 원색적이고 어둡고 음산한 분위기로 이끈다. 그는 카인을 내세워 악마성을 노래한다. 기존의 모

---

67 양애경, 위의 책, p320
68 유종호, 앞의 책, p121

랄을 추구하지 않고 오히려 거부하면서 추방당한 카인을 통해 인간의 소외와 비극성을 살피려 하고 있다. 기독교에 대한 그의 태도는 복음이나 소원의 자세가 아닌 원죄에 집중되어 실존적 비극성을 추구하였다. 그의 종교관은 죽어가는 모든 것의 깊이를 탐색하기 위한 수단으로 비극적으로 표현되고 있으며 죽음 이외에는 어떤 내세관이나 영생의 원리를 제시하지도 않았다.[69]

곡성이 들려온다. 인가에 인가가, 모이는 곳에

날마다 떠오르는 달이 오늘도 다시 떠오고

누-런 구름 쳐다보며
망토 입은 사람이 언덕에 올라 중얼거린다.

날개와 같이 불길한 사족수의 날개와 같이
망토는 어둠을 뿌리고

모-든 길이 일제히 저승으로 향하여 갈제
암흑의 수풀이 성문을 열어
보이지 안는 곳에 술빗는 내음새와 잠자는 꽃송이
다만 한길 빗나는 개울이 흘러……
망또 우의 모가지는 솟치며
그저 노래 부른다.

저기 한줄기 외로운 강물이 흘러
깜깜한 속에서 차디찬 배암이 흘러……싸탄이 흘러……

---

69 김학동, 앞의 책, p65

눈이 다겁도록 빨-간 장미가 흘러
- 「할렐루야」 전문

이 시에서 죽음은 자학적 모습을 띤 채 사탄에의 유혹에 마주한 자아의 내면의식의 흐름을 통해 제시되고 있다. 죽음의 의미가 자학적인 것으로 수용되는 것은 원죄에 구속된 존재로서의 자의식 때문이다. 이러한 원죄의식은 「불길한 노래」에서 자신이 카인의 후예임을 자인하는 강박관념으로 드러나기도 한다.

이상의 실현이 불가능한 현실의 추악함에 대한 분노는 신념과 모순 사이의 긴장을 통해 형성된 비극적 인식구조이다. 타락한 현실에 대한 부정이 존재의 부정을 거치는 과정에서 오장환이 지향한 신념과 현실적 모순의 갈등은 내면화되고 비극적 인식은 현실의 추악함보다 더한 위악적 심리의 표출로 나타난다. 결국 근대화 현실에서 체험하는 '새로움'의 반영이 초래한 상실감에 대한 자기 확인은 죽음 인식을 통해 적극적 대응력을 내면화하고 현실 대응의 방법을 새롭게 모색하게 된다. 오장환 시의 저항과 위악적 태도가 도시문명의 비판으로서의 성격을 획득하게 되는 계기는 이러한 시대적 위기 상황 속에서의 역사적 전망에 관련된 것이다.[70]

그대의 피는 검다지요. 붉지를 않고 검어타지요.
음부 마리아모양, 집시의 계집에 모양.

당신이요, 충충한 아구리에 가만 열매를 물고 이브의 뒤를 따른 것은 그대 사탄이요
차디찬 몸으로 친친이 날 감어주시오. 나요. 카인의 末裔요. 병든 시인이요. 벌이요. 아버지도 어머니도 능금을 다먹고 날 낳았소

---

[70] 박윤우, 앞의 책, p152

> 기생충이요, 추억이요, 독한 버섯이요
> 다릿한 꿈이요, 번뇌요, 아름다운 뉘우침이요.
> 손발조차 가는 몸에 숨기고, 내 뒤를 쫓는 것은 그대 아이요. 두엄자리에 반사한 점성사, 나의 예감이요, 당신이요.
> 견딜수 없는 것은 낼룽대는 혓바닥이요, 서릿발같은 면도날이요
> 괴로움이요, 괴로움이요, 피흐르는 시인에게 이지의 프리즘은 현기로움소
> 어른거리는 무지개 속에, 손꾸락을 보시오, 주먹을 보시오,
> 남빛이요-빨갱이요, 잿빛이요, 빨갱이요,
> -「불길한 노래」일부

시「불길한 노래」는 아담과 이브의 신화를 소재로 원죄의식을 형상화하고 있다. 이 시에서 화자는 자신이 카인의 후예로서 병든 시인이며 부모의 죄에 의해 태어난 존재라고 자학하고 있다. '카인의 말예'로서 '병든 시인'으로 천벌을 받게 된다 함은 그의 아버지와 어머니가 능금을 따먹고 낳았다는 원죄의식 때문이다. 자아의 상대로서의 '그대' 혹은 '당신'은 먹구렁이이며 사탄이다. 종교적 차원에서 구원 청한다면 신을 불러야 하지만 오장환은 죄의식에 더욱 사로잡혀 스스로 옥죄고 있다. 철저한 자기부정과 원죄의식을 토로하고 있다. 심한 자학 상태이며 이 자학을 통해 카타르시스를 얻고자 한다. 자신의 존재에 대한 모멸과 학대는 끊임없이 계속되는 자존의 굴절양상으로 나타난다.

이 시에서 '마리아'가 음부로 표상되어 있다. 이것은 '카인의 末裔(말예)'로 자처하고 하나님을 찬미할 때도 사탄을 잊지 않고 있는 것과 관련 된다. '마리아'는 세속의 동명 여인을 칭한 것일 수도 있다. 또는 성녀 마리아가 아니라 막다라 마리아를 칭한 것일 수도 있는 것이다. 그러나 오장환은 '마리아'라는 이름이 주는 성녀의 이미지를 세속화하여 육체성으로 형상화하여 도전적인 신성 모독을 자행하였다. 기존의 가치를 무너뜨리고 그 존재를 초라함으로의 추락시키는 의도는 위악적인 태도인 것이다. 이것은 기독교 사

상을 기원이나 복음의 의미를 해체시켜 원죄의식에서 벗어나지 못한 '병든 시인'이 인간의 적나라한 모습을 그리는 관점으로 폄하하는 위악적 의미를 포함하고 있다.

인간의 마음에 자극이 많이 들어오면 마음에는 긴장과 흥분이 일어나며 자극이 과도하거나 오래 계속되면 긴장과 흥분 역시 도를 넘게 되어 마음에는 불쾌감이 조성된다. 마음은 가급적 자체적으로 흥분의 정도를 낮추려 하고, 최소한 흥분의 정도를 고정수준으로 유지하려 애쓴다. 불쾌감을 떨쳐버리는 방법은 행위를 통해 긴장과 흥분을 방출하는 것이다. 이렇게 방출되면 마음은 다시 다음 자극을 받을 때까지 평온을 이룰 수 있다. 그리고 긴장과 흥분의 방출은 순간적 또는 일시적으로 불쾌한 것의 반대되는 느낌, 쾌감을 마음에 가져다 준다.[71] 그러나 오장환은 현실을 견딜 수 없는 자신의 존재를 굴절된 비참함으로 몰아감으로써 자학을 가한다. 그는 더욱 잔인하게 자신을 불쾌감, 불만으로 학대한다. 세상의 모든 죄를 자신의 것으로 인식하고 있는 것이다. 현실의 불만족을 위악의 중심으로 몰아넣고 있다. 구렁이나 사탄, 카인의 말예로서 자처한 오장환은 선신보다 악마를 추구하다가 맞이한 세기말의 절망적인 상황의식을 형상화하고 인간적 숙명과 비극의식을 바탕으로 시를 쓴 시인이다.[72]

3. 맺으며

오장환은 1930년대 후반 가장 왕성한 창작활동을 했던 시인으로서 당시 모더니즘 시인들과는 다른 행보를 보여주고 있음을 살펴보았다. 그는 전통과 보수적 관습에 대해 서구 편향적 태도를 유지하면서 위악적인 방법으로

---

71 이부영, 『프로이트와 한국문학』, 일조각, 2000, p5
72 김학동, 앞의 책, p61

부정하고 비판하였다. 또 미래에 대한 전망이 부재한 현실의 삶과 현상에 대해서도 신랄한 비판을 하였다. 이 점은 당대 시인과 변별성을 분명히 하는 요인이다.

이 글에서는 오장환 시의 위악성을 진보적 식민지식인의 전통 부정의 위악성, 현실묘사의 위악성, 원죄의식과 위악성으로 구분하여 고찰하였다. 전통부정의 태도에 있어서 유교적 윤리관에 대한 거부감과 서출이라는 신분적 불만을 위악성과 관련하여 연구하였고, 현실묘사 태도에 대해서는 근대문명사회 속의 타락한 인간 존재와 전망부재의 식민치하에서 비롯되는 상실감이 타락과 부패의 추하고 불쾌한 위악적 이미지로 나타남을 살펴보았으며, 원죄의식에서는 신성모독과 자학의 위악성을 고찰하였다.

선행 연구에 비해 연구의 부족함이 드러남은 사실이다. 예를 들면 오장환 시의 위악성은 보들레르나 랭보와 같은 맥락이며 보들레르의 시어와 의미들을 빌어 왔고 랭보의『지옥에서 보낸 한 철』에 등장하는 시어들과도 흡사한 부분이 많다는 점에서 오장환 시와 프랑스 상징주의 시와 연관성에 관한 선행연구를 참고 하였으면서도 본고에서 이를 직접 비교하지 못했다.

기독교적 윤리와 규준, 부르조아 문명의 가치규준이 통용되는 19세기 말 20세기 초의 프랑스에서 보들레르와 랭보는 자신들의 사회의 속물성과 고정관념에 대항하는 시를 썼다. 1930년대 일제 식민지 치하의 가난한 지식청년이었던 오장환은 기득권층의 봉건적 유교윤리, 특히 위선적 가족 윤리나 사회 체면을 중시하는 성향 따위에 대해 강한 반발의식을 나타냈다. 이러한 반항의 목적은 인간의 삶을 솔직하게 드러냄으로써 그 추함이나 결함까지도 인정한다는 것과 위선을 고발[73]하는 시를 썼던 것이다.

오장환 시의 위악성이 1930년대 후반 우리 문단의 모더니즘, 리얼리즘 시를 극복할 수 있는 가능성[74]으로 제시 될 수 있는데 이에 관한 요소들을

---

73 양애경, 앞의 책, p308

74 최두석, 앞의 책, pp56-57

상세히 고찰하지 못했다. 그러나 이 연관성에서 더 나아가 모방단계 연구, 또는 패러디 시에 관한 연구, 위악성과 악마성에 관한 연구 등등 많은 연구 방법들과 관련을 맺을 수 있는 가능성을 발견 할 수도 있었다. 또한 오장환 시의 위악위악성을 월북 전 작품 활동을 하였던 시기까지 확대하지 못한 점을 연구자의 게으름 탓으로 돌리고 차후 연구에는 1930년대 후반부터 해방 이후까지 그의 반항 정신과 위악성이 문학사에 끼친 영향을 탐구과제로 삼으려 한다.

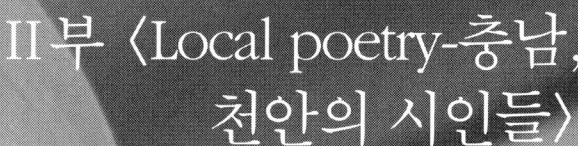

II부 〈Local poetry-충남, 천안의 시인들〉

1. 김명배의 초기시에 나타난 실존주의 양상

1. 서론

사람들의 마음에 한 편의 詩와 이름을 남겨놓을 詩人이 있는 한편에는 詩는 없고 詩人이라는 이름으로 존재하는 사람들이 있다. 詩보다는 시인이 넘쳐나는 이 시대에 역사의식과 지성과 이성과 감성이 어우러진 詩를 발견하는 일은 돌산을 오르다가 숲길을 발견하는 설레임으로 가슴이 트이는 순간이다. 사람들의 마음에 남겨질 詩와 詩人이 삶의 공간 가까운 곳에 있음을 증언할 수 있는 기회를 반기며 本稿는 김명배 시인의 소개와 함께 그의 시세계의 一面을 조명하고자 한다.

김명배 시인은 충남 천안이 고향이며 지금까지 다른 지역으로 이주한 경력이 없다. 문학청년 시절부터 칠순의 연륜을 넘긴 현재까지 詩作활동을 멈춘 적이 없이 묵묵히 시단을 지키고 있는 그는 개성적인 시세계를 구축한 충남문단의 원로로서 위상을 갖추고 있는 시인임이 분명하다. 공주사범대학을 다니던 그는 6·25 전쟁으로 인해 충남 공주에 피난 내려던 김구용, 정한모 시인 등 여러 시인들과 교류를 맺으면서 문학청년기를 보냈다. 1953년부터 '백양문학회', '능수문학회', 1954년 '과수원시회'를 조직하면서 대전, 공주 천안 지역의 많은 문인들과 함께 지역문학 발전의 터를 닦으며 창작활동을 시작하였으며, 1956년에는 '호서문학회', '한국문학가협회 충남지부'에 입회하였다. 1957년, 서울신문 현상문예에 응모했던 그의 시 「소리 Ⅰ」은 최종심사에 이르러 심사위원들의 주목을 받았으며 박목월 시인은 그의 독창적이고 탁월한 시세계에 대한 극찬을 아끼지 않았다[1] 한다. 이와 같은 경력만으로도 문단활동이 가능했을 터이었지만 1973년 1월 현대시학 誌에 박목월 시인의 추천으로 등단을 하면서 그는 내용과 형식에 있어 완성도 높은 서정시의 틀을 유지하며 작고 전까지 활발한 창작활동을 하였다.

김명배 시인은 『靑銅色 音聲』(고려출판사, 1973), 『둘째의 공간』(고려출판사, 1975), 『바람아 바람아』(고려출판사, 1982), 『소리가 있는 풍경』(혜진서관, 1986), 『사랑하기 없기』(시세계, 1992), 『이빠진산 두 봉우리』(오늘의 문학사, 2001) 등 6권의 시집을 발간하였다. 그러나 그의 작품세계에 관한 평가는 활발하게 이루어지지 않은 상태이다. 시집의 서평이나 시 해설 등 知人에 의한 評 몇 편과 본격 논문의 양식을 갖춘 논의로써 김혜니의 논문 두 편이 있을 뿐이다.

김명배 시에 대해 정한모는 「吾道와 感性의 調和」라는 제목 아래 '언어를 경영할 줄 알고, 간결하고 감정의 낭비가 없으며 자연을 받아들이더라도 이것을 일단 자기의 지성과 감성의 체로 걸러내어 재구성하여 표현하고 있으며, 대상에 끌려 다니지 않고 대상을 자기 것으로 만들어 이를 조절하고 이끌어 간다'[2]고 언급하였다. 조재훈은 『소리가 있는 풍경』에서 김명배 시의 관점은 정통적인 모더니즘에 맥이 닿아있지 않으나 철저하게 모더니티로 무장되어 있으며 이런 관점은 사물을 보는 눈이 엄격할 뿐 만 아니라 지적 훈련이 철저하고, 한 사물 또는 현상에 대하여 적절한 미학적 거리를 둠으로써 사물의 진면목을 드러내려는 의지로써 지적인 자기 절제의 끊임없는

---

1 김혜니, 「김명배 시공간의 상상구조 연구」, 『박목월 시 공간의 기호론과 공간』, 푸른사상, 2004, p.263
2 김명배, 『소리가 있는 風景』, 혜진서관, 1986 (서문)

싸움에서 얻어진 결과[3] 라는 評을 제시하였다. 채규판은 그의 시가 매우 단선적이고 때로 선적인 압축미를 특징으로 꼽으며 정적이고 대상을 육화하는 기교는 순수 투명의 중심에 헌신적이고, 대상을 보여주는 객관의 풍경화를 만나면 독자는 숙연해질 수 있어 아름다움과 손을 잡는 특성[4]으로, 한성우는 대상이나 세계에 대한 정서와 의식, 즉 순수서정과 내면의식이 주류를 이루고 있으며, 방법에 있어서는 격정적인 감정의 직접적인 토로가 억제되고 객관적상관물을 매개로 감각적인 이미지를 압축과 생략을 통한 정제된 詩句 속에 구조화 시키는 모더니즘 경향의 고답성과 지적인 면모를 보이고 있다.[5]는 評을 하였다. 이밖에 그의 전기적 사실과 함께 작품세계를 다룬 리헌석[6], 양수창[7]의 글이 있다. 이들 評者들의 평은 주관적 관점이 선행하는 인상비평으로써 학술적인 논의의 참고자료로써의 기대는 적다고 본다.

김혜니는 현상학 비평의 다양한 이론적 근거와 철학적 사유, 바슐라르의 이론을 바탕으로 김명배의 초기 대표시「靑銅色 Ⅰ·Ⅱ·Ⅲ」,「소리·Ⅰ」에 나타난 시간과 공간의 상상구조를 세밀하게 분석한 논문과[8] 신화와 원형 상징을 무속과 설화, 융의 분석심리학 이론으로 시「동방의 닭」,「달무리」를 분석한 논문을 발표하였다. 이 두 논문은 김명배 시의 문학적 완성도와 문학사적 가치를 평가하는 토대를 마련한 연구 작업으로 간주된다. 그의 논문은 현학적인 문학이론과 동·서양의 철학적 사유가 넘친다. 그러나 이 논의는 친숙하게 이해될 수 있는 김명배의 시세계를 난해하고 의미심장한 경향으로 해석될 여지를 제공한다. 이러한 연구 성과는 후속 연구자에게 부담과 극복의 대상이 되기도 한다.

---

3 조재훈,「美學的 距離와 어떤 神」, 시집 『소리가 있는 풍경』, 혜진서관, 1986, 해설
4 채규판,「탈속의 정서와 길잡이」, 『김명배의 시와 삶』, 오늘의 문학사, 2002, p27
5 한성우,「정신주의적 서정의 미적 형상화」, 위의 책, p.30
6 리헌석,「김명배의 시와 삶」, 『김명배의 시와 삶』, 위의 책
7 양수창,「이별을 주제로 한 꽃들의 서정시」, 『김명배의 시와 삶』, 위의 책
8 김혜니,「김명배 시공간의 상상구조 연구」, 『박목월 시 공간의 기호론과 공간』, 푸른사상, 2004.

본고는 김명배 초기시『청동색 음성』을 대상으로 작품에 나타나는 실존주의 양상을 고찰하고자 한다. 특히『청동색 음성』에는 50년대 후반 지적욕구와 현실비판의식이 팽배한 문학청년기의 작품이 수록되어 있음을 근거로 당시의 사조로 수용된 실존주의 문학과의 관계성이 짙은 작품들에 관심을 기울이고자 한 것이다. 부조리한 현상에 대한 시인의 불만과 비판의식과 지성적 존재의 갈등과 고뇌가 시인이 경험한 공간과 대상에 투영된『청동색 음성』은 김명배 시인의 실존주의적 사유와 태도가 선명한 텍스트이다. 본고는 이후 이어질 김명배 작품 연구에 미미한 자료로 기여하고자 하는 바람으로 논의를 전개하고자 한다.

2.「청동색 음성」의 실존주의 양상

20세기 전반기의 유럽은 두 차례의 세계대전과 냉전, 기계문명의 발달로 육체와 정신이 소란해지는 상황이었다. 사상적으로는 기독교의 가치체계가 붕괴되고 사회적으로는 유기체적인 전통사회가 해체되었으며, 정치적으로는 노동자의 봉기와 볼세비키 혁명이 실현되면서 유럽문명의 종말에 대한 불안감이 가중되었던 것이다. 이로 인해 대중은 소외감, 부조리, 질병 등 병적인 현상으로 혼란과 존재의 위기를 느끼게 되었다. 혼란 속에서도 이성을 찾으려는 노력이 여러 방법으로 시도되면서 통속적 현상을 거부하고 경험세계를 기술하는 후설의 현상학이 탄생되어 의식의 내면을 추구하는 입장을 전개하였다. 현상학은 주체와 객체의 인식론적 교호작용에 있어 주체 의식의 내용 지향적 입장에 주목하면서 실존주의와 만나게 된다.[9]

실존주의 철학은 1930년대 독일에서 형성되었으며 키에르케고르에 의해 정리되었다. 키에르케고르는 실존과 실존적 사고와 주체적 진리를 역설

---

9 홍문표,「현대문학비평이론」, 창조문학사, 2003, p492

[10]하면서 상실한 자기회복의 노력이라는 실존사상을 축으로 하여 모순과 갈등에서 비롯된 부조리의 인간 존재에 의한 불안과 절망 등 심층심리의 새로운 지평을 열었다. 하이데커와 야스퍼스의 실존철학으로 이어지면서 사르트르, 까뮈의 실존주의 문학을 싹트게 한 동기가 되었다.[11] 존재의 문제에 집중한 실존주의가 우리나라에 수용(1948년) 된 이후 실존주의 사조는 이해를 돕는 번역, 해설 단계에 머물러 있었다. 한국전쟁 이후 혼란과 불안의식, 죽음의 공포가 만연된 전후의 황량한 시대에 존재에 대한 근본적인 의문을 제기하는 경향 속에서 실존주의는 지식인들의 호응을 얻으면서 논쟁과 비평, 작품창작활동이 활발하게 전개 되었다.

가. 지성적 존재자의 고뇌하는 실존

김명배의 초기시에는 실존문학에 경도(傾倒)되었거나 이를 의도적으로 추구하는 경향은 보이지 않는다. 그러나 주지적 의식을 지닌 주체로서 현상과 대상을 실존주의적 관점으로 형상화한 작품은 쉽게 찾아낼 수 있다. 김명배의 첫 시집 『청동색 음성』은 '나'의 기록이라 할 수 있을 만큼 '나' 이외의 인칭대명사가 제시되지 않는다. 흔히 호칭으로 사용하는 '너', '그대', '당신' 등의 서술이나 묘사를 전혀 찾아볼 수 없다. '나'는 고뇌하는 시인 자신이고 시대의 모순과 갈등과 부조리에 갈등하는 지성의 상징이기도 하다.

『청동색 음성』의 첫 작품은 '나'의 「分身」으로 시작된다.

    비닐봉지가
    흩날리고 있었다, 허깨비처럼.

---

10 키에르케고르는 역설변증법에 의해 실존의 단계를 3단계로 제시하였다. ①향락 속에서 자기를 찾는 미적 실존 ②양심에 의해서 자기를 지키는 윤리적 실존 ③신앙에 의해서 본래적 자기를 찾으려는 종교적 실존이다.

11 배경열, 「실존주의 문학론」, 『관악어문연구 제23집』 p195-196

다이어에도 없는
汽車는 수시로 떠나고,

나는
무수한 나를
전송하고 있었다.

허깨비처럼
흩날리는 나의 분신들.

역광장에서
구름이 내리고,
바람이 내리고,

뒤돌아서서
뒤돌아서서

돌아온 모든 나를
날려 보내고 있었다,
허깨비처럼.
-「分身」전문

이 작품의 화자이며 작가인 '나'는 '비닐봉지'이며 '허깨비'와 동일자이다. '비닐봉지'는 기계산업에 의해 생산된 일회성 물질이다. 한 번 사용하면 원형을 유지할 수 없고 사용가치를 상실하게 되는 생활 쓰레기가 된다. 무엇을 담아서 어느 곳에 묶여있거나 놓여있음으로써 유용한 물건이 되는 '비닐봉지가 흩날리고 있는 모습은 아름답지도 않으며 역동적이지도 않다. 추함과 불안정의 풍경이다. 이름을 붙일 수 없고 감각조차 할 수 없는 허상의 존재 '허깨비'는 '비닐 봉지'의 이미지로 잠시 형상을 갖게 되지만 쓸모없는 속성은 변함없다. 헛되고 용도 폐기된 대상들이 잠시 존재하는 공간은 기차가 수시로 떠나는 '역'이다.

마중과 배웅의 광경을 생동감 있게 그려낼 수 있는 '역광장'은 '구름'과 '바람'으로 음울한 공간이며, 허깨비'와 같은 '나'의 분신들을 날려 보내는 단절의 공간이다. '나'의 존재성을 '비닐봉지'처럼 가볍고 볼품없는 대상에 대비한 의도는 존재에 대한 회의와 과 현실비판 의식의 표출하는 것이다. 現前의 의식과 기억 속의 '나'를 現存의 '나'로부터 모두 벗겨 날려 보내는 행동은 '나'의 존재감이 흩날리는 '비닐봉지' 만큼 가볍고 '허깨비'처럼 헛된 존재라는 인식에서 비롯된 것이다.

사르트르가 진정한 자기는 근원적인 자기존재, 타자에 대한 인식 이전의 존재자체라고 설명한 바에 따르면 이 시에 내재되어 있는 '나'의 공허감과 허무의식은 지성적 실존의식과 동일한 것으로 볼 수 있다. 모더니즘적 실존주의가 실존적 개인의 내향적 성격이 강화되어 내면의식에 대한 집요한 묘사와, 현실사회로부터의 개인의 소외와 고립, 병리학적 중상 등을 현상학적 특징으로 나타내고 있음[12]에 비춘다면「分身」은 자존의 갈등에서 좌절하고 고립된 모더니스트의 문명비판의 단면과 해소되지 않는 불안한 내면세계를 '뒤돌아서서/뒤돌아서서 //돌아온 모든 나를/날려 보내고 있었다./허깨비처럼.'으로 묘사하고 있는 것이다. 이와 같은 시인의 자기 내면에서 소외와 문명비판의 시선은 공존의 대상물로 확대된다.

흔들리는 바라끄,
음속을 벗어난 긴 破擦音.

---

[12] 배경열, 앞의 책, p207

새들이/흩어진다

귀먹은 空間
石油가 뜬 늪에

낮달은
떠오르는 죽은 물고기

잿빛 비늘이
떨어진다.

-생략-

石油가 뜨는 늪
귀먹은 空間에

갈라지는 긴 꼬리를 끌고
破擦音은 음속을 벗어난다.
- 「늪 地帶」 부분

「늪 地帶」에서는 자연물과 산업물의 대비가 암울하게 펼쳐진다. 종말의 이미지가 '음속을 벗어난 破擦音'에 꿰어져 '신경질적인' 삶의 공간이 황폐화 되어가는 것을 경고하고 있다. '귀먹은 공간,/ 석유가 뜬 늪', '떠오르는 물고기', '잿빛 비늘', '타이어가 삭는 공장', '침목에 내려앉는/까마귀떼', '공사장 철근의 숲' 등은 생명체가 존재할 수 없는 공포의 공간에 산재하고 있는 이미지들이다. 인간은 사색과 행동에 의해 환경과 시대와 상황에 따라 존재를 확인하고 생명의 영속성을 밝히며 최선의 삶을 추구하면서 자기를 형성해야 하는데 「늪 地帶」의 공간은 삶의 휴식, 치유, 재활이 불가능한 공간으로 그려지고 있다. 그것은 부조리한 사회와 현실에 대한 고발이다.

현대사회는 더 이상 신에게 의지할 필요성을 느끼지 않는다. 모든 인간이 추구하는 最善의 이데아는 인간의 문명과 전쟁에 의해 황무지가 되었고 이미 신에 의존하기를 거부하는 태도가 만연한 채 치유의 통로조차 막연한 풍경이 되고 말았다. 「늪 地帶」의 '귀먹은 공간,/ 석유가 뜬 늪'은 현존의 공간이며 현전의 부조리에 의해 존재자가 안식할 수 없는 곳이 된 것이다. 그러나 이렇게 오염되고 황폐화 된, 즉 부조리한 공간을 거부한다 해도 그곳이 삶의 공간이며 현실공간이기에 떠날 수도 없고 실존을 포기할 수는 없다. 여기서 시인은 좌절과 고뇌의 늪에 빠져나오지 못하는 실존의 한계상황을 그리고 싶었을 것이다.

> 한 줌의/ 銅錢을 뿌리듯/ 솟았다가 떨어지는/ 漢江僑의 새들/ 속에//
>
> 빌딩의 숲/ 아스팔트길에 흩어진/ 外米를 줍고/ 남대문에 사는/ 새/ 한 쌍쯤,//
>
> 추녀 끝/ 忍冬무늬 바람/ 위에서/ 五百年 業으로 닦아온/ 가락/ 그 아아한 소리를/ 잊은/ 새,//
>
> 빌딩의 窓마다/ 몇 字씩 새겨진/ 方言의/ 낯선 뜻을 기웃거리는/ 새,//
>
> 南大門에서 사는/ 새 한 쌍쯤,//
>
> 漢江僑의 새들/ 속에서/ 銅錢처럼 保護色으로/ 더러워지고 있을지도/ 모른다.
>
> -「南大門의 새」 전문

현재의 시간과 공간에 공존하면서도 소외된 존재는 그 자체가 비애이다. 「南大門의 새」는 두 가지의 비애가 대비되어 있다. 삶의 공간이 바뀌면서 본질마저 변질되는 실존의 역사성과 정체성의 비애가 그 하나이다. '漢江僑의 새들 속에', 남대문에 사는 새 한 쌍'은 서로 다른 본질을 가지고 태어난 존재들이다. '새'는 인간의 환치이다. 시인은 '五百年 業으로 닦아온/ 가락/ 그 아아한 소리를 잊은 새'의 역사성과 정체성에 대한 비애를 인간의 부조리한 삶으로 환치시켜 바라보고 있다.

'한 줌의/ 銅錢'이 황금만능을 상징하는 것이라면 '銅錢처럼 保護色으로' 더러워지고 있는 삶을 사는 시대의 공존자들에 대한 비애가 둘째이다. 이처럼 인간존재의 무의미함, 인간과 인간 사이의 의사소통의 불능, 인간의지의 무력함, 인간의 근본적인 물질성, 비생명성, 비역사성 등으로 규명되는 인간의 부조리 현상을 바라보는 시인은 '새'를 상징으로 실존의 비애를 역설적으로 그리고 있는 것이다.

나. 실존 의식과 주체성의 회복

실존주의가 불안을 거론하는 것은 불안의 정체를 정확하게 파악하고 그럼으로써 이 불안을 초극(超克)할 방도를 강구해 보기 위해서이다. 실존주의는 인간소외, 인간상실의 이 시대에 인간구제의 성스러운 사명을 띠고 등장하였고 세계에 유행한 것은 이성으로는 도저히 접근할 수 없는 인간의 심층을 그렇게 적나라하게 파헤쳐 주었기 때문이기도 하다. 1950년대 후반 이후 우리 문단의 사조에 있어 이러한 유행은 인간진단, 시대진단을 토대로 세기의 병을 고쳐줄 처방으로 실존주의에 기대했기 때문이라고 보는 것이 타당할 것이다.

사르트르는 인간이 존재한다는 것은 극히 자유로운 모습으로 태어난 인간이 그 자유를 구사하여 인간의 본질을 확립하지 않으면 안된다고 강조하면서 "실존은 본질에 우선한다"는 말을 했다. 본질을 겉으로 드러내어 당당하게 보여주는 것이 실존이다. 시인은 본질을 잊고 대상이나 상황에 예속되어가는 군상 속에서 자신의 실존에 대한 인식을 새롭게 탐구한다.

인간은 던져진 존재라고 하는 것은 니체의 "신은 죽었다"라는 사상에 연유한다. 신은 무든 존재의 근원이며 동시에 모든 가치의 근원이기도 하다.

따라서 신이 죽었다 함은 모든 존재와 가치가 그 근원을 잃어버렸다는 뜻이다. 이런 극한적인 상황을 하이데거는 던져져 있음(被投性)이라고 명명하였다. 우리의 생은 무(無) 위에 떠있다. 우리는 무(無) 위에 던져진 존재에 불과한 것이다. 김명배 시인은 피투성의 근원을 거슬러 실존의 정체를 탐색하면서 실존의식과 주체성을 회복하려는 의지를 보여준다.

> 어둠을 찢어 우는 여원 모가지와 내 긴 목 빼어 소리소리 울면 덩달아 울어대는 골짜기와, 산과 하늘과 마구 부서져 내려앉는 벌판과 쏟아지는 별, 어찌 자고 서른 번을 넘어 울다 내 나이 부끄러워 고개를 떨구면 땅, 살아있는 땅.
> -中略-
> 풋병아리 목청을 돋군다. 용마루 위에 붉은 볏 세우고 길길이 울면 일제히 목을 뽑는 이 저 마을. 이윽고 틔어올 가슴 둘레 마음 두울레. 밤 없는 태양 앞에 천년 검은 숨이 한 마당 죽어갈 것을……
> -「東方의 닭」1연, 5연

「東方의 닭」의 신화원형 구조론을 근거로 연구한 결과에서 구조는 탄생(봄)→성정(여름)→늙음(가을)→죽음(겨울)→그리고 재생(봄)이라는 자연과 인간의 순환원리이다. 이미지들은 인류가 지녀온 원형경험을 사실적으로 묘사하고 있다. 시의 의미면에서 보면 공간과 시간, 태초와 먼 미래 그리고 자연과 문화를 총체적으로 재생시키고 정화시켜주고, 하늘과 땅, 태초와 광음, 음과 양이 모든 것을 풋병아리에 응집시켜서 우리들에게 잃어버린 영원한 고향을 되돌려 주고 있다[13]고 하였다. 이를 실존주의적 관점에서 본다면 「東方의 닭」은 피투성의 세계에 대한 실존의 근원을 밝혀주는 역사서와 같다. '내 긴 목 빼어 소리소리 울면 덩달아 울어대는' 현상은 존재의 확인을 밝혀주는 것으로 해석할 수 있다.

---

13 김혜니, 「김명배 시의 신화원형구조」, 앞의 책, p314

실존자의 울음을 대자연이 받아주지만 실존자는 삶의 허무감과 수치와 좌절을 '서른 번을 넘어 울다 내 나이 부끄러워 고개를 떨구면'서 그가 서 있는 '살아있는 땅'을 의식한다. 생략된 2연에서는 태초부터 현재까지 실존자의 조상이 살았던 땅을 의식하면서 '東方에 門드려 지켜온 여기'가 존재의 공간임을 확인한다. 3연에는 '흰 옷 다려 입고 두리두리 두레먹는 날 춤추어지는' 한 때 평온했던 現前의 한때를 그려내고 4연에는 '언젠가 그때부터 끈덕진 어둠이' 불안과 부조리의 그림자가 깔리는 것에 '어둠을 쫓고 싶은 깃발을 올리고 울대 세워 목뼈 흐느끼'며 저항하는 의지를 보여준다. 드디어 5연에서는 '풋병아리 목청을 돋'구는 저항의식을 드러낸다. 던져진 존재이지만 실존을 어둡게 하는 모든 부조리 상황에 맞서려는 의지는 '천년 검은 숨이 한 마당 죽어갈 것을……'을 예견하고 있지만 영혼과 실존을 증명하기 위한 주체의 저항의식이 목청을 돋우고 있는 것이다.

    허공을 요란하게 울고 있었다. 순간 부서지며 꺽이면서 彌勒마냥 서 있는 나에게 겹겹이 밀려오고 있었다. 어느덧 나는 어떤 姿勢를 가져야 할지 모르고 있었다.-中略-
    아무래도 또 한 번은 살육이 일고야 말 듯한 그 아래 나는 무엇을 어떻게 들어야 할지 모르고 있었다. 어느날, 꼭 그런 소리로 들리고 있었다. 四月의 밤 꽃송이 피어나는 소리처럼 燦爛한 …… 그 소리는 아직도 먼곳에 자라는 소리, 날아가는 새, 피는 꽃, 焦土 위에 귀 대어도 들리는 소리, 소리,
  -「소리 Ⅰ」부분

「소리·Ⅰ」에서 시인은 실존을 위한 저항의 울림을 듣게 된다. 폐허를 딛고 일어서서 생명의 근원에 도달하려는 시인의 강력한 생의 의지를 바탕으로 소리와 침묵의 변증법적 시학을 펼치고 있는 「소리·Ⅰ」은 현실에 대한 부정 인식과 그것에 대처하는 초극의지에 그 실천적 모티브를 두고 있다.
시인은 '나는 무엇을 어떻게 들어야 할지 모르고 있었다. 어느날', '먼곳에

자라는 소리, 날아가는 새, 피는 꽃, 焦土 위에 귀 대어도 들리는 소리'를 들을 수 있는 능력을 보여준다. 이런 초극의 능력과 의지를 가진 자를 야스퍼스는 '포괄자'라 하였다. '포괄자'는 현실에 대한 좌절로부터 무엇인가 초월적인 대상, 즉 신같은 존재가 아니다. 인간은 세계를 객관적 전체로 받아들이는 것이 불가능하고, 세계 전체를 내다보는 것도 불가능하며 이성에는 한계가 있다는 것을 깊이 깨달아야 한다. 그리고 한계상황에 직면해서 좌절을 체험하는 것에 의해서만 이성의 한계 이면에 모습을 드러내는 '포괄자'를 자각할 수 있다. '포괄자'는 우리 삶의 지평이며 기반이기도 하다.[14] 그 대처방안으로 시인은 현실도피가 아닌 대결정신을 택하고 있다.

실존주의가 요구하는 것은 일반적 명제나 논리적 체계의 확립이 아니라 영혼 스스로의 결단이며 선택이다. 「동방의 닭」과 「소리·Ⅰ」에서 시인은 논증이나 증명이 아니라 영혼으로 하여금 본래의 자기 실존을 깨닫게 하고 거기까지 비약케 하는 실존의지를 회복한다.

照明이 켜지다./室內 혹은 나의 內面에서//

窓이 닫힌다./ 빗방울을 몰고 오는 바람에/ 窓이 닫힌다.//

照明이 켜진 室內에서/ 머리를 푸는 古典,/ 行間에서 음성이 살아난다.//

靑瓷 곁에서 생각하는 刻像// 엄숙하다//

깊은 동굴로부터 울려오는/ 가라앉은 靑銅色 음성의 深奧性.//

말씀을 듣는다

－「청동색·Ⅰ」전문

가장자리를 물들이는 落照.//

벤취에서/ 찬란한 畵帖을 덮는다//

구석으로 몰리는 休紙./ 그림자가 떨어진다.//

---

14 발리스 듀스, 「현대사상」, 남도현 역, 개마고원, 2002, p66

비문의/ 青銅色 淸朝體/ 가을 깊은 고딕의 階段,//

풀열매 까만 씨앗이/ 흩어져 빛난다.//

구겨져 버린 詩,/ 구석으로 몰리는 休紙에/ 後光이 머문다.

-「청동색·Ⅱ」전문

시인은 시원적 사유를 사유한다. 이 사유가 詩作하는 일이다. 이 詩作을 통하여 '내가 그 속에 있는 존재하고 있는 바 그 존재의 관계를 이야기하고 그림으로써 타자와 그것을 공유하게 되는, 나누어 갖는 일'이 이루어지는 것이다. 시의 공간 안에서 우리는 자아 가운데 타자의 現前을, 다른 것 가운데 자아의 현전을 경험할 수 있게 된다.[15]

「청동색·Ⅰ」에서 시인은 하루의 분주하고 고단한 일상에서 돌아온 밤 시간에 본질적인 자아와 고독하게 마주하고 있다. 낮의 시간이 함축하고 있는 현실적이고 세속적인 모든 사회적 자아의 탈을 벗어버리고, 밤의 시간에 본질적인 자아의 참모습을 드러낸다. 그리하여 내면의 등불을 밝히고 고독한 모습으로 정신적 사유에 몰입한다. 이러한 시인의 참모습은 값있고 진중하고 빛나는 고전의 존재가 아닐 수 없다.[16] '깊은 동굴로부터 울려오는/ 가라앉은 青銅色 음성의 深奧性'을 깨우쳐 듣는 시인은 황량하고 허무하고 고단한 현실 공간에서 다시 '포괄자'가 되어 실존의 의지와 주체적 존재의식을 밝힌다.

「청동색·Ⅱ」는 빛의 이미지가 선명하다. '낮/밤', '한복판/구석', '落照/찬란한 畵帖', '그림자/후광'이 이항대립을 보이며 공존하고 있지만 결국은 시들지 않는 영혼과 의지가 빛나고 있음을 그려내고 있다. 아울러 고뇌하는 지성적 존재의식이 살아나고 있음을 보여준다. 시인이 '비문의 青銅色 淸朝體'를 새기는 것은 실존의지의 기록이다.

돌은 절대 고독과 단절, 침묵과 부동성의 표상 바로 그것이다. 나아가 돌

---

15 김진국, 「새의 비상-그 존재론적 환열」, 『현상학』, 박이문외, 고려원, 1992 p137

16 김혜니, 「김명배 시 공간의 상상구조 연구」, 앞의 책, p271

은 모든 것이 사라진 후에 남는 최후의 자연물로써[17] 세계의 핵이라 할 수 있다 이러한 돌의 세계는 시인의 내밀한 피난처가 된다. 시인은 육체의 유연함, 현실의 번거로움을 돌의 무한함과 고요함에 의해 위로받고자 하는 것이다. 그리하여 시세계의 영원함을 획득하고자 돌 위에 문자를 새긴다.[18] 실존의 애환 속에서 '비문의 靑銅色 淸朝體', '씨앗이 흩어져 빛난다', '휴지에 後光이 머문다'는 것을 상징적으로 드러내는 것은, 현실 상황에서 부조리, 허무, 고통, 신념, 미신, 존재, 구속, 우연성, 에 의해 좌절하기 쉬운 실존의 역동적 초월의지의 흔적으로 볼 수 있다.

다. 이방인, 그리고 대자적 실존

우체통 근처에서/名銜을 받고 낯설어진/ 옛친구와/ 헤어지다.//
신문광고에서 본 듯한/ 이름과/ 증명판 사진의/ 얼굴/ 얼굴들//
흩어지고/ 모이고/ 하루의 긴 行列이/ 빠져 나가다//
거리는 샌드위치맨/ 목을 빼고/ 소리소리 외치는/ 看板의 方言들,//
문자들이 와글거리는/ 틈바구니에서/ 손톱이 긴 倦怠가/ 걸어/나오다.//
-생략-
뒤뚱거리는 거리/ 非構成의 거리,//
廣告 같은 生活의 거리를/ 지나면/ 반면의 세계는/ 훨씬 가까이 있고//
친한 친구가/ 자꾸만 낯설어진다.
-「非構成」부분

「非構成」은 일상적인 도시에서 거리 풍경의 한 정면을 드라마처럼 사실적으로 보여줌으로써 비인간적이고 왜곡된 현대문명의 모습을 간접화하

---

17 이부영, 『분석심리학』, 일조각, 1978 김혜니, 앞의 책에서 재 인용
18 김혜니, 「김명배 시 공간의 상상구조 연구」, 앞의 책, p277

여 암시적으로 드러내고 있을 뿐 자신의 어떠한 감정도, 가치판단도 드러내지 않고 있다.[19] 하루하루 의미 없는 생활, 의지와는 무관한 세계, 무관심한 타자들의 거리에서 시인은 이방인 된다. '낯설어진 옛 친구', '낯설어진 이웃 친구' 와 헤어지면서 '친한 친구가 자꾸만 낯설어'지는 화자는 對自的 존재이다. 그런데 대자적 존재인 화자는 '소리소리 외치는 간판', '와글거리는 문자'와 같은 모든 기호체계와 '텔레비젼', '마이크', '벽보', '주간지'와 같은 전달매체들 조차 혼란을 가중시키는 무익한 대상으로 받아들이고 있다. 화자는 '뒤퉁거리는 거리/ 비구성의 거리' 살면서 실존의 일상이 가치롭지 못하고 따분하리만큼 반복되고 의미 없이 혼란스러운 현상들에 대한 불만 해소의 돌파구를 찾지 못하고 있다. '흩어지고/ 모이고/ 하루의 긴 行列', '손톱이 긴 倦怠;와 같이 일상의 불만과 방황을 상징으로 보여주고 있다. 그러나 현존에 권태를 느끼는 시인은 타자와의 관계를 회복을 차단하고 스스로 자유로운 상태의 이방인이 된 것이다.

　사르트르는 『존재와 무』에서 對自的 존재는 인간으로서의 존재이며 의식이 있다는 데 그 특징이 있다고 하였다. 아울러 그 존재의식 내에 부족함 혹은 결함을 내포하고 있는 존재이다. 다시 말하면 의식을 가짐으로써 인간은 자신에 대해서 언제나 불만과 공허를 갖고 있게 마련이라는 것이다. 이에 반해 즉자적 존재는 사람을 제외한 모든 존재이며 의식이 없다. 의식이 없는 존재는 현재를 넘어서 미래를 계획하고 욕망하는 가능성이 전혀 없으므로 언제나 현상태에 전적으로 만족하고 있는 존재이다.

　타인은 일단 對自的 존재이지만 나에게는 즉자적 존재와 똑같이 대상화된다. 즉 나의 의식에는 다른 사람도 하나의 사물존재와 마찬가지로 비친다. 그러나 타인은 즉자적 존재가 아니기 때문에 타인 역시 나를 사물존재처럼 대상화 할 수 있다. 그래서 타인의 시선은 내게 사뭇 위협적이다.[20] '신

19　한성우, 「정신주의적 서정의 미적 형상화」, 앞의 책 p.32
20　남경태, 『철학』,들녘, 2007,p447

문광고에서 본 듯한 이름과 증명판 사진의 얼굴 얼굴들'이 '자꾸만 낯설어'지는 것은 對自的 존재에서 즉자적 존재로 추락하는 것에 대한 실존의 불안감의 표출이다. 시인은 이런 감정을 무표정한 태도로 그려내고 있다. 이처럼 실존에 대한 불안은 김명배의 초기시 곳곳에 나타난다.

> 찻잔 위에 피어오르는/ 방황을 본다 // 室內에 자욱히 깔리는 / 音樂//
> 어둠이 켜지는 刻像 의 눈/ 속으로/ 대로에 뛰어든 하루살이의/ 混亂이 든다//
> -中略-
> 악수처럼 헤픈 찻잔의 뜨거운 입술을/ 어느 탁상에서/ 흥정하고 있는가//
> 靜寂은 검정발로/ 밟는다
> -「茶房에서」 일부

> 어딜 보나 나는/ 상점의 旣成服/ 누구나 맞고/ 누구나 맞지 않는/ 족보 속의 한 사람일뿐이다./ 어딜 보나 나는/ 나일 뿐이다
> -「視線」 일부

이성적 존재로서의 인간과 인간을 둘러싸고 있는 세계의 비합리성 사이에서 빚어지는 모순의 감정이 부조리이다. 이 부조리감은 누구에게나 불시에 찾아오는 것으로 4가지 경우에서 일어난다.[21] 카뮈는 부조리한 삶에 처하여 그 모순을 합리화시키거나 논리화로 피해버리는 자기기만에서 벗어나

---

21 1. 많은 사람의 생활은 기계적이다. 그 자신이 자신의 존재의 가치와 목적에 대해 의심을 일으킨다. 부조리의 예고다.
   2. 시간의 흐름에 따라 예리한 감각, 혹은 시간이 파괴라는 인식
   3. 낯선 세계에 남겨져 있다는 감정, 나쁜 이유로 설명되는 세계라도 친근한 세계라고 까뮈는 말한다. 환상과 통찰력이 가지기 제거된 세계에서 사람은 자신을 이방인이라고 느낀다. 가장 강렬한 경우 이 소외감은 구토할 지경에까지 이른다. 그때 돌, 나무처럼 이름에 의해 일상 '길들여진' 낯익은 사물들도 친근성을 탈취당한다
   4. 타자로부터의 단절감

삶 그 자체를 긍정하는 태도가 반항이라고 하였다.

시「茶房에서」는 군더더기 없이 배열된 詩語와 시적공간의 어지러운 이미지들이 상반된 모습으로 나타나 있다. 시인의 실존의식과 태도는 부조리와 타협하거나 회피하려하지 않는다. 그러나 적극적인 반항의 태도를 취하지도 않는다. 불만족과 부조리와 타락의 대상을 對自的 실존자로서 인내를 감수한다. '대로에 뛰어든 하루살이의 혼란'과 같은 삶이 '정적은 검정발로 나를 밟는다'는 한계상황까지 다다른다. 부조리에 대한 참된 반항은 침묵이며 실존을 바로 세우는 일인 것이다.

「視線」에서는 '나'의 실존의 의미를 포착하여 재구성하는 企投性으로 '어딜 보나 나는/ 나일 뿐이다'며 실존의 불안을 극복하는 태도를 보여준다. 김명배 시인은 시를 통해서 삶에 대한 종합적이며 포괄적인 체험과 실존 의미와 가치를 사유하는 모습을 진솔하게 펼쳐 보인 것이다.

3. 결론

김명배 시인은 1973년에 첫 시집 『청동색 음성』이후 10년을 주기로 각각 2권의 시집을 발간했다. 1970년대에 발표한 『청동색 음성』, 『둘째의 공간』에는 부조리하고 오염되어가는 삶의 터전, 즉 도시, 거리, 인공의 대상에서 '나'의 존재를 확인하는 실존탐구의 고뇌를, 1980년대 시집 『바람아 바람아』, 『소리가 있는 풍경』은 유년의 고향과 山寺의 자연물에 불특정의 그리움과 기다림의 정서를 비추면서 실존의 불안과 부조리의식을 벗어내고, 1990년대 이후『사랑하기 없기』, 『이빠진산 두 봉우리』에서는 고독과 친해지면서 사물과 현상의 모난 부분을 부드럽게 감싸는 정서와 어조로써 達觀과 同化의 숙연한 이미지를 접하게 된다.

본고는 시기별로 다른 특색과 정서를 보이는 김명배 시인의 작품세계 전반적으로 다루기 위한 출발선상에 선다는 데 의미를 두고 『靑銅色 音聲』을 텍스트로 하여 초기시의 실존주의 양상을 살펴본 것이다.

  1950년대 후반 한국전쟁 이후 지식인들의 호응을 얻으면서 논쟁과 비평, 작품 창작활동이 활발하게 전개된 실존주의 문학은 김명배 시인에게도 영향을 끼쳤을 것이다. 그의 초기시에는 실존문학에 傾倒되었거나 이를 의도적으로 추구하지 않은 것으로 판단되지만 현상과 대상을 실존주의적 관점으로 형상화한 증거는 수월하게 찾아낼 수 있었다. 그리고 실존주의 양상을 첫째, 지성적 존재자의 고뇌하는 실존 둘째, 실존 의식과 주체성의 회복 셋째, 이방인, 그리고 대자적 실존이라는 주제로 구분하였다.

  지성적 존재자의 고뇌하는 실존으로 제시한 「分身」은 자존의 갈등에서 좌절하고 고립된 모더니스트의 문명비판의 단면과 해소되지 않는 불안한 내면세계를 묘사하고 있는 것으로 파악하였고 「늪 地帶」에서는 부조리에 의해 존재자가 안식할 수 없는 오염되고 황폐화 된, 삶의 공간이 현실공간이기에 실존을 포기할 수는 없는 상황과 좌절과 고뇌의 늪에 빠져나오지 못하는 실존의 한계를 발견하였다. 「南大門의 새」는 삶의 공간이 바뀌면서 본질마저 변질되는 실존의 역사성과 정체성의 비애와 더러워지고 있는 삶을 사는 시대의 공존자들에 대한 비애를 논의로 삼았다. 실존의식과 주체성의 회복을 보여주는 작품으로 「東方의 닭」에서 피투성의 존재이지만 실존을 어둡게 하는 모든 상황들에 맞서려는 의지와 영혼과 실존을 증명하기 위한 주체의 저항의식이 목청을 돋구고 있는 것으로 해석하였고, 「소리 I」에서는 영혼으로 하여금 본래의 자기 실존을 깨닫고 거기까지 비약 하는 실존의지를 회복하는 모습을, 「靑銅色·I」, 「靑銅色·II」에서는 현실 상황에서 허무, 고통, 존재, 구속, 우연성 등에 의해 좌절하기 쉬운 실존의 역동적 초월의지의 흔적을 조명하였다. 이방인, 그리고 대자적 실존에 관한 논의는 「非構成」, 「茶房에서」를 통해 불만족과 권태를 회피하지 않고 현실의 문제로 받아들이면서 스스로 방관자가 되어가는 이유를 사르트르의 對自와 卽自에 대비시켜 불만족과 부조리와 타락의 군상과 관계 앞에 대자적 실존자로서 인내를 감수한다는 특징을 찾아보았다.

김명배 초기시의 실존주의 양상 고찰은 그의 시의 곳곳에 숨겨져 있는 실존주의적 특성에 反하는 불안과 부조리의 정체를 파악하고, 어떤 의식으로 초극(超克)할 방도를 詩作品으로 어떻게 형상화 했는지 찾는 작업이었다. 그의 작품세계가 적극적 저항인 앙가주망으로 발전하지 않은 점은 참여보다는 서정의 세계를 지향하는 개인적 성향에서 비롯되는 것으로 짐작된다.

그의 초기시의 실존주의 양상은 사르트르보다는 까뮈의 태도에 가깝다고 볼 수 있다. 김명배 시인은 사회운동가가 아니고 철학적 사유의 세계에 심취하지도 않는다. 그는 부조리한 시대를 살아가는 지성의 실존으로서 부조리한 사회에 속해 있으면서 도피나 단절을 도모하기보다는 詩를 통해 자신의 실존에 대한 인식을 새롭게 탐구하면서 부조리한 사회에 저항한 것이다. 그렇게 詩로써 저항하는 그의 실존은 시인의 본질을 추구하며 현재에도 활발한 작품활동을 펼치고 있다.

앞에서 서술한 바와 같이 본고는 김명배 초기 시만을 텍스트로 정하였고 주제는 실존주의 양상으로 한정하였다. 이 글은 김명배 시인의 작품세계를 탐구하는 작업의 출발선에서 두세 발짝을 내디딘 정도라 여긴다. 지금은 고인이 된 김명배 시인의 작품세계에 많은 연구자들의 자취가 남겨지기를 말미에 희망으로 새긴다.

※ 참고문헌은 각주로 대신함

2. 童心과 선비정신의 이중주

- 유동삼의 시세계

1. 시작하며

시조 부흥론을 전개되었던 1920년대 최남선은 '문학으로의 시조, 시로서의 시조가 한 민족의 독특한 형식으로 그 민족의 독특한 정의를 담기에 가장 적당하며 다른 데서는 볼 수 없는 독특한 일종의 의미를 함유 것이기에 문화적으로 의미와 가치를 가질 것'[1]이라고 시조론을 밝혔다. 이후 우리나라 시조의 전통을 계승 발전시킨 대표적인 인물로 위당 정인보, 가람 이병기, 노산 이은상, 도남 조윤제, 이호우 등을 꼽을 수 있다.

현대시조 시인 중 이들의 맥을 잇는 시인을 조망해 보면 대전에서 제2의 시조부흥의 뜻을 펼치며 40여년이 넘도록 시조창작을 해 온 유동삼을 거론하지 않을 수 없다. 그의 시조는 한글을 읽고 쓸 줄 안다면 시인이 말하고자 하는 바를 고심하지 않아도 쉽게 읽어 낼 수 있다. 그는 삶의 주변에서 흔히 볼 수 있는 대상이나 현상에 대해 평이한 시어와 자상한 어조로 시조를 창작해 온 것이다.

---

[1] 최남선, 「조선 국민문학으로서의 시조」, 『조선문단』 16호, 1926. 5

유동삼은 1962년 동아일보에 시조 「소쩍새」가 입상·발표되면서 본격적인 시조창작을 해왔고 첫 시조집 『유동삼 시조집』(1967)을 낸 이래 『꽃마을』(1970), 『새꽃밭』(1981), 『집게손가락』(1990), 『물이랑 바위랑』(1996년), 『소쩍새』(2002) 등 6권의 시조집을 발간하였다. 유동삼은 6권의 시집에서 정형의 틀을 철저히 지켜왔다.

　　세 번째 시조집인 『새꽃밭』 중에서 「자귀나무 꽃」, 「기차 안 독서실」, 「시계」 세 편이 사설시조의 형태를 보인 것을 제외하고 평시조의 중심을 잃지 않고 정형의 품격을 흐트러짐 없이 유지한 것이다. 현대시조의 유형이 자유시와 다를 바 없는 사설시조가 많이 창작되고 있어 시조의 경계를 희미하게 하고 있다는 점에 비하면 그의 시조의 형식에 있어서 엄격하게 정형을 지키려 노력했다는 사실을 알 수 있다.

　　자유시의 유행에 밀려 시조문학이 관심 밖으로 밀려 있는 동안 그는 3장 6구의 정형을 고수하면서 40년이 넘은 세월동안 평시조와 연시조만을 창작해 온 점은 가람 이병기의 맥을 잇고 있음을[2] 보여주는 것이다. 이에 비해 40년이 넘은 그의 창작활동에 대한 평가나 시조세계의 독창성에 대한 연구는 그리 활발하게 펼쳐지지 않은 것 같다.

　　최근에야 유동삼의 작가로서의 면모와 작품세계에 관해 정리된 자료가 발간되었다. 정리된 자료의 내용은 '사상이나 교훈들이 겉으로 드러나 독자들이 자의적 해석을 할 빈자리가 없기 때문에 채워 읽을 필요가 없다는 점에서 동시조에 가깝다.'[3]는 평을 비롯해서 '올곧은 생활. 긍정적 태도를 견지하고 자연사랑에 대한 작품이 많고, 깔끔함, 청결함 등을 주조로 하는 작품이 많고 이는 선비의식을 생활화 하고 있는 점'[4], '아주 평이한 일상어를 통해 의인적이고 만화적인 기법으로 누가 읽어도 바로 뜻을 알 수 있도록 난해성을

2　본고 〈Ⅲ. 흐르는 물처럼 따뜻한 바위처럼〉에서 재론함

3　신웅순, 「타자를 위한 평화의 시학」, 『유동삼의 시조와 삶』, 오늘의문학사, 2003, p49

4　리헌석, 「진실이 주는 문학적 갈등」, 위의 책, p44

극복했다는 점[5], '우리 말글을 끔찍이 사랑하여 국어 바로 쓰기를 작품에 구현한 점'[6] 등으로 유동삼 시조의 특색을 거론한 자료가 정리된 것이다. 그러나 이들의 평가는 유동삼의 작품 해설적 차원에 머물고 있는 상태이다.

한 시인의 작품을 읽는 일은 시인의 삶과 사상을 읽는 것과 같다. 시인은 자신이 살아온 대자연과 소속한 사회의 현상 속에서 경험, 상상, 비유를 통해 구체적이고 생동감 있는 의미와 사상을 시로 나타낸다. 또한 스스로 만족할 수 있는 날까지 대상과 현상을 쉼 없이 대화를 나누며 애정과 애증의 감정을 작품에 용해시킨다. 시인의 사상과 정서와 상상력이 작품에 나타나고 우리는 이를 한 눈에 감상하게 되는 것이다.

대부분 시인들은 자연과 사람을 시적 대상으로 삼는다. 유동삼도 자연과 사람을 시적 대상으로 하는 범주에서 벗어나지 않고 있다. 그는 대자연의 풍광에 심취한 감정의 묘사보다는 꽃, 식물, 작은 동물들을 시적 대상으로의 다루면서 우리에게 생명을 소중함과 자연의 질서를 일깨워 준다. 그의 시조에 나오는 사람은 주로 가족을 대상으로 禮와 孝의 중요성을 시조로 가르쳐준다. 그는 자연 속의 생명을 가진 생물체, 예와 효를 근본으로 하는 사람들의 이야기기를 통해 교훈적인 작품을 많이 보여주고 있는데 이는 시조의 향유층을 어린이까지 확대한 결과이다.

유동삼의 시조에는 유교사상을 실천하고 계몽하는 선비정신이 두드러지게 나타난다. 그의 시조 전편을 헤아려 봐도 로맨틱한 정서나 센티멘탈한 분위기를 찾아볼 수 없다. 시조가 발생했던 시기부터 시조 창작이 활발했던 조선시대에도 戀情의 그리움이나 고독을 노래한 시조가 많았다. 이러한 작품들은 현재도 애송되고 창작되고 있다 그러나 그의 시조에는 로맨티즘이나 센티멘탈리즘 같은 俗人의 감정이 절제되어 있다. 그 바탕에는 사사

---

5 조근호, 「평이에 사상을 담은 운율미의 진수」, 앞의 책, p78
6 장사봉, 「소박한 사랑의 꽃다발」, 위의 책, p72

로운 감정에 치우치거나 흔들리지 않는 의연한 선비정신이 중심을 이루고 있기 때문이다.

이 글에서는 유동삼 시인의 작품세계를 둘로 구분하였다. 첫째, 동시조류에서는 자연과 인물을 대상으로 정서와 목적을 어떻게 나타내고 있는지, 둘째, 시조에서는 선비정신이 작품에 어떤 양상으로 나타났는지 찾아보면서 그만이 가진 특성과 그의 문학세계의 지향점을 살펴보고자 한다.

2. 동심의 꽃밭

가. 평안하고 순수한 세계의 풍경

유동삼의 시조를 대하면 처음 갖게 되는 인상은 쉽다는 것이다. 화려한 修辭, 즉 언어에 장식을 하지 않은 않은 詩句를 대하면 시인이 시적 대상을 통해 전하고자 하는 주제를 고심하지 않아도 쉽게 이해할 수 있다. 유동삼의 시조가 쉽다는 점은 그의 시조작품을 몇 편만 살펴보아도 누구나 공감할 수 있는 특징이라 할 수 있다. 이런 특징은 평자들에 의해 童時調라는 평가를 받고 있으며 그 자신도 이 점에 수긍하면서 동시조의 창작이 시조 부흥과 시조문학의 저변확대를 위한 방편임 밝히고 있다.

> 학생들에게 시조를 쓰이기 위해서 그들에게 시심을 불러 일으키기 위해서, 그들의 가슴에 시조의 연탄불을 붙이기 위해서 쏘시개 노릇을 할 본보기 글을 지은 것이라 말해도 좋을 것이다. 그래서인지 내 작품을 간혹 동시조라고 말하는 이가 있다. 원래 어른들이나 좋아하던 것이지만 이 보배스러운 것을 모든 사람에게 좋아하도록 한다면 얼마나 좋은 것이겠는가! 어린이들에게도 그 가슴에 시조의 씨앗을 심을 수 있을 것이 아닌가
>
> -『집게손가락』서문에서

유동삼의 시조집에는 동시조와 성인을 대상으로 하는 시조를 따로 구별하지 않고 있다. 그는 시조의 독자층을 성인으로만 보고 있는 것이 아니라 우리말을 읽고 쓸 수 있는 어린이까지 대상으로 포함한 것이다. 그는 동심을 가장하고 시조를 쓴 것이 아니고 동심의 상태로 시조를 창작한 것이다. 위의 설명을 통해 엿볼 수 있는 시조문학에 대한 유동삼의 열정은 어느 시조시인도 따를 수 없을 것이다.

그의 시조를 읽다보면 절로 동심의 세계에 빠져들게 된다. 연령을 굳이 헤아려 본다면 예닐곱살 정도의 동심에서 시적 대상을 관찰하고 현상들을 읽으며 그의 시세계에 몰입되어 가고 있음을 깨닫게 된다. 율격이나 의미에 대해 고심할 필요 없이 편하게 읽을 수 있고 주제의식을 쉽게 파악할 수 있게 된다.

> 고운 꽃 고운 잎을
> 혹시 누가 건딜까봐,
>
> 온 몸에 가시 돋쳐
> 제 몸만 지키느냐?
>
> 욕장이 심술꾸러기
> 한 번씩만 질러라
> -「꽃기린」 전문
>
> 아늑한 품 안처럼 참새도 쉬러 온다
> 잎 다 진 겨울에도 못 잊어 모여 든다
> 먼 하늘 날아다니다 지치거든 또 오너라.
> -「느티나무」 1연

유동삼은 대상을 섬세하고 따뜻한 시선으로 바라본다. 그리고 자문자답의 말놀이로 대상을 묘사하고 대상의 속성을 드러내면서 객체와 관계를 맺는다.

「꽃기린」에서 '고운 꽃 고운 잎'과 '욕장이 심술쟁이'는 서로 대립 관계로 설정되어있다. 그러나 이 대립관계는 敵意를 가지고 있지 않다. 유동삼 시의 대상들은 무엇을 탓하거나 원망하지 않는다. 보는 바와 같이 재치와 정감이 흐른다. 그러면서 교훈적인 진술을 빠뜨리지 않는다. '고운 꽃 고운 잎'을 인간이 지녀야 할 正道, 즉 올바른 정신과 태도의 상징으로 볼 때 '누가 건딜까봐'는 不道德의 유혹 또는 행동을 상징하는 것으로 볼 수 있다. 종장에서 不道德의 실체는 '욕장이 심술꾸러기'로 구체화 된다. '온 몸에 가시 돋쳐 제 몸만 지키'는 주체와 '욕장이 심술꾸러기'의 객체 모두에게 一戒와 一針을 준다. 딱딱하고 날카로운 이미지의 '가시'로 '한 번만 찔러라'는 장난기가 발동한 듯 재치를 발휘하면서 우리에게 부드럽고 재미있는 가르침을 주고 있다. 「꽃기린」은 대상의 속성을 일상적인 언어로 묘사하면서 따뜻한 동심의 시선으로 대상을 관찰하며 위트와 함께 시조의 재미를 더해 준다.

「느티나무」는 편안하다. 작고 귀엽고 천방지축인 어린이들의 활동적인 이미지가 移動態의 '참새'로 묘사되었다. 의인화된 '느티나무'는 따뜻하고 넉넉한 마음을 가진 固定態로 '참새'의 이동태와 조화를 이루고 있다. '아늑한 품 안'과 '잎 다 진 겨울'의 對句, '쉬러 온다'와 '모여 든다'의 對句는 3장6구의 평시조의 정형성을 지키는 전형을 보여주는 구절이라 할 수 있다. 종장의에서 '지치거든 또 오너라'는 시인의 포용적인 마음을 보여준다.

대자연 속에 살고 있는 모든 생명체가 조화를 이루고 살기를 바라는 시인의 마음을 읽을 수 있고 베푸는 마음의 온기를 자연스럽게 느끼게 한다. 시인은 자연물을 통해 무기교의 가르침으로 상생의 조화와 베풂의 온기를 전해준다. 시인은 대상을 섬세하고 따뜻한 마음으로 관찰하고 그에 대한 표현은 이처럼 화려한 수사로써 꾸밈을 생략하고 쉽고 재미있게 '꽃'을 가꾸고 세상이 온통 「꽃마을」이 되기를 바라고 있다. 그리고 마음에는 늘 「새꽃밭」을 가꾼다.

유동삼의 시조에서 독자를 동심의 세계로 끌어들이는 대표적인 시적 대상은 꽃, 식물, 사람이다. 식물, 꽃의 이미지는 화려하고 현란한 것이 아니라 우리 주변에서 흔히 찾아볼 수 있는 것을 대상으로 하고 그 표현도 일상 언어로 그려내고 있다. 그의 2, 3 시조집 제목을 『꽃마을』, 『새 꽃밭』로 정한 것으로 보아 꽃과 식물에 대한 애정이 남다르다는 것을 짐작할 수 있다.

    벌들아! 나비들아! 목마르지? 꿀물 줄까!
    아침에도 저녁에도 언제든지 다 좋단다.
    들락문 아예 업스으니 어서 들어 오너라

    먼저 와 다 먹고 남은 것 없거들랑,
    조금만 기다렸다 괴거든 들고 가렴
    꽃잎이 펄럭일 제는 떼를 지어 오너라.

    웃다가 춤추다가 향기도 뿌리다가,
    벌렸다 오므렸다 짙은 빛 꾸미는 뜻,
    벌나비 찾아 오기만 기다리는 한마음.
    -「꽃마음」 전문

「꽃마음」은 동심의 세계를 바라보는 꽃의 마음을 의인화 한 작품이다. '벌나비'는 작고 여리고 부지런한 생명체 모두를 의미하며, 꿈과 희망과 영양이 필요한 어린이의 상징임을 알 수 있다. 여느 작품과 마찬가지로 의미나 상징이 무엇인가 고민할 필요가 없는 평이한 일상 언어로 꽃의 속성을 '베풂'의 미덕으로 노래한 것이다.

「꽃마음」에서 의인화 된 '꽃'은 시인 자신이다. 시인은 꽃이 마음으로 '벌들아! 나비들아! 목마르지? 꿀물 줄까!'하면서 생물체의 가장 본능적인 욕구에 접근한다. 부르지 않아도 절로 날아드는 '벌나비'를 향해 꽃의 마음인 향기를 띄워 보내는 상태를 상상할 수 있다. '들락문 아예 업스으니'에서는 무욕의 자연을과 꾸밈없이 순수한 마음이 중첩되어 있음을 볼 수 있다. 과학적으로 본다면 꽃과 벌나비는 생리적인 관계, 번식의 매개체로 설명되고 말 것이다. 그러나 「꽃마음」에서는 누구에게나 열려 있고, 찾는 이에게 베풀어 주는 자연의 섭리를 배울 수 있고, 맑고 순수한 시인의 마음을 읽을 수 있다. '남은 것 없거들랑, 조금만 기다렸다 괴거든 들고 가렴'과 3연의 '기다리는 한마음'에서는 객체와 주체가 기다림의 여유까지 공유하고 있다. 받기 위해서 기다리고 있을 '벌나비'와 또 그것을 기다리는 꽃마음이 어우러져 생동감과 온정을 노래한 시인은 양보와 여유가 넘치는 그런 세상을 상상하고 그런 세상을 어린이들의 마음에 새겨주고 있다.

나. 따뜻한 가르침

그가 시조로 그려내고 노래한 꽃과 식물의 이름들은 200여 가지 가까이 된다. 그 꽃과 식물들은 우리 주변에서 흔히 본 것이어서 존재도 이름도 잊혀진 것들이 많다. 유동삼은 동심으로 꽃과 식물을 보고 그 꽃의 속성에 시인의 상상력을 불어 넣고, 삶의 지혜와 교훈을 담은 시조를 창작한다. 그리고 이런 꽃과 식물들에게서 우리 조상의 슬기와 정서를 발견하고 새로운 희망의 이미지를 만든다.

> 흰 눈발 온 산을/겨우내 다 덮어도//
> 진달래 품은 꿈은/한결로 변ㅎ지 말자//
> 봄바람 불어만 오면/이 산 저 산 수놓자
> - 「진달래」 전문

> 뱀밥이 먼저 나와 바람 타고 씨 퍼드려
> 무너질 언덕을 흙 한 줌 지키면서

내년 봄 홀씨 주머니 가꿔가는 푸른 풀
- 「쇠뜨기」 1연

하양만 무리지면 할머니 모임 같고
분홍만 무리지면 누나들 노는 곳 같다
다섯색 어우러지면 색동옷처럼 고운 꽃
- 「과꽃」 3연

「진달래」에서는 추위를 이겨내고 '이 산 저산 수놓'는 진달래를 통해 어려움을 이겨낸 조상의 슬기와 끈질긴 민족성을, 「쇠뜨기」에서는 '무너질 언덕을 흙 한 줌 지키'는 모습은 외롭고 위태로운 고난의 극복의 의지와 생명력을, 「과꽃」에서는 '할머니 모임 같고' '누나들 노는 곳 같은'의 '하양'과 '분홍'의 색 대비와 함께 한국 여성의 순박한 이미지를 은은하게 그려낸다. 「진달래」에서 '봄바람 불어만 오면', 「쇠뜨기」의 '내년 봄 홀씨 주머니 가꿔가는', 「과꽃」에서 '다섯색 어우러지면'으로 서술된 종장에서는 하잘 것 없는 꽃, 식물에게서 밝고 역동적인 에너지를 포착해낸다. 그리고 고통스러웠던 과거를 이겨낸 결과로 미래의 풍요로움을 예견한다.

유동삼은 '내가 모은 시조에는 식물에 관한 것이 많다. 꽃과 나무와 풀들은 사람들을 풍부하게 살도록 해 주는 일을 하면서, 하나의 목숨을 가지고 있다. 그렇지만 자기를 자랑하는 말이나 어떤 소리를 가지고 제 표현을 하는 일이 없다. 고운 꽃 피워 놓고 말라서 죽어가면서도 아무 표현을 하지 않는다. 그래서 그들을 아끼는 마음에서 그들을 소재로 삼는 일이 많은지도 모른다'[7]며 식물의 생명을 소중히 여기고, 식물 스스로 표현하지 못하는 생성과 소멸의 기록을 그가 대신 남기고자 하는 사명감을 드러낸다. 이런 뜻을 담고 그려낸 꽃과 식물들은 우리들의 이웃의 모습이었고, 우리 삶의 의

---

7 유동삼, 『물이랑 바위랑』, 대교출판사, 1996, 서문에서 발췌

미였고 역사였으며 소박하고 겸손한 이미지로 나타난다. 그런 꽃과 식물의 이름을 예로 들면 할미꽃, 방가지똥, 매듭풀, 마타리, 할매질빵, 매듭풀, 꽃다지, 애기똥풀, 지칭개, 돌마늘, 접시꽃 등 이다.

 그는 기교를 부리지 않고 순박한 꽃이나 식물을 통해 눈에 익은, 귀에 익은 이야기들을 동심의 상태로 어린이들에게 전해준다.

  동기간 한 몸 같이 아끼며 보살피며
  준 것은 잊더라도 받은 은혜 잊지 말고
  서로가 도와가면서 한결같이 지내라

  하루 종일 놀더라도 논 표는 아니 나고
  도막 시간 책 읽으면 공부한 표 금방 난다
  하물며 매일 힘쓰면 뛰어나게 되는 법

  남의 것은 짚검불도 어려운 것이란다
  폐 안 되게 살아 가기 쉬운 일 아니란다
  신세를 지는 것보다 보태주며 살아라

  나 하고 싶은 일은 암만 해도 표 안 나고
  남 위해 하는 일은 작은 것도 표가 난다
  남들을 이롭게 하면 나도 빛이 나는 법
   -「할머니말씀」

 이 시조는 유동삼의 동시조 중에서 가장 널리 알려진 작품이다. 전통시가로서의 형식에서 벗어나지 않고 연시조로 자상한「할머니 말씀」을 생생하게 전해주고 있다. 개인의 소소한 감정 따위는 드러내지 않고, 문학적 장식을 별로 사용하지 않는 시인은「할머니말씀」에서 각 연마다 독립된 주제를 취하여 어린이들에게 꼭 전하고 싶은 교훈들을 일상의 용어로 전해주고 있다.

　송강 정철의「훈민가」를 현대적 감각으로 되살려 놓은 듯 한「할머니말씀」은 對句와 반복의 시어들로 친근감을 준다. 1연은 부모 가족 간에 지켜야 할 도리인 '효'에 대한 진술로「훈민가」16수 중 첫째 수인 '아바님 날 낳으시고 어마님 날 기르시니~'와 셋째 수 '형아 아우야 네 살 만져 보와~'와 유사하다. 2연은「훈민가」일곱 번째 수 '네 아들 효경 읽더니 어도록 배왓느니~'를 현대적인 상황으로 환기시켜 학문에 힘쓰기를 권유하고 3연은「훈민가」의 열 네 번째 수 '비록 못입어도 남의 옷 앗디 마라~'를 4연은 열덟번째 '마을 사람들아 옳은 일 하자스라~'를 더-발전시켜 '옳은 일'만 강조하지 않고 '보태주며' 살기를 권하고 있다.

　오랜 세월동안 갖은 일을 겪으며 살아오신「할머니 말씀」은 목적성이 표면에 드러나기에 예술적 가치를 높이는 데는 성공하지 못하였다. 그러나 이 시조는 유동삼의 동시조의 교훈적 특성을 대표한 작품이며 동심의 세계를 향한 시인의 애정과 노력은 높이 평가 받을만하다.

　　　밥상에 냉큼 올라와
　　　제멋대로 먹는다.　-「파리」중에서

　　　네키놈 창알머리없이
　　　병아리를 채느냐.　-「소리개」

　　　살찌고 약아지고
　　　제 세상인 양 기활이 좋다

　　　다니다 늘어붙어 버리는
　　　찐득이나 봐 볼까　-「서서방」

위의 예는 동물의 특징 중에서 부정적인 요소들을 묘사하면서 꾸짖는 시조이다. 유동삼은 꽃, 식물을 통해서 선하고 희망적인 이미지를 보인 반면 교활하고 해를 끼치는 행위에 대해서는 엄한 一聲을 가한다. '제 멋대로 먹는' 파리의 몰지각성, '병아리를 채'는 소리개의 몰염치성, '제 세상인양 기활 좋'은 쥐처럼 약삭빠르고 이기적인 행위가 없는 세상을 어린이들에게 만들어 주고 싶은 것이다. 그는 대상의 특징과 유해성을 희화하여 간접적 방법으로 꾸짖어 어린이들이 바른 심성을 가꾸는 교육자적 기질을 작품에 반영한 것이다.

> 그 손으로 무엇하러 모자를 벗고 쓰나
> 인사를 할 때마다 모자를 반쯤 멋었다 쓴다.
> 저 모자 저녁때에는 아주 검게 되겠네.
> -「연탄장수」전문

> 일부러 찾고 찾아 주머니 가득가득
> 저 혼자 야금야금 다 까먹고 앉았을 제
> 회오리 바람이 불어 눈에 흙을 넣는다.
> -「나무꾼」2연

앞서 다룬 자연물의 대상과는 달리 인물을 대상으로 한 작품은 도리와 예의에 관한 계몽성과 가족의 소중함을 주제로 하고 있다. 직업에 관한 선입관에서「연탄장수」는 선망의 대상이거나 인물이 되지 않는다. 그러나 유동삼은「연탄장수」의 행동을 통해 예상치 못한 교훈을 얻어내는데 성공하였다. '인사를 할 때마다 모자를 반쯤 멋었다 쓴다.'는 관찰은 禮의 실천이라는 교훈을 희화화 한 것이다. 인사성 좋은 사람으로 선정된「연탄장수」는 자신은 힘들지만 다른 사람은 따뜻하게 지낼 수 있게 해 줄 것이라는 긍정적인 상상과 친절한 사람일 것이라는 인상을 갖게 한다. 사람됨의 기준을

직업의 귀천으로 견주지 않고 예의 바른 행동에 둔다는 교훈을 준다. 종장의 '아주 검게 되겠네'의 염려는 「연탄장수」의 검은 이미지가 밝고 따뜻한 인정을 깨우치는 반전 효과를 배치한 것이다.

「나무꾼」의 주제는 '효'이다. 1연에서 '개암 주워 어머님께 드린다'던 나무꾼이 '저 혼자 야금야금 다 까먹고' 있는 행동은 생각과 행동이 일치하지 않은 불효이기에 '회오리 바람이 불어 눈에 흙을 넣는다.'처럼 벌을 받는다. 효도는 마음만 앞세우는 것이 아니라 행동이 따라야 한다는 점을 깨우쳐 주고 있다. 「나무꾼」에서는 '효'와 '불효'의 차이가 무엇이고 그에 대한 결과가 어떻게 되는지를 짧은 형식의 시조에 담아내는 시인의 재치와 위트가 돋보인다.

3. 흐르는 물처럼 따뜻한 바위처럼

가. 선비정신과 기품

유동삼은 자신의 時調觀에 대해 '우리의 고유한 국민문학인 동시에 우리의 자랑거리의 하나이다. 이 자랑거리가 학생들에게까지도 읽혀 짓게 하고 우리의 멋을 알게 하는 것은 꼭 필요한 이이며 이것은 우리 조상의 빛날 얼을 되살리는 일[8]이라고 설명한 바 있다. 그는 시조의 발전을 위해 시조를 이해하고 창작하는 대상의 확산을 위해 오랜 세월동안 노력해 왔다.

가람 이병기는 복잡한 현대인의 사고를 담기에 3장 6구 한 수로 그치는 것이 부족하므로 시조의 현대화를 위한 연작 시조론을 펼쳤다. 시조창작에 있어서 이론과 학문을 겸비하였고, 우리말 연구에 활발한 활동을 보였다는 점, 난초를 사랑하고 작품의 대상으로 삼았다는 점, 사범학교를 나와 많은 제자를 길렀다는 점 등은 유동삼의 행적을 비교할 때 많은 유사성을 제공한다. 민족의 얼을 되살리고, 전통성을 회복하는 창작 방법으로 시조를 본령으로 삼

8　유동삼, 「꽃마을」, 금강출판사, 1970, 서문

은 점은 가람에 유동삼을 비할 수 있는 가장 중요한 단서이다. 가람 이병기와 유동삼의 작품세계에 접근하면서 발견하게 되는 유사점은 '선비'라는 교양과 기품을 유지하려 했던 전형적인 문인이요 학자로서, 나름대로 조선조 선비문화의 전통을 잇고 현실적으로 실천하고자 노력한 점을 들 수 있다.

그의 행적은 시조를 민족시로 중흥시킨 가람 이병기와 유사한 점이 많다. 우리말을 바르게 사용하는 일을 몸소 실천하고 계도하는 일, 꽃과 식물을 정성스럽게 가꾸고 그것을 작품에 담는 작업, 시조의 형태가 평시조의 틀에서 어긋나지 않게 연시조를 창작한 점 등이 그것이다.

> 맑은 얼 높은 보람 / 청색으로 어렸는데 //
> 먹구름 몰아닥쳐 / 천둥 번개 요란떤다 //
> 바람들 하는 짓이라 / 아예 탓을 않는다.
> -「하늘」전문

「하늘」은 첫 시조집의 첫 장에 실린 작품이다. '맑은 얼'과 '천둥 번개'가 시각이미지와 청각이미지로 대비되어 나타난다. 흔히 느끼고 겪는 자연현상이기에 이미지의 묘사가 낯설지 않다. 시적 분위기를 반전시키는 기교를 부리지 않고 평이하다. 종장의 '아예 탓을 않는다'라는 진술처럼 담담하다. 깊은 뜻과 높은 얼 아래에 '바람'이 '요란'을 부리는 것은 '하늘'이라는 공간에 비하면 가벼운 현상이며 거슬림의 대상도 아니다. 모양도 형체도 없는 「하늘」은 상징성과 의인화의 이중성을 가지고 있다.

첫째, '하늘'은 '맑은 얼', '높은 보람'이 어려 있는 '청색'의 공간으로 의로운 기운이 감도는 곳, 정숙한 곳, 희망을 비춰주는 신성한 곳으로 인식되는 공간의 상징이다. 둘째, '바람들'처럼 경솔하고 변덕이 잦은 '짓'에 대해서는 '탓을 하지 않는' 태도를 지닌 사람으로 의인화 된 '하늘'은 교양과 품격과 관용을 갖춘 선비를 뜻한다. 유동삼은 수시로 변하는 기후 현상 위에 '얼'과 '보람'이 어린 하늘에 자신을 비추어 본 것이다. 오욕칠정을 다스리는 태도보다 더 맑고 높은 의지를 자신의 시조집 첫 장에 새겨두고 지금까지 선비적 태도를 잃지 않고 살아왔으며 이를 시조 작품에 반영해 온 것이다.

좋으나 궂으나 / 싫거나 내키거나,//
웃도 말도 아니하고 / 내색도 아니한다.//
깊은 물 잔잔한 속이야 / 여울물도 몰라라.
- 「자화상」

예로부터 선비에게 있어서 가장 소중한 것은 孔孟의 도를 지키는 것이며, 그것을 현실사회에 실현하는 것이 최상의 목표였다. "선비의 행동거지는 다른 사람들의 모범이 되어야 하므로 마음 내키는 대로 함부로 처신할 수 없다. 그러므로 거동에는 반드시 禮를 생각하고 어떤 일을 행하든지 꼭 먼저 義를 생각해야한다."[9]는 말은 선비는 그만큼 예와 의를 중시함을 강조하는 것이다. 유동삼의 시조에서는 예와 의로 살아온 그의 사상과 흔적을 찾을 수 있으며 독자에게 예와 의를 깨우치게 하려는 의도가 선명하게 드러남을 알 수 있다.

「자화상」에서는 '무엇을 노래하는가, 무엇을 노래하고자 하는가, 아니 어떻게 살아야 하는가'에 대한 시인의 음성[10]을 들을 수 있다. 「자화상」은 선비의 내면을 설명한 작품으로서 자신이 지향하는 태도를 보여주고 있다. 초장과 중장은 감정의 드러냄이 의연해야 함을 강조하였다. '깊은 물' 같은 생각이 '잔잔한 속'으로 흐르게 하고 '내색도 아니'하는 선비의 태도로 함부로 감정을 드러내지 않겠다는 다짐인 것이다. 이처럼 자기 내면의 수양에 머무르는 동안 주변과의 관계를 단절하고 있는 듯한 태도는 현실에서는 염려스러운 것이다.

---

9 "君子動則思禮行則思義不爲利回不爲義疚"(春秋左氏傳, 注疏 권53)
10 조지훈, 「시의 원리」, 현대문학, 1993, p167

세상의 희노애락에 동요되지 않고 의연한 선비정신을 수양하기만 한다면 주변 모든 관계 특히 대인관계는 '여울물'로 치환되어 생각이나 태도가 깊이 없이 빠르게 지나치는 상태로 오해될 수 있다. 그러나 '물'은 다변성을 지니고 있어 무엇과도 조화될 수 있다는 점은 이런 오해를 희석시킨다. '잔잔한 속'은 서두르지 않는 모습과 안정된 정서의 속성을 포함하고 있다. 자기통찰의「자화상」으로 예와 의를 갖춘 유동삼은 의연한 태도를 깊은 물 '잔잔한 속이야 / 여울물도 몰라라'로 표현하였다. 선비는 상황에 굴하지 않고 늘 떳떳하고 변함없는 마음으로, 예와 의를 중시하며 행동을 삼가고, 도를 실행하는 인격적 주체임을 그는 마음에 새겨둔다. 그 행동이 다른 사람들의 모범이 되어야 하므로 마음 내키는 대로 함부로 처신할 수 없으며 거동에는 반드시 禮를 생각하고 어떤 일을 행하든지 꼭 먼저 義를 생각하며 [11]일정한 생업이 없어도 변하지 않는 마음을 갖는 것은 선비만이 할 수 있는 일이라 하였다.[12]

선비정신으로 내면의 중심을 바로 잡은 유동삼은 吟風弄月의 선비적 여유와 멋 부리기에 마음을 두지 않고 있음이 작품에 잘 나타나 있다.

> 안 먹는다 다짐하면 /고기 술 더 생기고//
> 에라 먹고 나면/에누리 아니한다//
> 안 뵈는 뒷전에서도/영락없이 아느냐
> -「후발치」

> 저토록 빨개져도/그 잔을 또 드는가//
> 못 먹는 술이걸랑/내게라도 권할게지//
> 술 깨란 부채질이어든/소나기 온다 접어라

---

11 春秋左氏傳, 注疏 권53, 君子動則思禮行則思義 不爲利回不爲義疚

12 孟子, 梁惠王上, 無恒産而有恒心者 惟士爲能.

- 「맨드라미」

　「후발치」와 「맨드라미」는 飮酒에 관한 시조이다. 유동삼의 작품은 끊임없는 움직임이 있다. 식물(풀, 꽃, 나무 등)은 성장으로, 동물은 특징적 움직임과 이동으로, 액체(물, 술 등)이거나 기체(바람, 연기, 먼지)이거나 관념적인 대상(꿈, 소망) 등은 교훈적 메시지를 위해 작품 속에서 활발한 움직임을 보이는 것이다. 그러나 그의 시조에서는 '술'의 움직임은 없다. 술을 따르거나 마시는 묘사가 없고 술잔을 주고받는 동작도 거의 묘사되지 않고 있다. 유동삼은 술을 후회와 경박한 행동의 원인이라는 선입관을 가지고 있는 듯하며 관찰과 경계의 대상으로 대하고 있다. 그리고 '술'과 시인의 거리는 멀기만 하다. 그의 시조에는 술에 의한 정신의 이완상태도 없고, 술에 의존한 피 끓는 사연이나 한탄도 없다.

　옛 선비들이 종종 술에 의지하여 낙원을 상상하기도 하고 情를 그리기도 하였지만 유동삼에 있어서 술은 부정적인 대상물일 뿐이다. 몸이 불편한 상태에서 마시는 술은 불편함의 고통을 가중시키는 것이다. 고통을 감수 하면서가지 술을 마시는 경우를 빗대어 「후발치」에서 '에라 먹고 나면/에누리 아니한다'며 술의 유해성을 고발하고 있다. 「맨드라미」는 꽃이 붉은 것을 음주 상태로 묘사하였다. 그러나 '저토록 빨개져도/그 잔을 또 드는가'의 어조는 술을 반기지 않음을 감지 할 수 있다. 그리고 술에서 빨리 깨어나도록 한 마디를 더한다. '술 깨란 부채질이어든/소나기 온다 접어라'며 어리석은 모습을 지적해주고 있다. 위의 작품에서 보듯이 유동삼의 태도는 선비로서 유유자적한 태도를 거부하고 옳은 일을 도모하기 위해서 정신의 흐트러짐이 없는 생활 태도를 유지하고 있음을 짐작할 수 있다.

나. 인도주의적 선비정신의 보람

　길이로나 굵기로 셋째 밖에 안 되는데

저만 일을 더 하여도 한 번도 내색 없고
여러 일 힘껏 하여 놀 새 없이 바쁘다.〈1연〉

주먹 불끈 쥘 때 세 손가락 거느리고
엄지도 모셔다가 센 힘 만드는가
모시며 또 거느리며 하나되게 이끈다.〈8연〉
- 「집게 손가락」 1, 8연

마음속에 들어있는 것은 '뜻'이요, 말로써 표현될 때 그것은 '詩'[13]라는 관점으로 「집게손가락」을 비춰 본다면 시는 시인의 사상과 삶의 표현임을 확인할 수 있다. 「집게손가락」은 유동삼의 생활을 그린 작품이다. 외적 조건이 '길이로나 굵기로 셋째 밖에 안 되는' 상태이지만 '여러 일 힘껏 하여 놀 새 없이' 바쁜 그의 생활이 드러난다. '모시며 또 거느리며 하나 되게 이끈다'는 그가 추구하는 삶이 이기적인 것이 아니라 공동체 의식을 앞세우고 있음을 보여주고 있다. 의로운 일에 앞장서는 것은 선비의 태도이다. 선비는 남을 사랑하기 때문에 남들과 화합하려 노력하고 남을 위해 자신의 이기적인 私利 私慾을 뛰어 넘는 자, 즉 利보다 義를 생각하고 나아가 자신마저 희생하기를 주저치 않는 사람이다.[14]

義理를 소중한 덕으로 여기며 그 시대에나 그 사회가 추구하는 이상과 가치질서를 용해시킨 「집게손가락」에서는 이웃 즉, 민족을 위해 일하고 물러나서는 자신을 수양하듯 생활하는 시인의 모습을 연상할 수 있다. 또한 자신의 이익을 위해서 남을 앞지르지 않고 이웃에서 옳은 일에 솔선수범하는 올곧은 선비의 보람이 그의 마음에 가득 차 있음을 짐작할 수 있다.

---

13 文心雕龍, '明詩편', 大舜云 詩言志 歌永言 聖謨所析 義已明矣 是以 在心爲志 發言爲詩
14 윤사순, 「士林派의 선비정신」, 『한국유학사상사』 (서울:열음사,1986), 48-49쪽.

안개낀 한밤중에 / 길을 읽어 헤매는가!//
눈들은 가려 놓고 / 큰길만 찾는구나.//
밝은 맘 가지고 보면 / 어둠길도 밝아라!//

내 마음 어둔 구석에/내 촛불로 밝히고서,//
내 이웃마저 밝혀/촛불 마주 들다 보면//
온 겨레 한길 찾아/발걸음도 힘차라.
-「어둠은 내 촛불로」1,2연

어떻게 살아야만 사람답게 살 것인가
어떻게 일을 하면 나라가 빛날 건가
무엇을 어떻게 해야 온 겨레가 편해질까

옛집 은행나무 하늘로 솟고솟아
타 버린 데 자라 푸른 모습 높고 곧고
문고리 마루 끝에도 손길 눈길 남았네
-「맹사성의 옛집에서」

「어둠은 내 촛불로」와 「맹사성의 옛집에서」는 유교의 도학사상이 깃든 작품이다. 객관적 진리와 규범적 지식을 올바르게 인식하여 참된 인격을 연마하고 사회에 정의를 구현하려는 실천의지가 작품의 표면에 직접 드러나 있다. 道學은 조선시대를 통하여 모든 영역에서 지도이념으로 확립되고 지속된 학문으로, 인간과 人道를 중심으로 하는 윤리사상으로 인간을 소중히 여기며 인간이 근거하고 있는 현실을 긍정하는 입장에서 진정한 자아의 실현을 위하여 적극적인 삶을 추구한다.[15]

---

15 김연옥, 「趙芝薰 詩에 나타난 선비意識과 傳統美 硏究」 한국교원대학교대학원 박사논문, 2003, p17

「어둠은 내 촛불로」는 민족과 국가를 위해 의로운 일을 위해서라면 한 몸 기꺼이 희생할 수 있다는 기백이 넘치는 시조이다. 군중심리에 방향성 없이 끌리고 사리사욕에 눈먼 민심을 바라보며 '내 마음 어둔 구석'이 드리워지는 한탄을 극복하려는 시인은 '내 촛불로 밝히고서'라는 굳은 결의를 다지고 있다.

「맹사성의 옛집에서」에 진술한 '나라가 빛날 건가', '온 겨레가 편해질까'의 자탄은 나라와 민족을 위해 무슨 일을 해야겠다는 개인의 염원이 강하게 나타난다. 그러나 '어떻게 살아야만', '어떻게 일을 하면', '무엇을 어떻게 해야'라는 미결정의 반복적 서술은 우리를 혼란스럽게 만드는 우려를 포함하고 있다. 의로운 일에 뜻을 굽히지 않고 志士로서의 선비정신을 보여주었던 시조에 비해 의지가 약해진 것으로 여겨질 수 있기 때문이다.

동시조 작품에서 세심한 관찰과 戱畵化를 통해 교훈적인 메시지를 전하던 시작태도에 비해 위의 시조에서는 시인의 정신세계 중심을 이루는 선비정신이 관념적 요소를 더 많이 드러내고 있음을 감지하게 된다. 「맹사성의 옛집에서」는 시인이 공직에서 물러난 후 맹씨행단에 들러 느낀 감회를 적은 시조로 볼 수 있다. 「어둠은 내 촛불로」와 같은 志士적인 기백은 없지만 관직에서 물러난 선비의 지조와 애국충정을 읊은 시조임에 선명히 드러난다. '무엇을 어떻게 해야 온 겨레가 편해질까'하는 근심을 물리칠 지위나 기백은 소진된 상태에서 비롯된 것이다. 시인이 이끌 무리가 있거나 시인의 뜻을 펼칠 기회가 주어지지 않은 상황에서 '어떻게 일을 하면 나라가 빛날 건가'하는 생각은 행동을 앞세울 수 없는 불안감의 표현이다. 그러나 '문고리 마루 끝에도 손길 눈길 남았네'라는 추모는 맹사성의 청렴결백함이 시인의 마음에 깊이 새겨져 있어 언제라도 시인의 의지를 펼치고자 하는 감각적인 서술로 이해할 수 있다.

「어둠은 내 촛불로」와 「맹사성의 옛집에서」두 작품만으로도 유동삼의 의식과 생활에 나타나는 선비정신은 개인의 수양을 통한 자족에 머물지 않고 민족과 국가의 안녕을 도모하는 도학사상이 이르러 있음을 확인할 수 있다.

끊임없이 타인을 위해서 무엇인가 옳은 일을 도모하고 깨우쳐주려는 시인의 창작활동은 우리말 바르게 쓰기의 계몽으로 이어진다.

> 묵은 밭 한 뙈기 볼 제 /가슴 덜컥 무너진다.〈1연 종장〉
> 내가 왜 저 들 딱한 사정 미리 알지 못했나!〈2연 종장〉
> 하인 함부로 못치게/ 엄한 법 펴냈다.〈6연 종장〉
> 사람을 아낄 줄 모르고 / 다른 무엇 하자는 게냐!〈7연 종장〉
> 우리 글 널리 펴 낼 제/ 선비나라 될런가!〈9연 종장〉
> 큰 꿈을 안으로 키워 다독다독 잘살자!〈10연 종장〉
> 효자 열녀 꽃피는 듯/번져나라 빌었는데〈12연 초장〉
> 착한 일 그림으로 엮어/ 누구나 다 본받게 하자!〈13연 종장〉
> 안팎은 안정되고/ 인심도 확 풀리네〈14연 종장〉
> 보름달 바라볼 제도/ 안팎 걱정뿐이다〈15연 종장〉
> -「세종대왕」중에서

> 도란도란 정다운 말/ 에헴에헴/기침소리,//
> 삐약삐약 주룩주룩/ 병아리 소리/ 비오는 소리//
> 모든 말 모든 소리/ 고대로 다 적는다//
> 사람마다 다 배워서/ 날로 씀에/ 편ㅎ게 하라!//
> 시도 쓰고 얘기도 짓고/짓고 쓰고/ 읽는 동안,//
> 글나라 자랑스러운 나라/ 밝은 나라 이루라!
> -「훈민정음」14, 15연

유동삼의 선비정신을 지켜주고 힘을 내도록 지켜주는 사람은 훈민정음을 창제하신 '세종대왕'이다. 그는 15연으로 이어지는「세종대왕」연작 시조에 '세종대왕'의 치적을 서사적 방법으로 되새겼다. '묵은 밭 한 뙈기 볼제 / 가슴 덜컥 무너진다.'(1연 종장), '내가 왜 저 들 딱한 사정 미리 알지 못했나!'(2연 종장)의 한탄은 자신이 '세종대왕'의 분신인 듯 민족의 고통을 미처 살피지 못해 안타까워하는 마음을 토로하면서 치적을 되짚었다.

우리가 이미 알고 있는 객관적 사실을 1인칭 시점으로 서술하면서 '세종대왕'의 높은 뜻과 업적에 서사적으로 펼쳐 놓았다. 주관적인 정서보다는 객관적 역사의 사실을 재구성하여 서사시조의 시도를 보인 점은 다른 시조 작가에게서 흔히 볼 수 없는 방법이다. 이러한 서사성은 「훈민정음」으로 이어진다. 유동삼은 '모든 말 모든 소리/ 고대로 다 적는'「훈민정음」이 국어의 뿌리이이며 원천임을 강조한다. 「훈민정음」은 민족과 국가를 위해 헌신한 실천적 기록이다. 우리 민족의 감정, 정서를 표기하는 훈민정음의 창제정신을 계승·발전 시키고자하는 계몽의 목적을 선명하게 드러내고 있다.

선비의 태도에 대해 율곡은 '참된 선비란 나아가면 한 시대에 도를 행하여 백성들로 하여금 화평한 즐거움을 누리게 하고, 물러나서는 만세에 가르침을 베풀어 배우는 자로 하여금 큰 꿈에서 깨어나게 한다'[16]고 정의하였다. 유동삼은 이러한 선비정신의 실천으로 평생을 우리말 바르게 쓰기를 계몽하고 있다.

그는 우리말의 아름다움과 과학적 조직을 무시되고 외래어나 한자어의 사용이 무분별하게 사용되는 현상을 고심하고 안타까웠을 것이다. 「세종대왕」과 「훈민정음」의 서사성이 감추고 드러내는 감정의 효과나 문학적 상상의 여지가 빈약한 점을 발견할 수 있으나 이 점은 그의 국어사랑'에 대한 안타까움과 계몽의 거대 지향으로 극복되어진다.

4. 맺으면서

동심의 세계와 선비의식이라는 두 갈래의 시세계를 포함하고 있는「소쩍새」는 유동삼시조의 특성을 모두 갖춘 대표작이라 할 수 있다.

---

16 栗谷, 東湖問答 夫所謂眞儒者 進則行道於一時 使民有熙皡之樂 退則垂敎於萬世 使學者得大寐之醒.

나더러 꽃이 될래?/새가 될래? 묻는다면//
푸른 하늘 맘대로/쏘다니는 새 될래요.//
휴전선 저 너머까지/날아갔다 오게요.//
새가 된다면/무슨 새가 되겠냐고?//
풍년들라 울어대는/소쩍새로 태일래요.//
해마다 풍년 들라고 /목쉬도록 울게요
- 「소쩍새」 전문

사무친 그리움이 눈물로 지워지랴!
누구를 원망한들 구겨진 날 다시 펴랴!
돌아 눠 생각할수록 못 어기는 한 핏줄
- 「상사화」 3연

「소쩍새」의 초장은 '~될래?' 또는 '되겠냐고?'라며 묻는다. 중장과 종장의 어미는 '~래요' 또는 '~게요'의 의지형으로 나타나있다. 이러한 語調는 성인의 어조로 볼 수가 없다. 그래서 동시조적이다. 詩語에 한자어나 외래어를 거의 사용하지 않고 그 배열도 일상의 문장처럼 쉽게 제시된 점은 유동삼 시조를 단숨에 읽게 하는 매력으로 작용한다. 그러나 이 시조의 주제의식에는 분단 상황과 선비의식이 바탕이 되고 있어 동시조로 구분하기도 애매하다. '소쩍새'는 복합적 상징물이다. '푸른 하늘을 맘대로 쏘다니는' 자유를 상징하기도 하고 '휴전선 저 너머 까지 날아' 다니고 '풍년들라고 울어대는' 민족의 소망을 상징하기도 한다.

그가 펼치는 상상력은 동심의 세계처럼 순수하고 소박하다. 그러나 그 의미는 희생도 불사하는 선비정신이 깃들여 있음을 발견할 수 있다. '해마다 풍년 들라고 목쉬도록 울게요'는 희망의 표명이라기보다 희생이라도 감수하겠다는 지사적 결의를 의미로 볼 수 있다.

「상사화」는 동일 제목으로 몇 편이 더 있다.[17] 그 중 동시조적 요소를 탈피한 위의 시조는 「소쩍새」에 나타나는 선비정신과 역사의식의 성격이 유사하다. 다른 시조에서는 '상사화'의 속성이나 겉모습만을 읊은 것에 비해 위의 시조는 분단의 현실과 통일의 염원이 잘 드러나 있다. '눈물', '구겨진 낯', '한 핏줄'이라는 비유가 민족적 염원의 절실함을 더해주고 있다. 그러나 민족통일에 대한 투사적 면모는 보이지 않는다. 선비정신의 실천적 표상인 유동삼은 어린이들과 이웃에게 인간의 도리로서 禮 와 義를 계몽하고 국어사랑을 실천하는 일이 현실적인 문제였고 민족통일의 염원은 상상과 마음에만 담아두고 있는 것으로 짐작할 수 있다.

이 글에서는 40년이 넘도록 시조를 창작해 온 유동삼의 작품세계를 크게 두 갈래[18]로 구분하였다. 대상을 대하는 태도가 동심의 상태로 순수성을 포함하고 있다면 동시조로, 삶의 과정에서 겪는 현상이나 체험의 작품들은 선비정신이 깃든 시조로 구분하고 그의 작품의 효용성과 사상을 파악한 것이다.

유동삼은 꽃과 식물, 그리고 크기가 작은 동물을 대상으로 조상의 슬기와 정서를 발견하여 교훈적 주제와 깨우침을 어린이들에게 전해 주었다. 어린이들이 사물에 호기심이 많고 질문을 많이 하듯이 유동삼의 동시조도 문답형이 많은 편이다. 물어보는 詩語는 어린이의 말투를 옮긴 것이어야 하고 대답하는 어조 역시 부드럽고 이해하기 쉬워야 한다. 유동삼은 이해하기 쉬운 시어를 사용하고 위트를 발휘하여 시조를 대하는 어린이들에게 흥미를 갖게 하였다.

유동삼의 시조는 서정적 묘사보다 서경적, 서사적 묘사나 진술의 작품이 많다. 그의 작품에 드러나는 교훈과 계몽의 주제들이 쉽고 빨리 이해되는

---

17 본고에서는 제3시조집 「새꽃밭」 p.30 에 수록된 작품을 예시로 하였다. 「상사화」라는 동일 제목의 작품이 「유동삼 시조집」 p.67, 「꽃마을」 p.102, 「물이랑 바위랑」 p.30 「소쩍새」 p.23 등으로 발표되었다.

18 동시조와 시조를 구분할 뚜렷한 근거는 제시하지 못하였다. 객관적인 근거라고 자신할 수 없지만 소재를 접하는 시인의 관점이 동심의 상태로 교훈성이 강하냐, 선비정신을 바탕으로 주제의식이 현실의 문제를 포함한 것이냐를 근거로 삼았다.

점은 바람직하지만 훈화처럼 전해질 우려를 안고 있다. 이는 선비정신을 바탕으로 자기수양에 엄격함과 흐트러짐 없는 삶을 추구하는 태도에서 비롯된 것이라 여겨진다.

시조의 텃밭인 대전의 원로 시조작가인 유동삼 작품세계에 대한 이 글의 논의는 부분적 논의에 불과하다. 시조문학 발전의 기여, 전대의 시조작가와의 영향관계, 생태문학과의 관련 사상적 접근 등 다양한 방법의 연구가 이루어져 시조문학사에 그의 문학적 성취가 중요한 위치에 놓이기를 바란다.

3. 좋은 사람들이 좋은 시를 쓰면 좋겠다

1. 바람시 동인의 발견

　서점에 가면 시집 진열대를 먼저 찾는다. 몇 년 전만 해도 새로 발간된 詩集들이 진열대에 눕혀져 빛나는 표지와 제목으로 詩心을 유혹했다. 시집을 구입하기 전에 펼쳐서 그 속에 담긴 이야기을 들춰 볼 수 있었고, 이미지를 훔쳐볼 수도 있었다. 그러나 요즘 서점에 들러 마음이 끌리는 시집을 찾는 데 번번이 어려움을 겪는다. 마음을 사로잡는 시집을 찾기 위해 진열대를 여러 번 돌고, 서가를 기웃거리다가 작은 글씨의 제목과 시인의 이름이 세로로 꽂혀 있는 시집 무리를 겨우 발견하게 된다. 시집들이 모퉁이 서가로 밀려가는 현상에 시를 즐기는 사람이 많아지기를 바라는 필자의 마음이 우울해졌다.

　사실 좋은 시 한 편 읽은 일, 시를 쓰는 일 자체가 우리의 의식주를 풍족하게 바꾸지 않는다. 그런데도 시를 사랑해서 시를 읽고 시 쓰기의 보람을 찾으려는 사람들이 있다. 시는 강제성이나 억압적이지 않은 상태로 쓰는 사람과 읽고 음미하는 사람들에게 감동과 카타르시스의 경험을 준다. 한 편의 詩는 창작자에게는 산고의 경험만큼 삶에 보람을 증명하고, 창작된 좋은 詩 중에는 독자에게 영감을 주거나 독자의 감정을 깨워 시인의 서정에 독자의 공감과 감성을 확대해 주기도 한다.

　우리가 그동안 읽어왔고 자주 읽고 싶은 시는 대체로 행복을 그리거나 노래하지 않았다. 행복을 꿈꾸는 우리가 기억하는 대부분의 시는 고통과 번민과 상실과 절망의 순간들을 보여주었다. 시인은 독자들에게 부정적인 감정이나 우울의 정서를 강요하고자 하는 것이 아니다. 시인의 삶도 우리의 삶도 고통스럽게 행복을 꿈꾸고 있기에 행복하게 살고 싶은 감정과 정서를 포기하지 않는 바람을 시로써 펼쳐 보인 것이다. 사람들은 행복하게 살기를 꿈꾼다. 행복을 포기하지 않는 감성과 사유의 시 세계를 사람들에게 소개하고 싶지만 문학예술로서의 시는 생활 반경에서 멀어져 있어 아쉬웠다. 그러나 아직도 시를 찾아 읽고 시를 배우고 시를 쓰면서 자신의 삶을 살펴보는 사람들이 있음을 확인 할 때마다 시 애호가의 한 사람으로서 위안이 된다. 우리가 공존하고 있는 동일 시간과 공간에서 시에 관한 관심과 희로애락의 감정을 시로써 교감할 수 있는 사람들을 만날 수 있어서 설레기도 한다.
　이들은 〈바람시 동인〉이라는 시 동지들로서 열정적으로 시심을 그려내고, 노래하고 있는 모임이다. 시에 대한 관심이 깊고 시 창작에 대한 열정이 뜨거운 동호인 모임이 몇 해 동안 해체되지 않고 이어져 〈바람시 동인〉이라 이름을 짓고 활동 문예 활동을 이어왔다. 정기적으로 시 창작 합평회를 하고 첫 작품집 제본 제작 및 시화전 등의 행사도 알차게 개최해 왔으며 그 노력의 결과 2019년에 문화재단의 지원을 받아 동인지를 발간하였다. 필자가 시 창작 활동에 적응하지 못하고 시를 외면 한 채 오랫동안 게으름이 깊어져 있었던 시기에 바람시 동인의 시 창작 합평 모임 소개로 참여하는 기회가 되어 이들과 인연을 유지하게 되었다. 시를 사랑하는 바람시 동인의 시 창작 열정을 지켜보면서 이전보다 시를 자주 대하고, 시적 감성을 깨우치는 기회와 시 창작 의지를 회복할 수 있었다.

2. 바람시 동인의 작품세계 엿보기

시를 쓰는 일은 창조적인 예술 행위이지만 기본적으로 시인이 본 것, 느낀 것, 사유한 것 등을 언어(문자)로 현실화하는 행위이다. 예술행위가 아니라 하여도 이러한 것들을 기록해 두지 않는다면 시인의 의식에서만 맴돌다가 잊히고 소멸하게 될 것이다. 그래서 시인은 자신의 사유나 태도를 시적 대상에 다양한 방법으로 투사하고 묘사하여 자신의 정서를 독자에게 보여준다.

고우리의 시는 가족의 일원으로서 존재와 꿈의 실현에 갈등하는 자신의 처지에 관한 묘사와 진술이 주를 이루고 있다. 10편의 시 중 「남편일기」는 회원들의 시적 화자와 차별성을 보인다. '나'를 진술하는 화자가 자신이 아니라 '남편'의 시점으로 '아내'를 묘사하는 방법으로 설정한 점이다.

> 나의 꿈은 아내의 꿈을 지우는 것이다// 아내가 갈래갈래 길을 낸다/ 최대한 길게, 최대한 멀리.// -중략- / 아내의 꿈이 늘어갈 때마다 선명해지는 나의 가난/ 몸집 줄어든 아내의 꿈과 마주치기 두려워/ 나는 자주 먼 하늘을 본다//
>
> -중략- // 꿈을 꾼 것뿐인데, 꿈일 뿐인데/ 미안해하게 만들어서/ 내가 미안하고 미안하다// 나의 꿈은 아내의 꿈을 함께 읽는 것이다/ 아내가 자신의 꿈을 만져볼 수 있도록/ 그녀의 손을 말갛게 닦아주는 것이다
>
> - 고우리 시 「남편 일기」 부분

「남편일기」의 '아내'는 시인 자신이다. 아직 꿈이 많고 꿈을 이루기 위해 동분서주하는 '아내'는 '남편'의 관점에서 자신을 관찰하고 '남편'의 꿈에 자신을 비추는 묘사방법으로 자기를 타자(他者)화하였다. 꿈을 버리지 못하는 '아내'의 입장을 '남편'이 대변하게 하는 영리한 묘사를 택한 것이다.

시의 첫 행부터 '아내의 꿈을 지우는' 꿈을 갖게 된 '남편'은 '아내'의 꿈을

꼭 이루게 하겠다는 거부할 사명을 역설로 제시하고 있다. '아내'의 꿈이 무엇인지는 밝히지 않지만 '아내'의 꿈은 여러 '갈래'로 계획되어 있고, '아내'의 꿈에 관련된 끊임없는 수다와 투정을 '남편'의 관점으로 묘사한 시인은 '남편'의 꿈에 관한 환상과 집착에서 자기반성의 심적 상황을 토로한다. '꿈을 꾼 것뿐인데, 꿈일 뿐인데/미안해하게 만들어서/내가 미안하고 미안하다'는 기발한 묘사나 비유 없이 여느 부부들이 경험했음직하여 공감이 확대되는 진술 부분이다.

'남편'의 꿈과 '아내'의 꿈이 대치되는 이미지는 '아내의 꿈이 늘어갈 때마다 선명해지는 나의 가난'으로 인해 자기 반성적 심정으로 반전되지만 '아내' 즉 시인의 꿈은 결코 버릴 수 없는 '남편'의 동행과 배려와 응원의 마음으로 구체화되고 선명하게 빛날 것으로 읽혀진다. '남편'의 시점으로 이루어지게 될 시인의 꿈은 무엇일까? 아직 세상에 펼치지 못한 꿈에 관한 묘사는 그의 시 곳곳에 안타깝게 나타나고 있다.

> 숨죽이고 있다/ 소용돌이치는 태풍 중심 속의 중심에/태아처럼 웅크린 내가 있다//바람 끝에 매달려온다/끊어져 올라가는 연의 한 쪽 꼬리처럼/펄럭이며 따라온다//휘몰아친다/뒤집어지고 날아가고 바닥이 드러나고//맴돌며 손짓하는 어린 나에게/지금의 나는/어쩌면 어이없거나 한심한 꿈의 파편//작은 나는 태풍 속의 나에게/아무 말도 전하지 못하고/태풍이 지나가기만을 기다리자고// · / · · /점이 되어간다/잠잠하다
> - 고우리 시 「눈동자」 전문

「눈동자」에서는 삶의 현장에 '소용돌이치는' 험난한 여정에 긴장하고 위축된 이미지를 묘사하고 있다. 앞으로 겪어야 할 삶의 풍파와 희로애락은 세상에 존재하는 모든 '나'를 중심으로 전개된다. 모든 사람에게 공통으로 주어진 삶의 드라마 주인공은 '나'이기 때문에 '숨죽이고 있다'는 것은 주인공으로서 등장의 시간을 기다리고 있는 상태인 것이다. '어린 나에게' 세상

의 현상들은 몸을 던져 놀이로써 즐기던 시절이었을 것이다. 그러나 이 시의 화자인 '지금의 나'는 삶의 주인공으로 높은 무대에 오를 기회를 움켜쥐지 못하고 '꿈의 파편'으로 존재하고 있을 뿐이다. 화자는 자기성찰을 겸손한 존재로서의 '나'가 아니라 '한심한' 처지로 인식하고 있다. 그러나 숨겨진 '나'는 세상의 험난한 여정에 순응하는 태도로 스스로를 다독이고 있다. '잠잠'하게.

고우리의 시에는 '꿈'의 실현을 위해 비상을 기다리는 내면의 안타까움을 여러 시에서 발견할 수 있다. 시 「벼랑 앞에 서다」, 「첫인상 공포증」, 「윤활막염 투병기」, 「해감」에서 '꿈'에 대한 강박 현상이 방황 불안 좌절 등 부정적이고 어두운 이미지로 나타난다. 그의 시는 독자에게 주는 문학적 기능에 앞서 본인의 감정 정화가 먼저 작용되고 있다. 기약 없는 시간 속에서 자아실현을 미뤄야하는 내면의식을 시에 토로하며 안타까움을 스스로 인내하며 해소하고 있는 것이다. 다행히 그는 좌절과 절망의 나락 으로 자의식을 팽개치지 않고 '바람을 움켜 줄' 의지, '무기 없이 이 전쟁에 뛰어 든다'는 투지 '그래도 될 거라고 끝없이 우겨가며' 자아실현 의지를 시의 행간에 새겨두고 있다.

김수미의 시는 내면에 단단하게 응어리진 것들의 부딪침 통해 자기를 단련하는 생활의 묘사이다. 그가 몸으로 경험한 「담석증」 스스로 단단한 존재로서 정체성을 갖게 된다. 필자는 '담석증'의 원인과 증세 그리고 치료방법에는 아는 바가 없어서 이 병을 경험한 시인의 심정을 알 수 없다. 그러나 「담석증」 시를 통해 그가 드러내고자 하는 이야기에 마음을 기울여 시에 나타난 내면의식을 읽어보고 싶을 따름이다.

믿기 어렵겠지만/나는 몸속에서 돌을 만들어 내는 특별한 능력이 있다/엄마는 아무짝에도 쓸모없는 능력이라고 혀를 차곤 했지만/못 들은 척, 어릴 적부터 만들어 낸 돌을 차곡차곡 쟁여두고 있다//돌은 저희끼리 작당하여 지느러미를 만들었는지/이리저리 몸속을 헤집고 다니다가/함부로 쓰러지고 드러눕고/평평한 곳을 후벼 파거나 파인 곳을 넓히느라고/손톱을 기르고 발을 굴렀다//돌 틈에서 솟아오르는 돌부처를/금방 알아본 것도 물론 나였다//돌무더기가 무너졌다는 전갈을 받은 건/엄마도 없는 어느 새벽이었다//어둠이 오기 전/부딪치는 소리를 더듬어 돌의 길을 열어야 한다/단단해지기 시작하는 돌을 내보내야 한다/어쩌면, 저희끼리 부딪칠지도 모르지만//부딪친다는 것, 부딪친다는 것,
 - 김수미 시 「담석증」 전문

어쩌다 그의 몸이 근심과 불안과 낙심의 배양소가 되었는지 알 수 없다. 그런데 시인은 1연에서 '아무짝에도 쓸모없는 능력'으로 당돌하고 패기 있는 척 살아왔던 시절의 아픔을 희화화하고 있다. 몸 밖의 일로 몸 안에 보이지 않는 병 증세를 무시하는 '센 여자'의 모습을 엿볼 수 있다. 이렇게 시작하는 「담석증」 이야기는 기(1연)-승(2연)-전(3연 이후)으로 펼쳐 두고 결말을 생략했다. '돌무더기가 무너졌다는 전갈∽새벽이었다'는 위기의 순간을 스스로 감당해야할 숙명으로 받아들이는 그의 태도는 보호본능을 기대하는 연약한 여성의 모습과 다르다. 대신 아파할 사람이 없으므로 그 아픔을 해결하거나 이겨내야 할 당사자는 본인이기에 스스로 단단해 진 것이다. '쟁여두고' 있는 것들을 '내보내야'하는 삶의 통증은 그의 삶이 무겁다는 것을 암시하거나 아파하지 않겠다는 당당함의 표현일 것이다.

　인간은 자신의 비참함과 아픔이나 슬픔을 순결하게 또는 대담하게 닦아 보여주기를 욕망한다. 김수미 시인은 좌절과 절망감을 딛고 보다 큰 영혼을 지닌 자아를 드러내기 위해 아픔이나 슬픔을 부정하고 상처를 내부에 감춘다. 그렇게 현실 안주로부터 탈주하기 위해 인내하고 일상의 게으름이나 편안함보다 고달픈 삶을 극복하려는 자유 의지를 드러낸다.

　　내가 언제 벽돌을 집어넣었나/ 가방 든 팔이 축 늘어진다/ 쓰고 싶은 것

이 많아 잉크를 꽉 채운 펜/ 시간을 속이는 화장품 몇 개/ 만약을 대비한 물티슈/ 그리고 지갑/ 필요한 물건들만 채우고 다니는데도/ 가방은 늘 천근이다// 가방을 차에 놓고/ 핸드폰만 손에 들고 내린다/ 슈퍼에 가도 운동을 가도 도서관을 가도/ 필요한 물건만 채우고 다니는 가방을/찾는 일이 없는데 가방은 항상 무겁다// 밤마다 쏟았다 다시 쓸어 담는/ 이름도 없는 물건들로 가득한 내 가방/ 나 또한 익명이어서/당신에게는 무거울 것이다
- 김수미 시 「가방」 전문

나도 그렇다. 생각해 보면 당신들도 모두 그럴 것이다. 모든 것을 버리고 싶으면서도 아무것도 버릴 수 없는 인간으로서의 고뇌를 김수미는 시 「가방」을 통해 묘사하고 있다. 이 시를 시인의 개인적인 생활 이야기로 관심 없이 읽는다면 「가방」에 숨어있는 메시지를 놓치게 된다.

「가방」 속에 담긴 물건들은 시인의 생활을 무겁게 하고 있다. 시인의 가방에는 '필요한 물건들'만 있겠는가? 그래서 「가방」 속에는 소소하게 꼭 필요한 물건들이 '벽돌'만큼, 때로는 '천 근'이라 여겨질 만큼 무거워진 것이다. 펜 화장품 물티슈 등은 사소한 물건들은 가끔 필요할 뿐 이 시에서조차 의미 없는 시적 대상이다. 그러나 이 사소한 물건들을 통해 시의 교훈적인 기능을 발견할 수 있다.

「가방」 속 물건마다 사연이 있고 기억이 먼 인연과 의미가 있을 것이다. 꺼내보면 떠오르는 추억에 기댈 수 있는 여유의 속성과 꼭 필요한 순간에 쓰임으로 고마움을 깨닫게 하는 물건들의 속성을 시인은 간과하지는 않는다. 시인은 '쏟았다가 다시 쓸어 담는' 행동을 반복한다. '이름 없는 물건들'의 소중함을 「가방」에 채우고 사는 '나 또한 익명이어서/ 당신에게 무거울 것이다'는 엄살이다. 존재의 의미를 각인시켜주는 역설적 장치이다.

김수미의 시에서는 감정의 부딪침이 잦다. 아픔을 참고 사는 생활 탓일까 '따듯'해서 '미안'해서 '목이 멘다'고 한다. 횟집에서 갑자기 '쓸쓸하'고 「내려가는 길」에서 '엉덩방아 찧고 구르'고 '뭐 어때, 과속방지턱쯤 가뿐히 넘어

가'는 당찬 기백은 「질주본능」을 유발하여 '누구보다 빠르게 남들과는 다르게/ 눈썹 휘날리며 먼저 도착하고 싶었'던 삶의 방식을 시를 통해 참회하고 있다. '내 질주 본능을 잡아먹을 듯 막아선 빈 깡통'같은 시의 대상들과 철학적 사유를 시에 한 줄 두 줄 새기고 있는 것이다.

김종대의 시는 유유하게 흐르는 장강(長江)을 무욕의 심안(心眼)으로 바라보며 삶의 갈등과 번뇌를 내려두고 따뜻한 햇살을 온몸으로 누리는 여유로움이 넘친다. 시류에 흔들리거나 내일을 걱정할 이유를 지워주는 편안함과 온기가 느껴진다.

> 나이가 드니 홀가분해서 좋다// 시간 맞춰 출근하지 않아서/ 넥타이 정장에 머리 신경 쓰지 않고/ 헐렁한 옷에 멋진 모자도 쓸 수 있어서// 보호색 문신도 그릴 필요 없고/ 하기 싫은 걸 하지 않아도 되니/ 더욱 좋다// 왜 그때는 몰랐을까// 탄탈로스의 풍족한 물이/내 것이 아니라는 것을/우주 만물의 에너지가 곧/ 마음 이라는 것을// 마음에 고삐를 매지 마라/ 계곡의 물도 제 마음이 이끄는 대로 흘러/깊은 강이 되어 바다에 이르지 않았는가
>   – 김종대 시 「탄탈로스의 물」 전문

대부분의 사람들이 자기 삶에 여유롭지 못한 것은 자신의 욕망을 충족하기 위한 욕심에서 비롯된다. 그 욕심의 원인은 대체로 사람들에게 인정받기 위해, 의식주가 풍족하여 남부럽지 않게 편안함과 문화생활을 누리기 위해, 권력의 주체가 되어 타인을 지배하는 영웅적인 지위를 차지하기 포기와 비움을 모르고 살기 때문이다. 이들의 삶은 긴장과 이기심과 질투와 배반 등 부정적인 현상과 끊임없이 충동한다.

김종대의 시는 스스로 하지 않아도 되고 할 수 있어서 좋은 꿈같은 생활을 깨닫게 한다. 가식(假植)이 없고 욕심이 없고 서두름이 없다. 그는 '마음에 고삐를 매지 마라'는 인용구를 빌어 '제 마음이 이끄는 대로' 살 수 있을

만큼 '홀가분'한 상태를 「탄탈로스의 물」에서 이야기하고 있다. 그의 시세계가 당분간은 무위자연(無爲自然), 소요유(逍遙遊)의 마음과 불경의 가르침을 통해 부처의 마음에 닿기를 온몸으로 수양하는 시선일여(詩禪一如)의 작품들이 많이 창작되기를 기대해 본다. 그의 시의식은 유불선(儒佛仙)의 동양철학을 바탕으로 한 시적 대상을 무궁하게 발견하고 묘사할 수 있을 것이다.

이기완의 시는 여성적 심상(아니마)이 짙다. 그가 찾아내는 시의 대상들은 남성성의 특징인 호연지기(浩然之氣)나 풍경의 안팎을 주유(周遊)하거나 진리와 자유의 사상을 펼치지 않는다. 그는 여성적인 묘사와 비유로 시를 전개한다.

> 저만큼에서 자박자박 봄이 오는 저물녁이다/ 흙은 따듯해지고/ 바람은 향기롭다// 미루나무는 먼 곳을 바라보며 초록을 부르고/ 아낙은 겨울 동안 침침했던 눈을 부비며 봄을 캔다/ 무작정 들판을 달리는 아이는/ 제가 봄인 줄을 아직 모를 것이다// 눈동자 속에 냉이꽃을 옮겨 담으며 휘적휘적 걷는다/ 혼자서도 춥지 않은 저녁이다// 마을 앞 장승의 이빨이 배꽃처럼 하얗다/ 옆에선 지하여장군이 웃고 있는 걸 보면/ 여기도 봄이 도착한 것이다// 진달래꽃처럼 붉은 노을을 밟으며 돌아온 뜨락에/ 홍매화가 기침처럼 터진다/ 봄은 여간 수다스러운 게 아니다
> - 이기완 시 「홍매화가 핀 저녁」 전문

시 「홍매화가 핀 저녁」은 봄 저녁 풍경의 묘사가 섬세하다. 세계를 구성하는 물, 불, 바람, 흙 4원소의 대표성을 지닌 시적 대상을 찾아서 봄을 오감으로 느끼고 있다. '자박자박' 오는 여인의 발소리, 여성성보다는 모성이 느껴지는 '아낙'이 캐내는 냉이는 시에 정겨운 시골의 봄 향기를 그윽하게 번지게 해준다. 아이들을 바라보는 시선조차 여성적이다. 시인의 남성적 시선

으로 바라본다면 키 큰 '미루나무' 가지에 트는 싹을 바라보고 봄의 기상을 보겠지만 시의 화자는 여성적이어서 '무작정 달리는 아이들'을 봄의 전령으로 바라보고, 낮은 곳에서 볼품없는 피어나는 '냉이꽃'을 찾아낸다.

아담한 시골의 정경으로 찾아든 봄의 흔적을 찾아내는 '아낙' 같은 시인의 관찰력은 숨은 그림 찾아내듯 구석진 곳까지 찾아든다. 시인의 아니마로 찾아내는 봄의 흔적은 장엄하지 않고 소소하다. '장승의 이빨이 배꽃처럼 하얗'게 보이고 지하여장군의 미소도 찾아낸다. 「홍매화가 핀 저녁」의 마을은 돌아온 봄의 기척과 '수다스러운' 소리들까지 정겨운 풍경화이다.

> 정갈히 비질한 마당 귀퉁이에 명자꽃이 피었습니다/ 오래전 교실에서 활짝 웃던 명자만큼 반갑습니다/ 얼굴 하얀 명자/ 손이 작은 명자/ 맹자맹자 부르고 저만치 달아나면/ 명자꽃 보다 더 붉어지던 내 친구 명자와 명자// 우리 반에는 명자가 둘 이었습니다// 명자꽃 피고 지고 피고 지고/ 나는 해마다 명자꽃을 기다리고// 어느 먼 곳에서/ 내 친구 명자도 피고 지고 피고 지고했을 거라고/ 나 혼자 짐작해보는// 참 속절없는 봄밤입니다
> – 이기완 시 「명자꽃, 명자꽃」 전문

「명자꽃, 명자꽃」은 남녀칠세부동석 시대 학창시절의 추억으로 따뜻해지는 봄밤의 이미지에 언어 유희적 묘사로 시 읽기의 재미를 더해주고 있다. 그 시절의 여자 친구들은 여성으로서의 존재가 아닌 중성적 존재로서의 친구였을 것이다.

그리운 이름 그리운 얼굴로 떠오르는 친구 '명자'는 연분이 없는 듯하여 '명자','맹자' 놀이를 하듯 유쾌한 상상이 펼쳐진다. 봄 마당에서 발견한 '명자꽃'이 '얼굴 하얀 명자/ 손이 작은 명자'를 떠올리게 하고 '맹자맹자 부르고 저만치 달아나면' '명자와 명자'는 '붉어지던' 얼굴만 떠올릴 뿐 연분관계는 아니었을 것 같다. 그 어린 시절 남자아이였던 시인은 봄밤 아니마의 감성으로 친구 '명자'가 드리워 '참 속절없는' 세월을 추억한다.

「명자꽃, 명자꽃」은 쉽게 쓰여서 쉽게 읽혀지고 시적 리듬감도 풍성하다. 이렇게 시를 쉽게 쓰기가 쉽지 않다. 삶의 주변에서 '명자'와 유사하거나 '명자' 이미지와 전혀 다른 시적 대상을 추억하고 찾아내고, 실제 '명자'의 분위기와 어울리는 시적 상상과 묘사를 더해주면 시가 술술 써질 것 같다. 이기완 시인에게 유머러스한 이야기를 풀어가듯 재미있는 시를 기대해 본다.

이순옥의 시에서 사소한 생명에게까지 모성의 정감을 주는 따뜻한 손길이 느껴진다. 시인은 낮은 곳, 모퉁이에서 생명력을 찾아내고 성장할 수 있도록 시선과 마음에 온정을 부어주고 낮은 곳에도 몸의 수고로움을 기꺼이 베푸는 대지의 여신이 된 듯하다.

> 누가 별 항아리를 쏟아 놓았나/ 마른풀 걷어보니/ 작은 풀꽃들 무더기로 피어/ 담벼락 아래가 환하다/ 죽은 풀더미 속/ 엎드리고 기대어 일가를 이룬/ 꽃들의 모듬살이가 눈부시다// 숨죽이고 엎드려/ 한겨울을 견디며 봄을 준비한 너희들/ 낮으막한 담벼락 아래/ 풀꽃세상 이루었구나// 흙담장 아래 작은 세상처럼/ 마른풀 어지러운 내 마음에도/ 봄은 오고 있을까// 작은 별꽃을 쓰다듬으며/ 저린 발을 주무른다/ 무너져 가는 담벼락 아래서/ 내 발등에 쏟아지는 누추한 햇살을 줍는다
>
> - 이순옥 시 「별꽃 세상을 읽는다」 전문

시 「별꽃 세상을 읽는다」의 배경은 봄이 오는 흙 담장 아래이다. 사람들이 눈여겨보지 않는 구석진 공간에서 피어나는 풀꽃의 눈부신 생명력을 발견하는 시인의 섬세함으로 마음이 따듯해진다. 시인은 '작은 풀꽃'의 존재를 우주로부터 발아(發芽)한 생명으로 묘사하고 있다. 우리가 살고 있는 세계의 기원이 되는 우주를 '별 항아리'로 묘사하는 동심의 상상력은 어두웠던 마음의 눈을 부시게 한다. 시인은 '숨죽이고 엎드려/ 한겨울을 견디며', '마른풀 어지러운' 삶의 시간과 공간을 '풀꽃세상'으로 마음을 밝혀주는 이

미지와 묘사로 치유하고 있다. 시인은 '누추한 햇살'로 스포트라이트를 비춰 봄이 오는 한적한 시골마을의 '별꽃 세상'을 우리에게 소개한다. 이 시의 이미지처럼 우리의 삶이 평화로운 풍경과 따뜻한 생명이 어우러져 '모듬살이가 눈부시'게 행복해지기를 희망해 본다.

    꿈에 그린 아파트 가는 길/ 모퉁이에 공터 하나 차지하고/ 땅을 고르고 이랑을 만든다/ 고추 모종 몇 포기 심어 놓고/ 감싸주고 안아주고/ 자식처럼 쓰다듬는다// 갈라지고 터진 손길이/ 나를 키웠고/ 나를 묶어 주었듯이/ 어린 모종에 지지대를 세우고/ 끈을 묶어준다// 꿈에서나 그려보는 아파트의/ 위용에 전전긍긍 짓눌리지 말고/ 부디 무사히 견디라/ 바람과 햇볕 벌레들과 더불어/ 무탈하게 자라거라// 나를 묶었던 끈들은 바람에 휩쓸려 날아 갔다/ 쓰레기를 치우고 만든 작은 공터에서/ 나는 너에게 자꾸만 물을 부어준다// 손금처럼 물 지나간 흔적/ 선명하게 길을/ 만드니 이제/ 어린 고추모는 스스로/ 제 몸을 단단히 묶을 것이다
    이순옥 시 「묶다」 전문

시 「묶다」는 내리 사랑의 노래이다. 소시민의 동경 대상이고 자본주의의 상징인 '꿈에 그린아파트' 모퉁이 공터는 시인에게 실존의 숨구멍과 같은 공간이다. '갈라 터진 손길이/ 나를 키웠'던 어머니의 손길과 정성 그대로 시인은 자녀를 키웠을 것이고, 그 정성으로 '고추 모종 몇 포기 심어' 가꾸는 시인에게서 사랑 많고 순박하지만 야무지게 생명을 보살피는 당찬 시골 아낙의 건강한 호흡이 느껴진다.

그의 시는 지면(地面)이 넓고 그 위에 다양한 시의 대상을 제시하며 도시 공간 이미지와 자연의 터전으로 자주 탈바꿈을 한다. 종종 도심의 풍경과 주변 녹색지대와 이미지가 겹치는 「묶다」와 같은 작품도 있지만 이 공간은 대립적인 위치에 놓인다. 문명의 상징인 거대공간은 적자생존의 자본주의 사회로 비판적인 묘사와 인간성 상실의 경계심을 드러내고 있다. 그가 바

라보는 도심은 '콘크리트, 아파트, 빌딩 숲, 지하 하수관, 컨벤션 홀' 등의 차갑고 딱딱한 이미지들 속에서 '아스팔트, 지하철, 광장'을 오가는 '인간군'상 그들의 '구둣발'이 '위태롭게' '몰려다니'는 어두운 이미지를 묘사되고 있다.

문명 공간의 이미지와 대립하는 공간은 따뜻하고 '어머니'의 온정이 배어 있는 시골의 땅(바닥)이다. '진흙뻘, 모래톱, 흙담장 아래, 공터, 우포 늪'의 공간에서 '풀꽃, 새, 벌레 햇빛, 바람'이 문명의 제약 없이 피고 지고, 오고 가는 생명의 터전으로서 도시의 불안과 부조리를 위로하고 감싸는 사랑과 정성을 묘사하고 증명한다.

도시와 자연의 풍경을 오가며 '나를 묶었던 끈들은 바람에 휩쓸려 날아' 간 시인은 자유로운 이야기꾼이 될 수 있고 문명과 자연의 이야기를 듣는 객체로써 기억의 저장소에 감당하지 못할 만큼의 사연과 풍경이 넘칠 것 같다. 그의 기억 창고가 넘쳐 망각하거나 포맷되거나 수다꾼이 되어도 그의 몸에 새겨졌을 이야기들은 마음만 잡으면 언제든 시로 단장하여 독자들 앞에 자주 펼쳐질 것이다.

장학순의 시를 읽으면서 행의 연결과 연과 연의 연결이 시의 메시지를 효과적으로 전하도록 배치하는 작업에 공을 들이고 있음이 느껴진다. 간결한 묘사, 함축적인 서정을 노래하는 시에서는 시각적 효과와 감성의 완급을 조절하듯 행과 연을 가른다. 이미지와 메시지의 변화에 따라 행과 연의 배치를 한다. 이미지와 감정의 충돌로 인한 정서의 단절이나 거친 음운의 반복으로 인한 낭송의 불편함은 없다.

그의 시는 묘사와 진술이 시의 형식과 잘 어우러져 있다. 그래서 그의 시는 보기가 좋다. 읽기가 편하다.

손목에/ 박아두었던 철심을 뺐다/ 철이 빠진 손목이/ 시큰거리고 안 뺀 것만 못하다// 의사는,/ 젊은이는 철이 없어도 그만이지만/ 노인은 갖고 가는 게 괜찮다 했는데/ 나는 아직 젊다고/ 뺄 것을 주장했다// 철이 들어야

할 나이에/ 철이 빠져서/ 나는 지금 시큰거린다// 철을 뺀 것은 손목인데/ 빗장뼈 아래가 시큰거린다
　　-장학순 시「철이 없어서」전문

장학순의 시의 대상으로 나무와 식물 이미지가 자주 그려진다. 나무 둥치보다는 나뭇가지의 변용 이미지와 생활에서 발견하는 감정이나 깨달음을 병치시키고 대립시켜 시를 전개한다.

시「철이 없어서」'철'의 동음이의(同音異義)를 젊음과 나이 듦으로 대립하는 촉매로 활용하고 있다. '젊은이'의 '철' 없음과 '부러진 손목에 박아 두었던' 물질의 '철'(鐵)을 '철들어야 할 나이에 철이 빠져' 있는 '철'없는 노인의 모습을 웃음을 머금게 하는 언어 활용의 장난기도 구사한다.

물이 흐르면 함께 구르고/ 부딪치면 비켜서고, 돌아눕고,/ 닳고 닳아 맑은 소리 몽돌이라는데// 일어설 때마다 부딪치는 무릎 속 몽돌은/ 아직도 닳을 일이 남아있다고/ 뻐거덕 뻐거덕 신음을 낸다// 자세히 들어보면/ 아직도/ 뻗대 뻗대 소리를 지른다// 툭 떨어지지도 못하면서/ 스스로 구르지도 못하면서/ 저 만치 혼자 앞서듯/ 다리를 부려 자꾸 내닫는다// 멀다/ 수시로 파도가 밀려오는 저 해변
　　- 장학순 시「무릎이라는 몽돌」전문

사람의 몸에서 뼈대는 나뭇가지와 같다. 나뭇가지는 구부릴 수 없지만 사람의 무릎뼈는 연골의 역할로 굽히고 펴기가 자유롭다. 시「무릎이라는 몽돌」에서는 자유롭게 '구르고/ 부딪치면 비켜서고, 돌아눕'는 '몽돌'같은 무릎 뼈에 이상이 생긴 것을 스스로 안타까워하는 마음을 진술하고 있다.

화자의 무릎은 '뻐거덕 신음'을 내고 '뻗대 소리를 지른다'. 무릎이 기능을 제대로 하지도 못하면서 화자의 또 다른 욕망의 분신이 되어 '저만치 혼자 앞서 듯' 가고 싶은 곳이 '자꾸 내닫는다'.고 탓하고 있지만 화자의 마음은 '

수시로 파도가 밀려오는 저 해변'으로 가고 싶었을 것이다.

임미영의 시에서는 시적 대상을 대하는 화자의 시점이 대상과 거리가 멀게 느껴진다. 시를 쓰는 일은 창조적인 예술 행위이지만 기본적으로 시인이 본 것, 느낀 것, 사유한 것 등을 언어(문자)로 현실화하는 행위이다. 그러나 시를 쓰기 전에 시인의 관점은 시의 대상에 어떤 입장을 취할지 선택하는 것도 중요하다.

  솜방망이꽃이 핀 논둑 아래/ 볍씨들 뿌려져 일렬로 줄 서/ 새파란 눈동자를 반짝거린다// 바람과 햇살이 어루만지자/ 밤낮으로 웃어대더니/ 우렁이 개구리를 불러들인다// 몇 번의 장마와 불볕을/ 들이키더니/ 환하게 핀 벼꽃// 목숨의 씨앗들이 환하게 핀 것은/ 눈물을 위로하기 위해서다
  - 임미영 시 「벼꽃은 환하다」 전문

시 「벼꽃은 환하다」에서 화자는 관찰자의 시점으로 대상을 지켜보고 있을 뿐이다. '벼꽃'에게 활유의 장치를 입혀 벼꽃의 모습이나 변화를 묘사하고, 벼꽃 주변의 대상들 '우렁이, 개구리, 장마, 불볕'을 불러들이지만 그것들과 벼꽃의 인과성이 지나치게 생략되어있다. 시가 길어지면 서술문에 불과하다는 지적을 피하기 위해 진술의 과정을 생략한 결과 시의 대상들은 제 본연의 본성으로만 남아 있다.

  시의 화자가 벼꽃이 피어 있는 풍경을 바라보기만 하고 그 풍경에서 아무런 감흥을 담지 않아서 짧은 시인데도 지루해진다. 시의 주 대상이 '벼꽃'이라면 벼꽃이 시인의 내면에 들어가지 못하고 '논둑 아래 ~ 일렬로 줄 서' 있을 뿐이다. 화자의 감정 또는 경험의 바깥에 있는 '벼꽃'은 화자와 정서 교류를 하지 못한 채 존재의 의미 없이 혼자서 환할 뿐이다. '목숨의 씨앗들이 환하게 핀 것은/ 눈물을 위로하기 위해서다'라는 단정적 진술은 누구를 위한 위로인지 무엇을 위한 위로인지 결정해 주지 않아서 독자에게도 벼꽃 풍

경의 위로가 전해지지 않는다.

시 쓰기에서 감정이나 의미를 감추는 장치를 종종 활용하지만 그 시적 장치 앞이나 뒤에 감춰진 것을 유추할 수 있는 진술은 있어야 한다. 감춤의 미학은 찾을 수 있을 만큼이 효과적일 것이다.

> 하늘에/ 파도가 술렁이던 지난 밤// 헤엄치던 별들은/ 땅으로 내려와 꽃이 되었다// -중략(中略)- / 작은 바람에도 흔들리며/ 흩어지는 가을을 가득 움켜쥔 채/ 긴 꿈을 들춰 본다
> - 임미영 시 「코스모스」 전문

시 「코스모스」도 「벼꽃은 환하다」와 같은 형태이다. '코스모스'는 화자의 내부로 들어오지 못하고 가을 길가에 '흔들리며' 서있을 뿐이다. 화자의 내면세계에 대상들을 데려와 화자의 삶에 의미 있는 생명으로 대화를 나누고 위로하고 가꾸면 그 모습을 읽는 사람들도 화자의 내면에서 함께하는 대상에 관심을 더 가질 것이고 시적 대상의 존재 의미를 읽어낼 수 있을 것이다.

그의 시는 시골의 소박하고 정겨운 풍경과 함께 살아온 한국인의 정서를 시의 바탕에 두고 있으므로 순결하고 소중한 사랑, 원초적 생명을 노래하는 전통적 서정시를 독자들이 공감하는 세련된 모습으로 보여줄 것으로 기대해 본다.

공민용은 시를 대하는 태도가 순수하다. 시를 감상하고 창작하는 작업에 겸손한 마음을 지니고 있으면서도 창작한 시는 감정이나 관념을 천진스럽게 전개하고 있다. 그의 시에는 밝은 이미지와 다정하고 명랑한 생동감이 있다.

> 프리지어 꽃은 생일의 색깔이다.// 거실 한가득 꽃향기가 번져 있는/ 오늘은 생일이다./ 초록의 시작이 노랑이니까/ 나도 노랑병아리처럼 작은 부리로 세상을 열고 나와서/ 이제 활짝 핀 프리지어 꽃처럼 눈부신 노랑이

다// 저 꽃은 버스를 타고 왔을 것이다/ 가지런한 흰 손이 그 꽃을 가만히 쥐고 버스에 흔들리며/ 그렇게 내게로 와서/ 저렇게 웃는 것이다// 이미 멀어진 겨울의 등 뒤에서/ 프리지어 꽃은 피고/ 나는 꽃처럼 태어났다/ 세상의 봄이 열리는 계절에 나는 왔다/ 참 따듯하고 다정한 햇살이 쏟아졌다는 그런 날이/ 내 생일이다
 - 공민용 시 「프리지어 꽃을 받았다」 전문

그는 삶의 여러 공간에서 따듯한 이미지를 찾아 묘사한다. 지난 시간의 어두운 이미지나 우울하고 패배적인 감정들은 '잊고 살았던 잘못을/ 용서하라고 내가 나에게 위로를 보낸' 것으로 정리를 한다. 그는 「광화문 구경하기」에서 '광화문 앞을 지나며' 바쁘게 흘러가는 도시의 풍경을 묘사하면서 '저 많은 발자국의 힘으로/ 오늘도 안녕할 것'을 기원한다. 「지리산」에서는 '다시 올거야/ 마음에 약속을 적어' 두며 후일을 기약한다. 그에게는 지난날보다 '참 따듯하고 다정한 햇살이 쏟아'지는 날에 안녕과 약속과 희망을 보여주는 건강한 시를 보여주고 있다.

시 「프리지어 꽃을 받았다」에서 그는 자신의 눈에 보이는 이미지를 비유와 묘사의 기술적 전개보다 직접 묘사로 시적 분위기를 만드는 작업에 서툰 모습을 보인다. '초록의 시작이 ~ 세상을 열고 나와서', '저 꽃은 버스를 타고 ~ 웃는 것이다'는 서술은 사족이다. 그의 다른 시에서도 감정이나 관념을 직접 서술하여 시의 정서를 방해하기도 한다. 그가 시를 꾸준하게 창작한다면 서투르게 보이는 요소들은 곧 개선될 것이다. 그리고 밝은 이미지와 따듯하고 다정한 정서를 시에 담아내는 특징은 시 창작의 장점으로 발전될 것이다.

원경재의 시는 어두워져야 발견되는 이미지들로 가득하다. 그리움의 심상은 아득하거나, 황홀한 '그대', '당신'에게 '빠져있'다. 위태롭고 불안하고 비탄을 품은 정서는 한(恨) 맺혀 술로 견딘다는 비관적 상황이 비쳐진다. 그의 시 중에는 우리 문학사 중 근대시의 퇴폐적 낭만주의 경향의 시와 현대

시의 상업적 경향에서 알려진 연가풍의 글을 패러디한 시가 자주 발견된다. 시의 감정을 경직시키고 상상력을 제한하는 한자어의 빈번한 사용과 관계가 될 것이다. 흑백영화 시대의 낭만적 곡조가 흐르는 노래를 시로 옮긴 듯하다. 이런 특징은 그가 시문학사를 공부하고 낭만적 경향의 시를 선호하여 시의 감성이나 시의 전개를 자신의 방식으로 개선을 시도한 결과로 본다.

> 발톱은/ 천부(天賦)의 병기다// 신이 허락한 생존의 보검/ 타자(他者)와의 대척점에서/ 날 선 발톱을 세우고/ 소름처럼 번뜩이는 건/ 이브의 눈물이다// 시퍼렇고 예리한/ 그 창끝에 고인 피로(疲勞)// 내 지친 편린들과 함께/ 닳고 닳아진 발톱은/ 끝없는 수렁 어딘가에서/ 오늘도 뭉뚱그려진 채/ 파편으로 튄다
> - 원경재 시「발톱」전문

「발톱」은 원인을 알 수 없는 한탄의 '파편' 같은 시이다. 한때 '소름처럼 번뜩이는' 용맹함과 투지로 존재했던 시적 대상은 시와 상관성이 없는 '이브의 눈물'로 인해 '피로'(疲勞)해지고 '닳고 닳아' '뭉뚱그려진 채' '파편'으로 전락한다. 화자는 신체의 '발톱'과 상상하는 짐승의 '발톱'을 병치하는 상상을 펼쳤지만 시의 결말 부분처럼 시의 의미를 잃는다.

독자는 누구의 발톱이 왜 날을 세우는지 알 수 없다. 시의 대상이 무엇인지는 화자만 알고 있다. 시가 무한 상상의 기록을 허용하는 장르이지만 애매하고 이유 없는 상상은 시를 예술적 철학적 효용성을 혼란스럽게 하고 방해한다.

그의 시에 대상으로 자주 나타나는 '그대', '당신'은 이미지가 없다. 상상한 이미지가 없고 비유되는 이미지의 찾을 수 없는 애매하고 추상적인 대상이다. 불특정 이성이겠지만 ('어매'로 표현되기도 함) 시간과 공간에 따라 달라지는 '그대', '당신'의 이미지를 시를 통해 상상할 수 있도록 묘사하는 친절이 없다. 함께 있지 않아 안타깝고 그리운 감정이 과잉되어 그리운

대상은 화자가 찾고 싶은 공간 어디에도 있는 듯 없는 모순을 지니고 있다.

그의 시 속 화자가 '그대', '당신'에게 주는 연정이나 관념의 하소연이나 외로운 감성은 자주 과잉되어 그가 노래하는 연가(戀歌)에 관련된 모든 대상과 사유가 허무해지기도 한다. 그가 연가풍의 시를 계속 쓴다면 '그대', '당신'을 언어로 빚어서 그 형상을 시에 드러내야 연정도 깊어지고 시심도 깊어질 것이다.

장재정은 자기의 정체성 찾기를 시로 묘사하고 있음을 보여주고 있다. 그에게 보이는 시적 대상들은 자신과 관련성을 찾기 위한 탐구대상이며 분석적인 묘사로 자신의 안타까운 상황과 비교하는 태도를 보여준다. 비관적인 정서를 드러내는 진술로 허무감을 자아내기도 한다.

가로로 세로로 대각선으로/ 꾹꾹 점선으로 새겨지는 칼집// 저년은 저밖에 몰라/ 시집가기 전에 오천만 원 해 놓고 가/ 서운함을 가로로 접어/ 아직도 빚진 딸로 살아가네.// 애 셋 키우느라 시간이 없다하면서도/ 자기 하고 싶은 건 다 하잖아/ 속상함을 세로로 접어/ 지금도 갈증을 해소하려는 사회인으로 살아가네.// 우리 모두의 바람은 결핍을 채우려는/ 운석 간의 충돌/ 그 찬란한 순간을 대각선으로 접어/ 꾸욱 마음을 구겨 넣어보네.// 지금 나는 누구의 삶을 살아가는가.
  - 장재정 시「종이접기」전문

시「종이접기」는 사람 사는 이야기이다. '나'의 삶의 진술을 펼쳐 놓은 이 시의 행마다 시적 주체가 누구인지 혼란스러운 모습을 보인다. '저년'과 '빚진 딸'이 동일인인지 다른 사람인지 구별이 어렵다. '점선으로 새겨지는 칼집'과 '사회인으로 살아가'는 현상과 '우리 모두의 바람'의 연관성을 증명하는 시적 대상이 보이지 않아서 더욱 혼란스럽다. 시의 행이나 연, 시의 정서를 연결해주는 상황들이 각각의 목소리만 높이다가 '지금 나는 누구의 삶을 살아가는가' 질문하면서 화자도 혼란스러워하고 있다. 혼란을 주제로 한 해체시의 실험이라면 성공적인 시라고 말할 수 있겠지만 자기 정체성을 찾기에 몰두하고 있는 시라면 묘사와 진술이 일관성을 지니지 못한 점을 안타깝게 지적하고 싶다. 그의 시는 현실에서 방황하는 여성으로서 흔들리는 정체성을 그리려하다가 부정적이고 비관적이며 비판적인 이성(理性)을 앞세운 듯하다. 그의 시에서 비관적 감정들은 '민낯의 슬픔 속에/ 뭉그러진 자존심', '마음과 따로 노는 몸', '떨어져 나갔다', '우리 모두 버리기로 했다', '나도 모르겠다고', '휩쓸어 버리기로 했다'는 서술로 드러난다. 자신의 생활에 대한 비극적 인식과 여성으로써 살아가는 비관적 관념은 자신이 속한 사회를 계속 부정하게 되고, 자신은 부적응의 존재로 외톨이가 된다.

그는 '지키고 싶은 것은/ 그래도 나 자신이다'라며 스스로를 믿는 존재자임을 밝혔다. 그가 시를 쓰는 이유는 행복해지기 위한 행위임을 잊지 않기 바란다. 시를 통해 자기 정체성에 허무의식을 극복할 대상들을 찾아 사랑의 마음으로 키우며 살아가는 모습을 노래하고 그려내기 바란다.

이옥신의 시는 가부장적 가정에서 지내온 자신의 부모님 이야기를 명랑하고 화기(和氣)로운 분위기로 읽혀진다. 삶의 애환, 번민, 불안과 같은 위태로운 정서를 지니지 않은 회고시이다.

거친 들판을 더듬어 봄 쑥을 뜯는다/ 겨울을 건너온 여린 것을 가져가는/ 내 손은 거칠고 마디 굵다// 살짝 데쳐 향기와 맛을 건진 봄 쑥으로/ 허기진 밤을 지켜주던 개떡을 빚어/ 텅 빈 속을 채워본다/ 참 오래된 봄날을 먹는다// 쑥이 돋는 봄날을 기다리던 시간들/ 돌아보면 겨울 또 겨울/ 그 겨울 속에서 내 손을 꼭 쥐던/ 봄날 같은 손이 있었다/ 봄 쑥을 뜯어 개떡을 빚어 주던 손이 있었다// 이제, 내가 내 허기를 달래기 위해 / 온종일 앉아서 개떡을 빚으며 쑥떡 쑥떡 봄을 맛보는 저녁

- 이옥신 시 「봄은 쑥떡쑥떡 온다」 전문

이옥신의 삶은 고달픈 기억이나 생존의 위협을 경험하지 않은 것 같다. 그의 시에는 삶의 그늘진 시간이나 공간이 없다. 그의 삶은 시 「나무」에서 '견디는 것이 아니고/ 기다리는 것이다', 「아버지라는 산」에서 '지금은 나 혼자 지켜본다'라고 말하듯 조급하지 않다. '가족의 입에 들어갈 양식'을 챙기는 아버지의 추억, 개떡을 빚어 배고픔을 채워주던 '봄날 같은' 어머니의 추억, '원피스 지어드린' 신혼시절 시어머니에 대한 추억으로 여유롭다.

어머니는 영원한 시의 원천이다. 많은 시인들이 회상하는 어머니는 그리움과 연모 주인공이고, 자신의 정신적 정서적 지주이며, 궁핍에 대한 회고의 주인공이다. 이옥신의 시에서 어머니는 많은 시인들의 어머니와 다른 이미지이다. 자신을 키운 어머니, 어머니가 된 지금의 자신이다. 그 어머니(아버지)는 '봄날 같은 손'으로 부족함을 채워주는 대상이다. 안타까운 정서를 자아내거나 극복해야 할 대상이 아니다.

남다른 고난의 상징적 이미지가 없이 현실에 안주하는 생활시로 읽혀질 경향이 있는 그의 시는 자칫 독자에게 정서의 공감을 기대하기 어려운 이야기로 묻히는 글이 될 것이 염려된다. 그는 오솔길, 벼랑길, 허허벌판에서 다사다난을 겪지 않고 여인으로 가야 할 길만 지나왔기에 어둡고 불안한 정서가 없다. 평온한 정서와 그윽한 회고의 감성이 바탕이 되는 그의 시적 상상력은 사람들의 따뜻하고 밝은 삶을 유쾌한 낙원으로 그려낼 정서로 가득하다.

이계섭의 시는 이미지 묘사나 상황 진술의 연결 폭이 넓다. 상상이나 관념을 전개하는 행 사이, 연 가름, 시구(詩句)의 상관관계를 꼼꼼하게 헤아린다. 시어의 사용에도 신중한 태도를 유지하고 있어서 현란한 이미지 전개나 관념에 대한 연상기술(記述)의 속도가 더디다.

> 평생토록 허공을 날아야 하는 것이 목숨의 명제인 새들이라고/ 허공이 마냥 아름답거나 자유롭기만 하겠습니까/ 끝까지 닿아본 적 없고/ 시작도 알지 못하는 공중을 향해 날아오를 때/ 새들에게도 추락의 공포가 있을 테

지요// 세상에 예측할 수 있는 목숨이란 없는 법이어서/ 새도/ 꽃도/ 바람도// 어쩌면 산기슭에 붙박인 바위까지도/ 느닷없이 굴러 떨어질 것 같은 두려움에 떠는지도 모르지요// 밤마다 검은 어둠이 덮이는 것은/ 저 숱한 목숨들의 두려움을 잠간 쉬게 하려는/ 우주의 섭리겠지요// 늦은 밤길의 두려움을 위로하려고/ 하늘에 달을 걸어두는/ 어떤 손이 계신 것을 압니다
　　- 이계섭 시 「두려움에 대하여」 전문

　시 「두려움에 대하여」는 관념과 이미지들을 서로 무심하게 던져놓은 듯하다. 두려움의 원인이 '추락'이고 '굴러 떨어질' 것이라는 진술은 평범하다. 시가 순간에 대한 감정이나 관념의 포착을 소재로 삼지만 시의 화자는 그 감정이나 관념을 형상화해 주는 시의 상관물들과 소통을 하지 못하여 독자의 사유는 추락의 공포를 왜 묘사하려 하는지 화자와 추락과 어떤 관련성이 있는지 시 읽기가 끝나도 짐작하지 못할 것 같다. 독자의 의문과 사유는 허공에 맴돌게 된다. 결국 '두려움을 잠간 쉬게'하려는 '어둠'과 '두려움을 위로'하는 '달'이 우주를 관장하는 신의 섭리임을 진술하기 위해 시를 썼다고 인식할 뿐이다. 시의 울림이나 여운을 기대해 봄직한 '두려움', '공포'에 대한 관념에 화자의 사유와 몸짓이 시에 스며있지 않고 드러나지 않은 점이 아쉽다.
　앞서 밝힌 바와 같이 이계섭의 시는 신중하고 이미지가 전개되는 시간과 공간이 크다는 점이 특징이다. 그의 관념이 시의 대상과 원활하게 소통을 지속하면서 사유의 깊이를 더한다면 형이상학적 시세계를 다양하게 펼칠 것이다.

3. 바람시 동인은 좋은 시를 쓰는 좋은 사람들

　바람시 동인의 사화집에 감상평을 쓸 수 있는 기회를 갖게 되어 영광이

다. 2년 전 어느 단체 지원도 없이 제본 형태의 조촐한 동인지를 냈지만 올해는 안팎을 알차게 편집하고 인쇄한 시집으로 발간하게 되어 회원들의 기대가 크다. 필자의 긴 글도 회원들의 시창작 생활에 소소한 도움이 되는 불쏘시개가 되면 좋겠다는 기대를 함께 덧붙이고 싶다.

 사화집 발간을 기념하여 12명 회원의 창작 시에 관한 감상평은 한 사람도 빠뜨리지 않고 작성하고자 하였다. 그러나 회원 개개인의 시세계의 참신성, 시의식의 독창성, 시창작의 개성을 발견하는 작업 결과가 자칫 회원의 시에 대한 열정을 방해하는 독소가 될 수도 있겠다는 생각이 든다. 필자의 감상평이 창작자의 의도나 시의식과 다르게 해석되어져 있다면 퇴고의 과정을 되풀이 하면서 다름의 이유를 고려해 볼 필요가 있다. 시의 완성도를 높이기 위한 늘 있는 과정으로 생각하면 좋겠다. 른 흘려보고, 잊은 듯 나름의 방법을 유지하면서 시 쓰기를 바란다. 물론 창작자의 창작 의도를 잘 파악하여 감상평을 한 부분이 많다면 시 쓰기에 자신감을 충전하여 더 좋은 시를 만드는 디딤돌로 삼아 이전보다 아름답고 참신한 시세계를 펼치면 좋겠다.

 함께 시를 공부하면서 다정한 분위기의 친분관계와 풍족한 결과물을 서로 기쁘게 베풀고 나누는 인간관계를 몇 년 동안 지속해 오는 모임은 그리 많지 않다. 그런데 〈바람시 동인〉은 좋은 시를 쓰고 싶은 마음이 서로 통하여 서로가 좋은 시를 창작하게 하는 도우미가 되는 좋은 사람들의 모임이 되어있다.

 좋은 사람들이 좋은 시를 쓰면 좋겠다. 성격이나 인성이 이기적이고 자기도취에 젖어 사는 사람도 시를 쓴다. 필자가 알고 있는 시인 중 스스로 위대한 시인이듯 행세 하는 사람이 몇 몇 있다. 그들의 시는 읽지 않는다. 좋은 사람이 아니어서 그로부터 나오는 모든 말과 글은 가식이고 위선일 것이라 단정하는 나의 오판을 믿는다. 이 나라에서 시문학의 전문가들로부터 시 잘 쓴다고 인정받아 상과 상금을 자주 받는 시인은 내게도 부러움의 대상이다. 그런 시인은 만나기 어렵고 대면하여 대화를 나누는 일은 내게 어려운 상황이 될 것 같다. 그런 시인들 중 몇은 만남이나 모임의 일상에서 귀빈처럼 밥상도 술상도 찻상도 자신을 위한 차림으로 존중 받기만 한다. 그런 태도를 지닌 사람의 시를 읽은 시간에 대한 가성비, 가심비가 아깝다는 불쾌감이 깊어진다. 부러웠던 시인의 과대포장, 과대광고에 속은 나 자신이 부끄러워진다.

바람시 동인에는 그런 사람이 없다. 그럴 위인이 될 성격이나 태도를 지닌 사람이 없다. 앞으로도 없을 것으로 믿고 싶다. 바람시 동인들과 시를 공유하는 시간 내내 마음이 편안해진다. 대화가 없어도 편하고 말하지 않아도 부끄럽지 않다. 멀리에서 조차 보기 불편하고, 만남이 불편해지는 시인들이 기계적으로 잘 만들어 낸 시에 비하면 바람시 동인들 시의 서술이 투박하고, 묘사와 비유와 사유의 연결이 종종 어긋나는 모습이어도 이들의 시가 훗날 더 좋은 시가 될 것이다. 진심의 묘사와 소박하고 아름다운 삶의 인식을 담은 시 의식이 좋은 시로 숙성되어 보여 질 것이다.

'바람시 동인은 좋은 시를 쓰는 좋은 사람들'이라는 모습을 오래 보여주기를 바란다.

4. 여전히 시를 사랑하고 다듬는 시인들 곁에서

1. 살피기

　정확한 통계인지는 알 수 없지만 전국에 시인이 약 3만 명이라고 한다. 그들 중 천안에 地緣을 둔 시인들은 70여명 정도 될 것으로 헤아려진다. 천안의 시인들 작품을 대할 기회는 따로 노력하지 않아도 많았을 터인데 그들의 작품을 기억하는 일, 아니 그에 앞서 그들의 이름을 기억해 내는 기회를 거의 갖지 않았음은 詩에 관한 나 자신의 게으름과 무관심에서 비롯된 탓이다.
　몇 해 동안 닫아 두었던 詩眼을 열기가 쉽지 않아서 詩세계에 살갑게 빠져드는 작업을 미루고 고심하고 망설이다가 詩를 통해 詩를 배우는 독자의 마음으로 심호흡을 몇 백 번 이상 하고 천안의 시인 몇 분의 작품을 대한 소감을 풀어 놓으려 한다. 글을 쓰는 일은 필자의 주관이 주도하는 작업이다. 그 내용이 활자화되어 타인의 눈앞에 펼쳐진 후에는 객관성과 공감의 정도에 따라 잠정적 평가가 발생할 것이다. 천안의 시인 몇 작품을 처음 거론하는 이 글에 대한 평가도 사실은 부담스럽다. 나의 시 읽기 수준은 아직 왜곡과 편견의 경향이 짙고 상상력의 범위도 비좁기 때문이다. 재해석은 이 글을 읽는 독자의 몫이다.

누군가 시를 쓰고 싶어서 시를 쓰고, 그 시를 읽는 사람이 시라고 생각하면 그뿐, 시를 써서 삶의 환경이나 방식이 달라지지는 않는다. 그런 시를 생각하면 나는 불안해진다. 시를 앞에 두면 나는 많이 부족한 존재라는 자괴감에 빠져든다. 나 자신은 한 편의 시를 쓰지 못하고 있는 이 시절에 이름이 귀에 익은 주변 시인들의 시를 조금 더 꼼꼼하게 공부해보려니 내 평소 하던 일이 아니어서 어색하기만 하다. 시가 되지 않으니 주변 시인의 작품으로 공부해보려는 몸부림으로 이 글에 대해 주기를 바란다.

2. 펼치기

시를 왜 쓰는가? 누구를 위해, 무엇을 위해 시를 쓰는가? 행간을 뒤척이면서 쓸 말 못쓸 말 가려내면서, 喜怒哀樂 감정을 다스리면서 시를 쓰는 이유는 무엇일까? 시의 이해를 돕는 동서고금의 소중한 정의와 수많은 이론가들의 촌평들을 열거하여 묵직한 사전을 뒤적이고 시론을 공부해도 내가 시를 쓰고 싶은 이유는 아직도 정리되지 않는 다. 그럼에도 시와 조금 더 친해지고 싶어서 주변의 몇몇(친분 관계와는 무관한)시인의 작품을 천천히 반복해서 살펴보고 뒤적이고 망설이다가 몇 작품 감상을 펼쳐 보이려 한다. 시론이나 비평이론을 적용하는 문학연구의 태도가 아니고 시를 꼼꼼하게 읽는 독자의 태도로 천안에서 창작활동을 하고 있는 시인들 작품을 살핀 것이다.

빵에 대한 맹세
　　박미라

아제르바이젠에서는 빵을 두고 맹세하는 풍습이 있다는데

신 앞에 무릎 꿇거나 하늘을 부르거나
머뭇머뭇 건네는 목숨쯤은 맹세가 아니라는데
아제르바이젠,
이름도 처음 듣는 낯설고 먼 나라에는
맹세로 부풀린 빵이 있다는데

따뜻하고 말랑말랑한 빵에 키스하기 위하여
밀밭 고랑을 누비는 여자
노랑눈썹솔새 소리를 촘촘히 받아 적고
치마폭 가득 바람의 냄새를 가두는 여자
꾸역꾸역 밀려오는 저녁 속으로 맨발을 슬쩍 밀어 넣기도 하면서
자신의 빵 속에 수천수만의 길을 옮겨 가는 여자
밤마다 빵 속에 감춰둔 밀밭지도를 남몰래 꺼내보면서
새로운 길을 따라가 보는 여자
밀밭에서 데려온 것들 중 하나가 까르르 웃음 터뜨린 날이면
황금색 껍질의 빵을 내놓는 여자

날마다 똑 같은 빵을 굽고 똑같은 맹세를 거듭하지만
내일도 빵을 굽겠다고 맹세하는 여자
자신의 맹세를 확인하듯
천천히 빵을 뜯어먹는 여자
돌처럼 굳은 빵 덩어리를 징검다리 삼아 전생으로 놀러가기도 하는
발효를 끝낸 얼굴이 빵처럼 다정한 여자
아마도 몇 생을 두고 내 이름을 부를
지긋지긋한 여자

세상에는 생각만으로도 가슴 뻐근한 말이 아직 있어서

굳은 식빵 곁에서 입술 깨무는
먼 곳의 여자

'아제르바이젠' ― 우리 발음으로 센소리가 들어있지 않아서 생소한 이름이지만 부드러운 느낌이 든다. 이국의 여자가 살아가는 일상 중 생명만큼 소중한 식량인 '빵을 두고 맹세'를 하는 거룩한 이미지는 미지의 풍경과 삶에 대한 호기심을 자극하기에 충분하다. 언젠가 TV에 방영된 다큐 프로그램을 보고 시를 썼다는 말을 시인에게 들은 적이 있다.

자신의 직접 체험이 아닌 만큼 시인은 조심스럽게 시를 전개한다. '―있다는데', '―아니라는데' 라는 불확실성 어미를 통해 호기심 또한 커짐을 나타내고 있다. 이국에 대한 순박하고 부드러운 선입견으로 시인은 '빵을 두고 맹세하는 여자'의 말과 행동과 표정을 예사로 지켜보기만 한 것이 아니라 이국적인 풍경과 풍습을 연관하여 세밀한 묘사를 보여 준다.

따뜻하고 말랑말랑한 빵에 키스하기 위하여/ 밀밭 고랑을 누비는 여자/ 노랑눈썹솔새 소리를 촘촘히 받아 적고/ 치마폭 가득 바람의 냄새를 가두는 여자/ ― 中略 ―/ 밤마다 빵 속에 감춰둔 밀밭지도를 남몰래 꺼내보면서/ 새로운 길을 따라가 보는 여자/ 밀밭에서 데려온 것들 중 하나가 까르르 웃음 터뜨린 날이면/ 황금색 껍질의 빵을 내놓는 여자

하루의 풍요를 해결하기 위한 빵을 만들기까지의 과정을 묘사한 위의 부분은 '빵을 내 놓는' 순간까지 '흙'의 원관념을 토대로 '밀밭'과 '빵'과 '여자'의 이미지를 따뜻하고 부드러운 촉감으로 나타난다. 시인은 '밀밭 고랑을 누비는', '치마폭 가득 바람의 냄새를 가두는' 노동의 일상을 '빵 속에 수천수만의 길을 옮겨가는', '새로운 길을 따라가 보는' 희망의 여정으로 그려낸다.

먼나라 여자의 이야기이지만 어린 시절 우리 땅에서 아련하게 보았던 어머니의 모습과 중첩된다. 우리보다 앞선 세대 분들은 춘궁기의 모습을 떠올

리기도 할 것이다. 보리이랑을 헤매고 산나물 들나물을 기어기어 캐시던 어머니의 머리 위로 '노랑눈썹솔새' 대신 소쩍새나 종달새의 울음이 서글프게 지나는 영상을 떠올리게 한다. 덧붙여 '까르르 웃음 터뜨린' 긍정적 에너지로 '빵'이 생산되는 과정을 섬세한 詩眼으로 그려내고 '감춰진 밀밭 지도'에 시간을 넘나드는 상상을 덤으로 얹어 '여자'의 삶을 읽게 하는 시인의 능숙한 묘사 기술이 돋보인다.

시인은 '빵을 두고 맹세하는' 먼나라의 여자를 지켜보면서 거리를 좁힌다. 먼 나라 '여자'의 심정을 헤아리면서 '여자'와 소통의 기회를 만든다. '발효를 끝낸 얼굴이 빵처럼 다정한 여자/ 아마도 몇 생을 두고 내 이름을 부를 지긋지긋한 여자'로 애증의 친근감을 표현한다.

그런데 마지막 행에서 '먼 곳의 여자'는 누구인지 궁금해진다. '생각만으로도 가슴 뻐근한 말'이 있어 '입술을 깨무는' 먼 곳의 여자는 아제르바이젠의 여자임이 분명하다. 이중의 의미를 부여 한다면 '여자'를 묘사하면서 동화되어 시인이 잠시 이국의 여자로 分身했을지도 모른다는 생각이 든다. 몇 줄로 이 시의 감상을 적어내기에는 내 능력이 너무 부족하다. 조금 더 긴 시간을 두고 위의 시 한 편을 꼼꼼하게 탐독한다면 다음과 같은 특징을 언급할 수 있을 것 같다.

완결형 어미 없이 詩行을 이끌어 음악적 요소인 시의 리듬을 조절하고 있는 점에 관한 논의, '밀밭', '빵', '바람', '길' 등에서 비롯되거나 연관되는 시인의 물질적 상상력의 탐구, 관찰적 화자로서 '먼 곳의 여자'를 상상하는 시간 동안 거리(공간)와 내면의식의 변화, 특히 페미니즘의 관점에서 시적 대상으로서 '여자'와 화자(시인)으로서 '여자'의 삶의 여정 비교, 여성성의 특질과 본질 그리고 여성으로서 자유로운 영혼을 시인은 어떻게 표출하고 있는지, 등등 시를 쪼개고 조합할 요인들에 대해 언급도 하지 못했다. 더 생각할 여지는 훗날로 미룰 밖에.

대천항(大川港)

강 석 화

배가 가슴을 가르자
바다는 금빛 속살을 드러내며 길게 누웠다
사람도 가슴을 열면
깨어나는 사랑, 바다와 같더라
물결의 일어남과 스러짐 사이로
나 또한 흔들리는 배일까
밀고가는 물결일까
멀리 가라앉는 파도 꼬리에
그리운 입술이 미소짓는다
사랑은 갇혀있는 너의 눈부심을 발견하여
나만이 꺼내놓는 일이었다
부서져도 계속 파도치며
먼 바다 섬 절벽을 깎아내는 일이었다
마주쳤다 갈라지는 물결처럼
너무 깊어 푸른 줄만 알았던 바다
서로의 물살을 섞어
짙어가는 너의 빛도 그에 더해지리
빈 배는 멀리 떠나 노을 싣고 돌아온다
우리는 그 뱃길 어디쯤에서 손잡고
출렁이는 물결이다

문자로 인간의 감정을 표현하기 시작한 고대부터 지금까지 '바다'를 시적 상관물로 창작된 작품들은 문자가 바다를 이룰 만큼 세상에 넘실거린다. 서정시가 개인의 경험과 정서에 따라 다양하게 표현되는 장르라는 보편적인 인식에 비추어 본다면「대천항」역시 개인 심상으로 그려진 작품이다.

시인은 무궁무진한 의미와 사건과 상상을 내포하는 '바다'를 '너'로 의인화하여 戀歌의 대상 또는 배경으로 역할을 한정하였다. 그리고 '나'는 '배'가 되거나 '물결'이 되어 '너'를 향한 연민에 흔들리고 있음이 노래한다. 시인이 연민하는 '너'는 '바다와 같다'고 고백한다.

시인은 '바다'의 속내를 발견하기 위해 '바다'로 부터 시선을 떼지 못하고 '바다'의 외부와 내부를 주시하고 있다. '배가 가슴을 가르자/ 바다는 금빛 속살을 드러내며 길게 누웠다', '사랑은 갇혀있는 너의 눈부심을 발견하여/ 나만이 꺼내놓는 일이었다'고 발견을 위한 적극적 의지를 묘사하고 있다. 적극적 의지는 '물결'이 되어 '밀고 가는 물결', '먼 바다 섬 절벽을 깎아내는' 지속적인 애정의 의지를 드러내고 있다. 시인의 의지는 뜨겁지만 바다는 뜨겁지 않다. 그래서 시인이 '바다'에서 발견한 사랑은 감성적이지 않고 이성적인 사랑으로 드러난다.

> 사람도 가슴을 열면
> 깨어나는 사랑, 바다와 같더라
> 물결의 일어남과 스러짐 사이로
> 나 또한 흔들리는 배일까
>
> ─ 중략 ─
>
> 마주쳤다 갈라지는 물결처럼
> 너무 깊어 푸른 줄만 알았던 바다
> 서로의 물살을 섞어
> 짙어가는 너의 빛도 그에 더해지리
> 빈 배는 멀리 떠나 노을 싣고 돌아온다

감정을 앞세우지 않고 사랑의 증거를 확인하고 싶은 시인의 의지로 동경의 대상인 '바다' 또는 '너'에 동화되고 싶지만 스스로 미미한 존재임을 확인한다. 무엇인가 발견한 듯 하지만 여전히 자신은 '흔들리는' 존재이고 '빈 배'임을 확인하고 있다. 여기서 '너', '바다'의 정체에 시인은 더 큰 의미를 부여하고 있음을 발견할 수 있다. '너'는 감정을 주고 받는 있는 대상보다 더 큰 존재, 이데아로 짐작할 수 있다.

시인은 대상과 거리를 좁히지 못한다. 삶의 궁극에서 도달하고 싶은 이상향의 보조관념으로 '너', '바다'를 그려낸 것으로 시를 다시 읽어본다면 시인이 흔들리고 연민하는 거리에서 발생하는 답답함이 해결될 수 있으리라 본다. 「대천항」은 '바다', '너'를 향한 노래가 연가풍이지만 그 내면에는 이데아, 삶의 진리를 추구하려는 시인의 의지가 출렁이고 있는 시로 읽혀진다.

난간에 기대어

곽경효

꽃이 핀다
천지 사방에 화약처럼 번져가는 꽃들의 반란
뜨겁게 덤벼드는 저 맨몸 앞에서
속수무책, 자꾸만 흔들린다
저것들 저토록 열심히 제 물집을 터뜨리는데
나는 감히 무어라 말하지 못한다
캄캄한 시간을 온몸으로 견뎌온 돌멩이처럼
굳게 입 다물고 지켜보고 있을 뿐

등 기대고 선 곳이 난간일 때가 있다
한 발자국도 앞으로 내딛지 못할 때

삶이 지리멸렬하다고 느끼는 순간
잊고 있던 혁명의 꿈이 되살아난다
한 장의 깃발로 힘차게 펄럭이고 싶은

꽃이 피고 있다
다시는 흔들리지 말자
가벼운 맹세 따위 지우기로 한다
차마 함부로 기댈 수 없는
이 아찔한 난간!

'난간에 기대어' 속수무책의 순간을 침묵하고 혁명의 꿈이 되살아나고 흔들리지 말자는 맹세를 다지게 하는 震源은 곽경효 시인의 탄식처럼 시를 몇 번을 읽은 후에도 '나는 감히 무어라 말하지 못한다' 시인의 시선을 따라서 내면의식을 추적하면 '무엇'이 무엇인지 알 수 있을까?

꽃이 핀다
천지 사방에 화약처럼 번져가는 꽃들의 반란
뜨겁게 덤벼드는 저 맨몸 앞에서
속수무책, 자꾸만 흔들린다
저것들 저토록 열심히 제 물집을 터뜨리는데
나는 감히 무어라 말하지 못한다

사람은 종종 자신이 꽃답기를 상상하거나 사람이 꽃보다 아름답다는 것을 타자를 통해 인정받고 싶어한다. 아름다움, 탄생, 부활 등 긍정적의 계절인 봄에 피는 꽃은 놀라움 부러움 질투의 대상이다. 「난간에 기대어」 이전에는 시인의 내면에서 '꽃'은 '나'의 거울이었을 것이다. 꽃처럼 아름답거나 꽃보다 아름다운 삶을 꿈꾸며 '꽃'이라는 대상을 우호적이고 낭만적인 시선으로 대했을 것이다. 그러나 시인은 1연에서 '꽃이 핀다'는 현상을 눈앞에서 확인하면서 상실감과 무기력한 내면을 드러낸다. '꽃들의 반란', '뜨겁게 덤벼드는 저 맨몸'을 보면서 '나'는 '꽃'의 생명력과 아름다움에 비교할 수 없는 존재임을 인식한다.

스스로 영역을 넓히고 자신의 색을 세상에 터뜨리는 꽃을 '지켜보고만 있을 뿐' 아무 것도 이루지 못하고 '캄캄한 시간을 온몸으로 견뎌 온' 것이 현재의 '나'이기에 위축된 존재감의 충격으로 흔들리고 있다. '나'와 우호적이고 위안의 대상이었던 '꽃'에서 격리된 상실감으로 현실은 아찔할 뿐이다. 여기서 '꽃'과 '나'는 대립적인 상황이 만들어지고 내면의식은 퇴행적 상상을 펼친다.

> 등 기대고 선 곳이 난간일 때가 있다
> 한 발자국도 앞으로 내딛지 못할 때
> 삶이 지리멸렬하다고 느끼는 순간
> 잊고 있던 혁명의 꿈이 되살아난다
> 한 장의 깃발로 힘차게 펄럭이고 싶은

시인은 꽃이 피는 광경에서 시선을 거두지 못하고 꽃처럼 피어나는 자신의 상상을 정제하지 못한다. '화약처럼 번져가는 꽃들의 반란'을 보는 시인의 내면에 '잊고 있던 혁명의 꿈'이 병치 된다. '뜨겁게 덤벼드는 저 맨몸'으로 피어나는 꽃을 보면서 시인은 '한 장의 깃발로 펄럭이고 싶은' 충동적이고 퇴행적인 환상을 그린다. 아는 '꽃'과 대립하는 '나'를 꽃의 이미지와 대립하는 반항적이고 격정적인 이미지이다. 이러한 내면의식은 '꽃'에 대한 질투이다. 자학과 퇴행으로 대자연의 순환과 변화 앞에 무기력한 '나'의 존재를 버리려는 충동적 상상과 격정의 상태를 극복하려는 익지익 표출이다. '등 기대고 선 곳이 난간일 때가 있'는 현실을 극복하려는 의지를 다지는 내면의식의 변화로 상실감을 정화하고자 한다.

다시는 흔들리지 말자
　　　가벼운 맹세 따위 지우기로 한다
　　　차마 함부로 기댈 수 없는
　　　이 아찔한 난간!

　꽃이 피는 시절 그리고 풍경 속에서 시인은 '나'를 바로 세운다. '차마 함부로 기댈 수 없는/ 이 아찔한 난간!'이 현실임을 인식한다. 그리고 '꽃'과 '나'의 관계는 지우기로 한다. '나'의 내부에서 비롯된 대상과의 대립관계를 지움으로써 현실 속의 자아를 찾는다. '나'의 내면의식의 변화를 읽어내는 일은 서두에서 밝힌 바와 같이 주관적 독법으로 설명하였다. 위와 같은 생각은 시인의 주제의식과 무관한 해석일 수 있고, 이 시를 읽는 다른 독자의 관점을 방해하는 해석일 수도 있다.

　「난간에 기대어」 1연을 꽃의 발화에 대한 경탄의 장면으로만 해석할 수도 있다. 어떤 언어로도 표현 할 수 없는 놀라운 순간의 이미지를 '속수무책' 또는 유구무언의 상태로 설명하고 2연은 '등 기대고-느껴지는 순간'을 황홀경의 상태, 잊고 있던 혁명의 '펄럭이고 싶은'은 꽃처럼 '나'도 발화하고 싶은 무아지경 합일의 상태라는 해석도 가능하리라 본다. 그리고 3연은 그 경이와 황홀경과 합일 상태의 여운이라고 설명할 수 있다. 캄캄하고 무겁고 걱정적인 이미지들은 '꽃이 핀다'는 경이로운 상황에 대한 반어적 방법이라는 논리를 제시하면서……

　　　풍경속으로
　　　―雨中세상
　　　　　　정 덕 채

　　　꼬마장화들이 우산속으로 사라진 뒤에도
　　　까르르 까르르 비는 내리고

빗방울 발꿈치 마다 동그라미가 생겨
　　　놀이터 마당이 온통 동그라미들의 축제다

　　　최초의 동그라미를 찢고 동그라미가 나온다
　　　이쁜 동그라미를 만난 동그라미
　　　고약한 놈을 만나서 찌그러진 동그라미
　　　널 닮은 혹은 날 닮은 동그라미들이 돈다
　　　하나가 돌면 둘이서 따라 돌기
　　　내가 돌면 너도 따라서 돌기 강강수월래 강강수월래
　　　삐뚤어진 세상 굴려굴려 둥글게 만들기로
　　　동그라미들이 손에 손을 잡고 돈다

　　　내 마누라 궁뎅이처럼 울 엄니 젖무덤처럼
　　　둥글둥글한 것들은 마력이 있어서
　　　동그라미 동그라미 오믈거리다 보면
　　　순해진 입술로 굴러나오는 동그란 말들
　　　동그랗게 몸 말고 앉아서 내려다보는 우중세상
　　　나 또한 동그라미가 되어 따라서 돈다
　　　강강수월래 강강수월래

「풍경 속으로」에는 동심의 발랄한 리듬이 생생하다. '雨中세상'의 우울하고 무거운 이미지들이 빗방울에 의해 수면에 그려지는 '동그라미' 따라 둥글게 밀려 나가듯 유쾌하고 천진스러운 분위기이다. 놀이터 마당에 빗물 고인 표면에 파문이 이는 모습을 지켜보는 시인의 시선은 호기심 많고 장난기 가득한 동심의 세계에 젖어든다.

　어린이들이 없는 놀이터를 지키게 된 시인은 공허감으로 그려질 놀이터에서 놀잇감을 발견한 것이다. 시인은 놀이터에서 돌아간 '꼬마장화'를 대신해서 빗방울을 의인화하여 비 내리는 놀이터에 생동감이 넘치게 하는 위트를 발휘한다. '빗방울 발꿈치', '동그라미들의 축제'와 같은 비유를 '까르르 까르르' 의성어로 분위기를 익살스럽게 전환한 것이다. 비가 내리는 놀이터의 공허한 풍경 바닥은 놀이가 연속 진행된다.

> 최초의 동그라미를 찢고 동그라미가 나온다
> 이쁜 동그라미를 만난 동그라미
> 고약한 놈을 만나서 찌그러진 동그라미
> 널 닮은 혹은 날 닮은 동그라미들이 돈다
> 하나가 돌면 둘이서 따라 돌기
> 내가 돌면 너도 따라서 돌기 강강수월래 강강수월래
> 삐뚤어진 세상 굴려굴려 둥글게 만들기로
> 동그라미들이 손에 손을 잡고 돈다

위의 부분은 온통 동그란 이미지들로 가득하다. 번짐에서 전이로 평면적 공간에서 입체적 공간으로 동그라미의 상상력이 차원을 확대하고 있다. 평면공간에서 '최초의 동그라미를 찢고' 생겨나는 동그라미들을 시인은 다양하게 그려낸다. 원형의 이미지를 '이쁜', '찌그러진', '널 닮은', '날 닮은' 동그라미로 개성을 부여하는 동심의 상상력이 이 시에 명랑한 이미지로 발전시키고 있다. '하나가 돌면 둘이서 따라 돌기'는 파문이 파문을 밀어내는 현상으로써 원심작용에 의해 번지는 모습이다.

동그라미 선상을 따라 도는 것으로 묘사한 부분은 외향성 운동 상태와 원심력이라는 이중의 움직임을 포함하고 있다. '삐뚤어진 세상 굴려굴려 둥글게 만들기'는 의식의 외향성 운동을 묘사한 것이다. 외향성은 에너지가 주로 바깥으로 분출하며 의식의 내용이 주로 외부 대상으로 향하는 것을 의미한다.

시인의 삶의 방식이 타자와의 관계나 외부 사물들과 접촉을 할 때 자연스럽고 편안함을 지니는 성격임을 무의식적으로 묘사된 것이라 하겠다. 이런 성격은 동그라미를 입체적 공간으로 변화를 상상한다. '내가 돌면 너도 따라서 돌기 강강수월래 강강수월래', '동그라미들이 손에 손을 잡고 돈다'는 묘사는 놀이터 마당이라는 평면에 서서 움직이는 입체적 동그라미를 그려낸 것이라 할 수 있다. 텅빈 마당에 빗방울의 파문이 번지는 모습을 '손에 손을 잡고' 이해와 화해와 상생의 흥겨운 잔치로 상상하는 시인은 동심의 상상력에서 발생하는 에너지를 외부로 전해주는 중개인이다.

> 둥글둥글한 것들은 마력이 있어서
> 동그라미 동그라미 오물거리다 보면
> -中略-
> 나 또한 동그라미가 되어 따라서 돈다
> 강강수월래 강강수월래

위의 부분에서 보듯이 시인은 '나 또한 동그라미'가 되어 누구라도 손을 잡고 돌고 싶은 천진한 대인관계를 지니고 있으며 어떤 시적 대상이라도 긍정적이고 에너지를 외부로 전달하는 파장을 동그랗게 조절하고 있음을 짐작할 수 있다. 공허한 정서가 맴도는 '雨中세상' 보기를 운동에너지로 전환시키고 흥을 찾아내는 시인의 긍정적인 상상력이 앞으로 창작 할 더 많은 '풍경 속으로' 파장을 이어가기 바란다.

3. 마무리

갇아엎고 싶은 마음을 몇 십번 누르고 글을 마무리하려 한다. 내가 자신 없이 내놓는 글을 다른 사람들이 기꺼이 읽어줄 수 있을지 또 걱정이다. 감상문 형태로 올린 시인들은 자신의 글에 관한 나의 주관적 해석을 어떻게 받아들일지도 조심스럽다. 이들과 나와의 관계의 공통점은 천안에서 생활하며 시를 쓰는 사람들이라는 점 외에 내세울 이야기도 없다.

이 글은 천안을 연고로 활동하던 시인의 작품 한 편씩을 해석해 본 것이다. 하나의 주제를 잡아서 몇 몇 분들의 글을 다루기에는 현대시 이론과 언변이 부족하기에 시인 한 분의 한 작품을 해석하는 작업을 하였다. 꼭 다루고 싶었지만 시일과 지면이 여유롭지 못했다는 이유를 앞세워 작업을 하지 못한 시인들께 양해를 구한다.

오랜 기간 인연을 맺어 온 윤여홍 시인을 비롯한 천안시인회 회원들의 작품을 연구하기에는 아직 연륜이나 글쓰기에 투자하는 시간이 더 쌓여야 가능한 일일 것 같다. 나날이 훌륭한 시를 발표해서 부럽기만 한 이정록 시인, 감정의 기복이 드러남 없이 외모만큼 단정한 시를 쓰는 이은경 시인 외에도 시를 사랑하고 시의 품격을 다듬고 있는 천안의 시인들의 작품을 꼭 감상하여 기록하겠다는 마음을 다져 둔다. 그리고 부족한대로 몇 분의 작품을 성의 있게 읽고 탐구를 하였다.

박미라의 「빵에 대한 맹세」에서는 아제르바이젠 '여자'의 이미지와 삶의 애환과 희망을 읽었다. 시를 읽는 동안 탄탄한 시적 구성에 번뜩이는 묘사의 기술과 독자가 작품 속의 시간과 공간을 스스로 확장하도록 작용하는 상상력이 돋보이는 것을 확인할 수 있었다. 강석화의 「대천항에서」는 연가풍의 서정성 속에 삶의 진리를 추구하려는 의지가 숨겨져 있음을 발견하였고 곽경호의 「난간에 기대어」는 피어나는 '꽃'과 '나'의 대립 양상에 따른 내면의식의 변화를 추적하였다. 좌절, 자학, 격정, 퇴행의 내면의식은 '꽃이 핀다'는 경이롭고 생명력이 넘치는 상황과 대립하는 것으로 비치지만 환희의 상태를 위장한 고도의 장치로 읽어보았다. 동그란 이미지가 가득한 정덕채의 「풍경 속으로」는 번짐에서 전이로, 평면적 공간에서 입체적 공간으로 동그라미의 상상력이 차원을 확대하고 있음을 발견하였다. 공허감으로 그려질 '雨中' 놀이터 텅빈 마당에 빗방울의 파문이 번지는 모습을 흥겨운 잔치로 그리는 동심의 유쾌한 상상력이 외부지향적인 시인의 성격과 어울리는 것으로 파악해 보았다.

시를 읽고 해석하는 동안 인상비평에 치우치지 않으려 노력하였고 현학적인 이론 접근은 가능한 우회하려고 하였다. 문장 구성이나 해석 용어를 적절하게 사용하지 못한 부분도 있을 것이다. 시인의 창작 의도와 심하게 엇갈리는 해석 부분도 있겠고 시인에게 미미한 도움을 끼치는 부분이 있기를 바랄만큼 긴 시간 고심하여 기록한 부분도 있다. 여전히 시를 사랑하고 다듬는 시인들 곁에서 맴돌다, 망설이다 내놓은 사적 견해는 아무래도 인상비평에 기울었다. 다음에는 무난하게 작품평을 이어갈 만한 안목을 기른 후에 說을 풀어야 시인과 독자에게 유익할 것 같다.